神이 없다면 우린 행복할까?

제 3의 신

앤서니 T. 크론먼
예일 대학 출판부
Mary Cady Tew 기념 기금의 지원을 받아 출판됐다.

저자	앤서니 T. 크론먼
옮긴이	이재학
1판 1쇄 인쇄	2023년 12월 20일
1판 1쇄 발행	2023년 12월 20일
펴낸곳	돌밭
펴낸이	돌밭
디자인	정다희
등록번호	2019-000031호
등록일자	2019년 5월 3일
이메일	theconsevativemind@naver.com
값	21,000원
ISBN	979-11-976676-2-6-03200

이 책의 국립중앙도서관 출판예정도서목록(CIP)은
서지정보유통지원지스템 홈페이지(http://seoji.nl.go.kr)와
국가자료종합목록시스템(http://www.nl.go.kr/kolisnet)에서 이용하실 수 있습니다.
(CIP 제어번호:CIP-03340)

잘못 만들어진 책은 구입하신 서점에서 교환해 드립니다.

神이 없다면 우린 행복할까?

제 3의 신

지은이 Anthony K. Kronman   옮긴이 이재학

오웬 피스(Owen Fiss)[1]에게 바침
그는 친구이자 영웅이다. 난 얼마나 운이 좋은가!

믿음이나 미신은 모두 사라져야 한다.
그러나 불신이 사라지면 무엇이 남을까?

−필립 라킨(Philip Larkin)[2]의 "교회 가기(Church Going)"에서

1 1938~, 예일대 법대 헌법학 전공 명예 교수.

2 1922~1985 영국의 시인. 1954~1955년 쓰인 교회 가기(Church Going)이란 시의 한 대목

목차

벽장 속에 숨겨진 신
(God in the Closet)

부모님은 신이라면 경기를 일으켰다. 신은 잘 속는 바보들이나 좋아할 만한 동화와 비슷하다고 생각했다. 그들은 종교의 위험성을 경고했고 가족이 주고 받는 대화의 주제에서 신을 빼버렸다. 그들은 신을 벽장 속에 처박았다. 신의 그 해로운 권능이 새어나오지 못하도록 그곳에 안전하게 가두어 두었다. 신은 그렇게 우리의 눈에 보이지 않도록 숨겨졌다. 그럼에도 결코 완전히 잊히진 않았다. 신은 내게 호기심을 불러일으키지만 그렇다고 믿기도 힘든 어떤 존재일 뿐이었다.

아버지는 유대인이었고 어머니는 기독교인이었다. 그들의 성장 배경은 달랐지만 조직을 갖춘 종교라면 어떤 형태라도 경멸하는 태도를 공유했다. 내가 기억하는 가장 어린 시절부터 부모님은 마음이 약하고 관용할 줄 모르며, 진실을 두려워하는 사람들이나 종교를 믿는다고 가르쳤다. 마치 스콥스 원숭이(Scopes Monkey)

재판[1]을 보도하는 글에서 멩켄(H L Mencken)이 질타했듯 종교는 무식한 촌놈들에게나 어울린다는 식이었다.[3] 부모님은 사람들이 신의 이름으로 저지르는 짓을 경멸했다. 종교는 어떤 대가를 치르고라도 피해야할 독이라 생각하도록 나를 다그쳤다.

그런 우리 집이었지만 종교와 관련된 모든 일이 무자비하게 금지되지는 않았다. 우리는 이웃과 마찬가지로 크리스마스를 즐겁게 경축했다. 아버지는 유대 교육을 받고 자랐음에도 사실 크리스마스를 지나칠 정도로 좋아한 사람이었다. 매년 12월 크리스마스 트리용 나무 시장이 열리던 첫날이 오면 아버지와 함께 그곳을 찾았다. 아버지는 언제나 지난 해 장식으로 사용했던 커다란 별에 완벽하게 어울리는 큼직한 나무를 선택했다. 남부 캘리포니아에서도 뉴잉글랜드의 눈처럼 보이도록 솜으로 그 나무를 장식했다.

그러나 크리스마스는 종교와 무관했다. 가족 중 누구도 예수의 탄생을 축하한다고 이야기하지 않았다. 단지 그가 매우 온유한 사람이며 우연히 주변 상황들 때문에 구유에서 탄생했고, 오직 미신에 사로잡힌 사람들만이 그를 하느님의 아들이라고 믿는다고 언제나 언급했을 뿐이다.

유월절[4]도 마찬가지였다. 크리스마스보다는 덜 정기적으로, 또 현저하게 적은 열정으로 경축했다. 대부분의 경우 우리는 유월절을 완전히 건너뛰었다. 자주는 아니었지만 유월절의 저녁식사

---

3 1925년 과학교사 존 스콥스가 공립학교 내에서는 진화론을 가르치지 못하도록 한 테네시 주 법률을 어겼다는 이유로 벌금형을 선고 받은 재판이다.

4 유대교 3대 축일의 하나로 이스라엘 민족의 이집트 탈출을 기념하는 명절이다.

(Seder)를 즐기긴 했다. 그러나 결코 집에서는 아니었다. 언제나 마을을 가로 질러 로즈(Rose)고모 댁으로 갔다. 풍성하게 즐거운 시간을 보냈으나 크리스마스와는 비교가 되지 않았다. 유월절도 종교와는 무관했다. 그저 가족들끼리 식사를 하는 자리였으며 그 때가 아니고는 거의 보지 못하는 친척들과 함께 밥을 먹었다. 물론 음식을 먹기 전에 약간의 특이한 절차 몇 가지를 서둘러 끝내곤 했다. 어른이 되어서야 그 식사가 의미하는 내용을 알게 됐다.

커가면서 유대인이나 기독교인 친구가 있었다. 그들의 유대교 남자 성인식(bar mitzvah)이나 기독교 성인식(confirmation party)에도 갔었다. 다른 10대 소년들과 마찬가지로 춤도 추고 즐겁게 놀았다. 그러나 나는 언제나 국외자로 그 모습을 지켜봤다. 건강에 좋지 않다고 경고 받은 그 무언가를 약간은 걱정스럽게 바라보듯 말이다. 어떤 순간에 이런 경험들은 내 자신의 정체성을 조금 더 의식적으로 생각해 보게 만들었다. 나는 누구이고 어떤 사람인가? 기독교인인가 유대인인가? 혹은 그 양자 모두인가? 아님 그 어느 쪽도 아닌가?

내가 기억하는 한 그런 질문이 처음 떠 오른 순간은 아홉 살인가 열 살 무렵 학교에서 집으로 돌아오던 길에 나보다 나이가 좀 많은 동네 양아치가 나를 위협했을 때였다. 그는 나를 밀치면서 유대 놈(a kike)이라고 불렀다. 그런 단어를 전에 들었는지 확실하지 않으나 그게 좋지 않은 단어임은 금세 알았다. 마치 샐린저(J. D. Salinger)의 단편 소설《그 쪽배 아래에서(Down at the Dinghy)》의 어린 소년처럼 말이다. 그 소년은 누군가 아버지를 유대 놈(kike)이라 불렀을 때 매우 기분이 언짢았다. 왜냐하면 줄에 매달려 볼품없이 꼬리를 헤적이며 나는 연(kite)으로 알아들었기 때문이다.[2]

나는 부모에게 그 사건을 이야기했다. 부모님은 격렬하게 논쟁을 벌였다. 그들이 내 앞에서 말싸움을 벌인 몇 안 되는 사례의 하나였다.

아버지는 그 욕이 터무니없다고 생각했다. 그는 내게 유대인 같은 면이 전혀 없다고 말했다. 나는 유대교회에 다닌 적이 없고 히브리어를 한 마디도 모른다. 어머니는 화가 나서 쏘아붙였다. 내가 무엇을 하고, 하지 않았는지는 아무런 상관도 없다고 말이다. 남이 나를 어떻게 보느냐가 중요하다고 했다. 남들에겐 절반의 유대인도 유대인이라고 그녀는 말했다. 그러더니 어머니는 유대인을 증오하는 반유대주의자 전체를 저주했다. 나중에 그들에 관해 내가 배웠던 사실을 어머니는 이미 조금은 알았기 때문이다.

그 이후 몇 년간 때때로 나의 정체성이 무얼까 생각하게 됐다. 열세 살 때 친구들의 유대인 성인식과 견진성사 축하 모임에 가면서 부모님께 다시 물었다. 이번엔 보다 의도적이었다. 나는 유대인이냐, 기독교인이냐 혹은 그 어느 쪽도 아니거나 양쪽 다인지 말이다. 그 질문의 답을 아래 동네의 양아치에게 맡기기 보다는 스스로 얻어야 온당하다고 생각했기 때문이다.

특히 어머니는 내 어린 시절의 정체성 혼란에 신경을 많이 썼다. 그녀 자신은 종교를 **경멸**했다. 그러나 나의 종교 문제는 나 자신이 결정해야 합당하다고 생각했다. 어머니는 그 문제를 매듭지을 한 가지 실험을 제안했다.

매주 다른 교회에 가보자고 어머니는 말했다. 최종적으로 내가 가장 좋아하는 종교를 하나 택하게 말이다. 적어도 당분간은 그 방법이 내 정체성을 묻는 질문에 주어진 최선의 대답이었다. 합리적인 절차처럼 보였다. 아버지는 그 모든 과정에 큰 관심이 없었다. 그러나 어머니의 계획을 묵인했다. 아버지는 종교 문제에서는 대체로 어머니의 뜻에 따랐다.

그 실험은 고작 1주일간 지속됐다. 어머니는 나와 남동생을 로스앤젤레스 서쪽의 거창한 미국 성공회 교회당의 예배로 데려갔다. 그 예배는 길었고 혼란스러웠다. 나만 빼고 다른 사람들은 모두 무슨 일이 벌어지는지 잘 아는 듯했다. 뭔가 불편해 바지 위를 긁적여야 했다. 그 다음 일요일에 나는 교회가 아니라 해변에 갔다. 어머니의 노림수가 바로 그것이었다고 생각한다. 좋은 부모노릇이란 소아마비처럼 몸이 뒤틀리는 질병에 대비해 예방주사를 놓는 일이었다. 어머니에겐 종교가 바로 그런 질병에 해당했다.

내 부모는 지적인 무신론자였다. 두 분이 신앙을 갖지 않은 이유는 많았다. 그러나 내가 나중에 발견했듯이 그들이 종교에 대해 가졌던 경멸은 단지 논리적 사고의 산물만은 아니었다. 그들이 성숙한 어른이 되고 나서야 그런 경멸이 찾아온 것도 아니다. 그들이 내게 말해준 자신들의 어린 시절 이야기를 통해 몇 가지 사실을 알게 됐다. 종교는 그들의 삶에서 한 때 엄청난 힘을 행사했다. 그리고 그 영향력에서 벗어나려고 그들은 모두 다 힘들여 싸워야 했었다.

내 아버지는 20세기 초 뉴욕의 이스트사이드 남쪽에서 성장했다. 할아버지 이그나츠(Ignatz)와 할머니 줄리아(Julia)는 1890년 대 동유럽에서 미국으로 왔다. 그 지역은 1차 세계 대전 이후 헝가리가 됐다. 이그나츠는 양복장이였고 줄리아는 재봉사였다. 그들이 미국에 정착했던 지역의 이웃에 살았던 대부분의 유대인이 그러했듯 말이다. 그들에게 5명의 자식이 있었고 그중 우리 아버지가 특별히 명석했던 모양이다.

1918년 조부모는 아버지를 신시내티로 보내 히브리 유니언 칼리지[5]에서 공부하도록 했다. 부친은 6년 뒤 랍비의 자격을 얻고 졸업했다. 그리고 2년 동안 워싱턴 D. C.의 유대인 교회에서 랍비로 복무했다. 그러나 내게는 충분히 설명되지 않은 이유들로 유대교와 랍비의 직분을 모두 포기했다.

아버지는 자신의 형 샘이 경영했던 뉴욕의 가구제작 공장에서 잠시 일했다가 1935년 로스앤젤레스로 이사했다. 그곳에서 수십 년간 TV와 라디오 작가로 일했다. 1940년 아버지의 친구 루엘라 파슨스(Louella Parsons)가 선셋 대로 거리의 슈압(Schwab) 편의점에서 아버지에게 어머니를 소개했다. 두 사람은 곧 결혼했다. 어머니는 아버지보다 18살이나 어렸고 놀랍도록 아름다웠다. 모친은 1930년대 워너 브라더스의 여배우였다. 로널드 레이건 등과 함께 몇 편의 영화에도 출연했다. 그러나 역시 충분히 설명되지 않았던 어떤 이유들로 배우 생활을 그만두었다. 강제 성추행과 관련이 있었으리라 짐작할 뿐이다.

---

5 1875년에 설립된 미국에서 현존하는 가장 오래된 유대인 신학대학으로 뉴욕과 로스앤젤레스 예루살렘에도 캠퍼스가 있다.

1920년대 아버지가 학생이었던 히브리 유니언 칼리지는 진보적인 유대교 사상의 온상이었다. 성경 비판 등 종교 연구를 "과학적"으로 접근하자는 생각들이 정통 신앙의 심장에 파고들었다. 개혁 유대교는 1840년대 미국에 유입됐다. 유럽에서는 변방에서 벌어지던 현상이었으나 미국에서만은 번성했다. 유대교 정통 교리를 엄격히 따르지 않는 태도는 미국의 생활 조건에 잘 들어맞았고, 미국 생활에 열심히 동화되어가던 많은 유대인들에게도 매력적이었다. 히브리 유니언 칼리지는 미국 개혁 유대교의 선두주자였다. 그 학교의 교과과정과 문화는 전통 신앙을 즐겁게 내다버리는 도전을 감행했다. 1883년 첫 번째 졸업생들에게 제공된 만찬에 등딱지가 부드러운 게와 개구리 다리 요리가 포함됐다. 그 만찬은 트레파 연회(Trefa Banquet)[3]라고 불렸다.

히브리 유니언 칼리지에 도착했던 열여덟 살의 부친은 이미 기존의 권위를 대수롭지 않게 여겼다고 생각된다.(아버지가 신입생 시절 그 대학 학생부의 기록엔 "뉴마크(Newmark) 박사의 수업에서 보인 (부친의) 행동은 기본을 벗어났으며 교수진은 그런 문제점들이 곧 교정되기를 진심으로 희망한다."고 적혀 있었다.)

지적으로 모험적인 환경에서 진행된 6년간의 공부로 아버지의 몸에 지녔던 모든 반항적 기질은 분명히 더욱 강화됐다. 스물네 살에 졸업할 무렵 부친은 이미 니체와 다른 위험한 사상가들의 책을 다 읽었다. 그는 "자유로운 사고의 소유자"(그의 말에 따르면)가 되었다. 랍비 서품을 받고 설교할 자격이 주어졌지만 그는 가면을 쓴 윤리가 종교라고 생각했다. 종교란 합리적인 목적이 전혀 없는,

어리석은 미신과 비상식적 관습의 뒤에 숨겨진 완벽하게 합리적이고 도덕적인 가르침의 체계라는 판단이었다.

어쩌면 부친은 이민자인 부모의 구대륙 유대교 정통 신앙에 반항적으로 맞섰기 때문에 개혁적인 성향이었던 신시내티로 갔는지 모른다. 혹은 극단적인 자유주의 유대교 사상 위에 서 있던 그 대학의 교수들에게서 흡수한 비판적 사고들의 영향 아래 아버지가 20대 초에 처음으로 그런 생각을 다듬어갔을지도 모른다. 어느 쪽이었던 아버지는 그런 종교관을 평생 유지했다.

그렇다고 아버지가 종교를 까칠하게 비판하기만 하던 사람은 아니었다(내 어머니는 그랬다). 그는 종교가 어리석은 사람들을 달랠 선물이며, 제례와 주문이란 옷을 입은 윤리라고 보았다. 그런 방식으로 그들이 마땅히 준수해야할 계율을 강화해주기 때문이다. 그러나 부친은 종교에 어떤 독립적 가치를 부여하지는 않았다. 대체로 그는 종교에 무관심했다. 그에게 종교적 논쟁은 엄청난 시간 낭비로 보였다. 정원의 잡초를 뽑는 일에 시간을 소비하는 편이 훨씬 더 낫다고 생각했다.

어머니는 반대로 종교에 무관심하지 않았다. 그녀는 종교를 적극적으로 증오했다. 자신의 인생에서 엄청나게 파괴적인 힘으로 작용한 종교를 경험했기 때문이다. 그리고 대단히 열정적으로 종교의 부정적 영향들을 이야기했다.

외할머니 비올라(Viola)는 1893년 미주리의 한 농장에서 태어났다. 그녀는 소박한 복음주의적 기독교가 설교하는 천국과 지옥을 철석같이 믿었다. 구닥다리 미국인들의 그런 믿음 속에서 길러졌기 때문이다.[4] 외할머니는 살아가면서 교파를 몇 차례 바꾸었다. 50대 중반에 들어서서는 로마 가톨릭으로 개종했다. 외할머니는 돌아가실 때까지 종교적으론 광신자였다.

어머니가 1920년대 로스앤젤레스에서 성장해 갈 때 외할머니는 야외 천막이나 교회에서 벌어졌던 수많은 부흥회와 기도회에 그녀를 데려갔다. 어머니는 에이미 셈플 맥퍼슨(Amy Semple McPherson)[6]이 에코 파크(Echo Park)의 엔젤러스 템플(Angelus Temple)에서 했던 연설도 직접 들었다. 그녀가 유명해진 이유의 하나였던 치유 사역의 모습도 직접 목격했다. 어린 아이로서 어머니는 신이 언제 어디서나 눈을 부릅뜨고 인간의 잘잘못을 판단하며, 우리의 마음 깊은 곳에 있는 생각들을 꿰뚫어보기에 사악한 생각들을(그녀는 자신에게 너무 많았다고 생각했다) 벌할 준비가 언제든 돼 있다는 가르침을 받았다. 어머니에게 종교는 신비와 두려움의 영역이며, 냉혹하고, 비합리적이며 잔인했다.

시간이 지나면서 어머니는 사물을 스스로 판단해 보겠다는 거의 초인적인 노력을 통해 종교의 흡인력에서 가까스로 벗어났다. 어머니가 독립적으로 획득한 해방이었다. 나중에 자신이 떠나온 세계를 돌아보면서 어머니는 종교가 거의 모든 가족 구성원을 사로잡은 온갖 편견과 무지의 원인이자 상징이었다고 보았다. 어머니의 종교 혐오는 자신의 자부심을 가장 강력하게 드러내는 표

---

6 1890~1944, 캐나다계 미국의 오순절 복음 전도자. 1930년대 라디오 등 각종 미디어를 선구적으로 사용하고 치유 사역도 하였다.

현이었다. 태어나자마자 주어진 편협한 환경을 극복해냈기에 거의 불가능에 가까운 승리를 거두었다고 생각했다. 어머니가 종교의 대항마로 마음에 들인 과학, 관용, 독서의 즐거움 등 그 전부를 옹호한 에너지의 근원은 바로 그 승리감에서 왔다. 그 승리감은 또한 이러한 사실들을 자식들에게 가르친 헌신의 근원이기도 했다.

아버지가 종교에 느끼는 경멸은 어머니보다 훨씬 덜 열정적이었다. 부친은 종교 때문에 많은 피해를 당했다고 느끼지 않았다. 어머니처럼 종교 문제를 격정적으로 보지는 않았으나 어머니의 더 강한 반종교적 느낌을 존중했고 그것이 우리 집의 규범이 됐다. 그러나 모든 형태의 종교적 생각과 관습에 느낀 적대감을 공유했기 때문에 부모님에겐 강한 유대감이 있었다. 그런 공감대를 제외하면 그들은 눈에 두드러지게 서로 다른 사람들이었다. 그들은 우리의 식탁에 종교를 올리지 않기로 합의했거나 단순하게 그리 가정했다. 아버지는 종교에 전혀 관심이 없었고 어머니는 신이 극악무도한 힘이기에 어떤 대가를 치르더라도 그녀의 자식들을 종교로부터 보호해야 한다고 보았다. 따라서 신은 우리 집에 없었다. 물론 보이지 않는 바이러스처럼 언제나 우리의 주위를 맴도는 위험이기는 했다. 부모님은 그로부터 나를 보호하려고 최선을 다했다.

그들의 노력은 절반의 성공에도 미치지 못했다.

1장

인본주의자에게 찾아온 신

(The Humanist's God)

아이들은 위험한 대상에 끌린다. 멀리 피하라는 경고를 받을수록 그들은 더 호기심을 번득인다. 이런 일이 바로 나와 종교 사이에 벌어졌다.

일찍이 나는 종교가 그렇게 어리석고 잔혹하다는데 왜 수많은 사람들이 그에 매료돼 있는지 궁금했다. 어떻게 수많은 사람들이 그렇게 나쁜 길로 들어섰을까? 신을 믿는 사람은 교회 안의 신비를 얼마나 떠받들었기에 교회 문 앞에 자신들의 정신을 꺼내서 맡겨두고 들어가야 했을까? 어머니가 말한 대로 종교는 언제나 계몽의 적인가? 이런 질문들은 어릴 때 이미 어렴풋이 막연하게나마 내 마음을 사로잡았다.

내가 어떤 답을 찾는다 해도 이성이라는 기준을 통과해야 한다는 사실은 알았다. 어머니는 성경을 무조건 떠받드는 사람들을 경멸했다. 숙고하기보다 기도하는 사람들의 경우도 마찬가지다.

어머니에겐 바로 그 점이 종교의 진정한 범죄였다. 어머니는 신앙을 근거로 했다든가, 혹은 남들이 그렇게 말했다는 이유만으로는 어떤 말도 인정하지 말라고 가르쳤다. 어머니는 합리주의자였다. 이성을 기초로 해 수립된 견해들만이 숙고할 가치가 있다고 생각했다.

어머니는 또한 철학자였다. 최소한 기질적인 면에서는 학문적으로 훈련을 받은 아버지보다 훨씬 더 그랬다. 어머니는 대학을 다니지 않았다. 그러나 철학자들이 토론하기 좋아하는 추상적인 질문들에 매료됐다. 우주의 처음은 있는가? 아니면 언제나 계속 존재해왔는가? 우주는 소멸되는가? 인간은 광대한 사물의 질서 속에 어디쯤 서 있는가? 삶의 의미는 무엇인가?

어머니는 이런 질문들을 열정적으로 거의 집착하듯이 파고들었다. 수없이 많은 책을 읽었고 지역의 초급대학에서 수업을 들었다. 나와 그런 질문들을 길게 토론하기도 했다. 저녁을 먹고 난 다음 현관 계단에 앉아서 말이다. 그때 치자나무의 꽃이 만개했고 어머니는 손에 마티니를 들고 계셨다. 나는 그 대화에 넋을 잃을 정도로 집중했다. 난 그런 경험을 결코 잊지 못했다.

어머니를 매료시킨 철학적 질문 중 가장 마지막 질문이 그녀에겐 가장 절실해 보였다. 우리가 죽는다는 사실에 비추어 우리의 삶에 어떤 지속적인 의미가 있기는 한가? 어머니는 종교가 그 질문에 위로하듯 내린 답들을 멀리했다. 어머니는 그런 답에는 결코 만족하지 않을 작정이었다. 그렇다면 도대체 어떤 답이 남아 있다는 말인가?

어머니는 40대 후반의 어느 무렵 확고한 답에 도달했다. 그녀는 자신이 실존주의자라고 선언했다. 산타 모니카 시립 초급대학의 어느 수업에서 카뮈와 사르트르를 읽고 그런 관점에 도달했다. 어머니는 똑똑한 아이라면 나도 그녀의 결론에 동의해야 한다고 분명히 말했었다.

우리는 오직 잠시 살아갈 뿐이다. 어머니는 말했다. 그리고 우리는 죽는다. 죽음 뒤에는 아무것도 없다. 우리의 유일한 성취는 이 생애에 있을 뿐이다. 우리는 우리 삶의 의미를 스스로 만들어가야 한다. 존재하지 않는 신의 도움 없이, 그리고 목적이나 계획이 없는 세상의 어떤 지지도 받지 못한 채 말이다.

삶의 의미는 스스로 만들어지며, 그마저 덧없다고 어머니는 말했다. 심지어 우리의 가장 강렬한 기쁨조차 돌이키지 못할 소멸과 죽음이라는 사실의 그림자도 벗어나지 못할 뿐이다. 또한 우리는 결국 신 없는 허공에서 무의미한 원자들의 놀이로 돌아가고 만다. 어머니는 96세로 돌아가시기 전까지 이 치열하고 벅찬 철학을 용감하게 간직했다.

어머니는 독립적인 정신의 소유자였다. 대답을 스스로 찾아가려는 노력 덕분에 카뮈와 사르트르에 이르렀다. 나는 어머니가 하시는 말씀은 물론 그 생각이 어디로 향하는지 충분히 이해하지 못했다. 당시 내 나이는 열두 살 혹은 열세 살이었다. 그러나 어떤 위험한 임무를 어머니와 함께 떠맡았다고 느꼈다. 어머니의 생각은 자극적이고 용감해보였다. 무엇보다 나는 어머니를 기쁘게 해드리고, 또 어머니와 비슷해지고 싶었다. 어머니의 합리주의, 그 철학적 호기심과 더불어 나는 그녀의 실존주의도 물려받았다. 나는 5년 뒤 대학에 가면서 그 철학을 함께 가져갔다.

내 첫 번째 철학 세미나는 사르트르의 《존재와 무(Being and Nothingness)》를 다루었다. 엄청나게 어려운 책이었으며 당시 어머니는 읽지 않았다. 더 많이 배운 이 아들의 도움 없이는 어머니가 그 책을 이해하지 못하리라 확신했다. 이 새로운 지식을 자부심의 훈장처럼 여겼다. 나는 더 수준 높은 실존주의자가 되어가고 있었다. 어머니에게도 그 방법을 가르치려고 했다.[1]

그러나 시간이 갈수록 내 실존주의는 서서히 무너져갔다. 점점 그 설득력이 떨어지기 시작했다. 어린 시절 신이 벽장 속에 처박힌 이후로 종교는 내게 언제나 특별히 흥미로운 주제로 남아 있었다. 누군가 신이 존재한다고 말해도 괜찮을 만큼, 종교 문제에서 합리적인 방어가 가능한 상식이 존재하는지 알고 싶었다. 어머니의 가르침과는 정반대로 말이다. 그러나 그 질문의 답을 어떤 교회의 가르침에서 발견할지도 모른다는 생각은 결코 하지 않았다. 어머니가 극도로 싫어하셨던 어떤 지적인 희생을 치러야 하리라 여겼기 때문이다. 그러나 한때 내게 깊은 인상을 남겼던 카뮈와 사르트르의 실존주의를 점차 부적절하게 보게 됐다. 종교가 어떤 본질적인 인간의 경험들을 휘어진 거울에 왜곡해 반영했듯이, 그에 억지스럽게 대응한 결과물이 실존주의일 뿐이라고 말이다.

날이 갈수록 인간의 조건을 설명하는 실존주의자들의 설명은 얄팍해 보이거나 신뢰하기 어려웠다. 일찍이 내가 카뮈와 사르트르에 느꼈던 충성심은 하나씩 사라졌다. 마침내 중년의 나이에 이르러 도달한 나의 인생관에는 신이 그 중심적 위치를 차지했다. 물론 보다 평범한 종교인들이 쉽게 인정하거나 수용할 만한 신은 아니다. 만약 내 인생 전체를 꿰는 영혼의 실이 있다면 그것은 어머니가 어린 나에게 물려준 지극히 부정적인 개념의 신과 지금 내가 똑같은 열정으로 간직한, 비록 남들의 생각과는 크게 다르나 긍정적인 개념의 신을 연결해 준다. 나는 그 이유를 가장 완고한 무신론자들에게도 설명해줄 자신이 있다고 생각하고 싶다.

내가 나름대로 합리적 종교론에 도달하고 이를 설명하는 긴 책을 썼을 무렵 심지어 가장 가까운 친구들조차 나를 살짝 미쳤다고 생각했다. 그들은 내가 종교에 그렇게 관심을 두자 어리둥절했다.[2] 내가 종교에 호의적이자 상황은 더 나빠졌다. 내가 어쨌든 결국 신을 옹호해버리자 몇몇은 진정으로 나를 기이하게 여겼다.

수많은 친구들이 신과 인생의 의미를 내 어머니와 똑같이 생각했기 때문에 그런 현상이 벌어졌다고 생각한다. 내가 살아왔고 일해 온 학문의 세계에서는 신이 존재하지 않는다는 관점만 존중받는다. 태어나서 죽을 때까지 삶과 죽음의 의미를 묻는 질문의 답을 우리는 스스로 알아가야 한다. 우리의 결정에 지침을 내리고, 우리의 행동을 판단하는 신은 없다. 그리고 우리가 지금 하는 일의 중요성을 이렇게 혹은 저렇게 추인하는 사후세계도 없다.

그렇지만 심지어 나의 가장 열렬한 무신론자 친구조차 그들이 죽은 다음에도 세계가 당분간은 더 지속되리라고 믿는다. 그들의 삶에서 힘써 노력하는 행위의 의미는 상대적으로 그들보다 더 오래 이 세상이 지속되리라는 암묵적 전제에 달려 있다는 사실도 인정한다. 그들이 시간을 들여 관심을 쏟고 사랑을 주는, 적어도 그들의 하는 일의 일부만이라도 말이다. 만약 우리가 사라지는 순간에 세상도 함께 사라진다면 책을 쓰거나 자식을 낳는다는 게 무슨 의미가 있겠는가?[3] 하지만 거의 모든 내 친구들은 그들 삶의 가치와 목적성이 영속하는 무언가에 달려 있다는 사실을 극구 부정한다. 이는 내 어머니의 관점이기도 하다.

상아탑 밖 세상의 수많은 사람들은 사물을 다르게 본다. 그들은 희망과 꿈 그리고 삶이 궁극적 관점에서 의미가 있으려면 반드시 실재에 닻을 내려야 한다고 믿는다. 그 실재란 단지 그들보다 더 오래 지속된다는 정도가 아니라 시간의 변화에 절대적으로 무관해야 한다. 그들이 헌신하는 모든 사람과 대상이 결국 사라질 운명이라면 그들의 삶에 가치와 중요성을 담보해줄 최종적이고 확실한 목표가 모조리 없어져버린다는 생각, 그 지극히 실망스러운 생각은 오직 시간의 변화에 절대적으로 무관한 실재만이 없애주기 때문이다.

과거에 이런 사고방식은 거의 보편적이었다. 어떤 종류의 영원한 질서가 있고 우리 인간은 그에 연결돼 있다는 믿음은 제도와 습관, 사상 등의 거대한 거푸집으로 너무나 잘 뒷받침되었다. 따라서 그런 생각이 도전받는다는 건 고사하고, 그런 믿음을 주목하는 사람조차 거의 없었다. 삶의 모든 평범한 일상들이 그런 사실을 확인해주었다. 철학자와 신학자의 사색도 마찬가지였다. 그 무엇도 영원히 지속되지 않는다는 생각은 믿기 어려워 보였다. 정신 나간

소리라고 치부하긴 어려워도 말이다.

　　그러나 때론 천천히 때론 빠르게, 어느 곳에선 다른 곳보다 더 격렬하게 그 무엇도 영원히 지속되지 않는다는 생각이 더 그럴듯해졌다. 과학 등의 발전으로 모든 건 궁극적으로 사라진다고 믿는 편이 더 쉬워졌다. 심지어 한때는 시간의 한계를 벗어났다고 보였던 별들조차 사라진다고 말이다. 또한 우리 삶의 의미가 영원한 무엇과의 연결에 좌우된다고 믿지 않기는 더 쉬워졌다.[4] 그 과정은 5백년 이상 지속됐다. 과거의 모든 종교적 진실을 붙들어 매두었던 고대의 닻줄은 모조리 다 끊어졌다. 일종의 거대한 격랑이, 한계도 없고 저항하기도 불가능했던 그 힘이 작용했기 때문이었다.

　　이것이 오늘날 세상은 미몽에서 깨어났다, 신은 죽었다고 하는 익숙한 주장이 뜻하는 내용이다.[5] 우리의 세상에 신이 없는 이유는 오직 영원성에의 연결만이 인간의 삶을 허망과 절망에서 구해낸다는 믿음을 모조리 내다 버렸기 때문이 아니다. 많은 사람들은 여전히 이를 믿는다. 신이 없어진 이유는 영원한 질서의 존재가 자연적이든 혹은 초자연적이든, 우리의 일상적 삶의 구조와 더 이상 친밀하게 엮여 있지 않아서 세상 그 자체의 존재만큼이나 명백하지 않아졌기 때문이다.

　　이런 명백한 의식의 상실이 아직까지는 신앙의 가능성까지 파괴하지 않았다. 그 무엇도 그렇게는 못한다. 그러나 이런 상실 때문에 삶의 의미는 시간이란 부식작용에 취약하지 않은 영원이란 실재와의 연계에 달려 있다고 계속 고집하려는 사람들에겐 유례없이 큰 어려움이 닥쳤다.

모든 관점에서 명백했던 그 의식에 과학적, 문헌학적, 역사적 "진리"가 전면적으로 도전하는 지금 같은 여건에서 사람들이 계속 신앙에 매달리려면 힘든 투쟁을 벌여야 한다. 물론 어렵지만 그 투쟁에서 성공하는 사람도 적지 않다. 다른 이들은 완전히 포기해버린 채 불신의 세계로 물러나고 만다. 한때 눈에 그렇게 두드러지고 가까워 보였던 예전의 모든 영원성들이 빠르게 그들을 스쳐 지나가며 소멸해간다. 그 영원성들이 세련됐거나 평범하거나와 무관하게 말이다.

이것이 오늘날 무신론이 번성하는 환경이다.

시장의 사람들이 성당 종소리로 그날의 시간을 알던 모습처럼 인간의 삶에서 매일 가까이 있었던 영원성이 사라지면서 무신론에 전례 없는 신뢰가 주어진다. 현대적 사고의 비판 능력은 그런 변화를 가속화 한다. 이제 내 어머니의 인생관만을 합리적이라고 보는 사람들이 많아졌다.

무신론자는 인간 삶의 의미와 가치가 진실로 영원한 무엇과 우리를 이어주는 그 연결고리에 달려 있지 않다고 말한다. 과거엔 그 같은 연결성이 강조되었지만 그건 어디까지나 착각이었다. 역사적으로 오랜 투쟁 끝에 우리는 이제 이를 더 분명하게 본다. 우리가 존경하고 사랑하는 무엇이 우리 자신들의 삶보다 (조금 더) 오래 지속된다는 사실은 명확하다. 그렇다고 더 오래 지속되는 그 대상들이 이 지상에서나 저 천상의 세상에서 어떤 종류의 영원한 질서에 반드시 연결될 필요는 없다.

무신론자의 관점에서는 이와 반대되는 믿음이 치명적인 미신이다. 그런 미신이 오랜 기간 인류의 잠재력을 달성하지 못하도록 방해해왔다. 충분하게 또 적극적으로 인간다워지려면 우리는 그 미신을 한쪽으로 치워놓아야 한다. 우리는 시간 속에 놓인 우리의 존재가 짧고 끝이 있다는 사실을 받아들여야 한다. 신의 죽음은 재앙이 아니다. 그것은 일종의 해방이라는 게 그들의 시각이다.[6]

가장 확신에 찬 사람은 한 걸음 더 내딛는다. 그들은 우리가 삶에서 소중하게 생각하는 전부가 영원과 연결되어 있었으면 하는 우리의 소망이 달성되는 순간 그 가치를 잃게 된다고 말한다. 그 무엇도 지속되지 않는다는 사실이 우리가 형성하는 덧없는 애착들에 의미와 통절함을 준다고 그들은 말한다. 그것들에 끝이 있다는 사실을 알기 **때문에** 의미가 생겨난다는 뜻이다. 몽테뉴와 흄은 일찍이 이런 관점을 조심스럽게 옹호했다.[7] 카뮈와 사르트르는 그 생각을 조금 더 공격적으로 진전시켰다. 최근 마르틴 헤글런드(Martin Hägglund)가 펴낸 책 《이번 삶(This Life)》은 그가 "세속적" 인생관이라 부른 내용을 자극적으로 재 진술한 내용이다. 우리가 소중하게 여기는 관계는 시간에서 떼어내 어떤 지속되는 삶, 마음에 그린 어떤 영속적 삶의 조건으로 옮겨질 때 그 의미를 상실한다고 헤글런드는 말한다.[8]

이런 관점을 옹호하는 사람들은 스스로를 인본주의의 투사로 자처한다. 그들은 근대성의 예언자들이다. 종교적인 사람들은 신이 없는 세상을 우직하게 거부하지만 인본주의자들은 오히려 편하게 느낀다. 그들은 아직도 영원성에 연결되기를 갈망하는 사람들을 지적인 지진아로 본다.

이런 공격적 성향의 무신론적 인본주의가 폭넓게 공유되지는 않는다. 여러 종교적 신앙의 형태들 못지않은 과도함을 지녔기 때문이다. 그럼에도 그들의 인본주의는 이 불신앙의 시대에 신을 믿는다거나 믿고 싶다고 말하는 사람들이 직면한 가장 진지한 지적 도전이다. 그 인본주의자들의 주장은 우리의 수많은 과학적이고 문화적인 태도들과 조화를 이루기 때문이다. 그들의 시각은 이런 태도들에서 힘을 끌어 모으고 다시 그런 태도들을 강화해준다. 그 시각은 이 시대의 분위기와 걸 맞는다. 그 결과 점차 더 세속적으로 변해가는 현 세계의 가장 계몽된 시민들 사이에서 그 호소력을 키워간다.

　　이런 현상은 옳지 않다. 옳지 않다기보다는 외려 더 나쁘다. 그것은 비인간적이다. 인간됨의 조건을 그릇되게 대변하며 오히려 의미 있는 삶을 살아가지 못하도록 세계관을 왜곡한다. 공격적 성향의 무신론은 인간 조건의 완벽한 그림이 아니라 단지 일그러진 삽화를 제공할 뿐이다.

　　이런 호전적 무신론을 패퇴시키려면 단순히 자신의 신앙을 주장하는 노력만으론 부족하다. 아무리 지극한 신실성이 있다 해도, 성스런 전통이나 문헌의 권위를 동원한다 해도 마찬가지다. 이런 종류의 모든 호소는 무신론자에겐 소귀에 경 읽기요 대꾸할 가치도 없는 비합리적 독단이다.

　　이런 공격을 막아낼 방법은 유일하다.

　　무신론자가 조롱하는 영원에의 갈망이 우리 인간성에 가해지는 피치 못할 위협이 아니라 그 구성 요소의 하나임을, 오류가 아니라 그 특징의 하나임을 보여주어야 한다. 교육받은 수많은 사람들은 자신들에게 주어진 삶의 가장 이상적인 형태를 더할 나위 없이 표현한 내용이 무신론이라고 받아들인다. 그들의 이런 반종교적 독단의 가장 정교한 주장을 물리치려면 무신론자의 손아귀에서 인본주의를 구해내야 한다. 신을 부끄럼 없이 사랑하는 사람들의 소유물로 인본주의를 되돌려주어야만 한다. 영원성에의 갈망을 인간 조건의 중심으로 되돌려 놓을 필요가 있다. 그 갈망은 언제나 그곳에 있었고 오늘날에도 여전히 그곳에 속한다.

다른 살아있는 존재와 마찬가지로 우리는 모두 종국엔 죽고 만다. 그러나 오직 인간만이 우리가 죽는다는 사실을 **안다**.

　　필연적인 죽음의 자각으로 인간은 다른 존재와 달라진다. 이런 자각이 우리와 동물 친구들의 간극을 벌려준다.[9] 이 지식은 내 어머니가 어리석은 종교적 믿음을 대신할 만한 유일한 대안으로 끌어안은 실존주의의 출발점이다.

　　그러나 어머니의 실존주의는 무언가 중요한 것을 놓쳤다. 죽음을 아는 우리의 지식은 인간됨의 조건을 결정하는 특징이 맞다. 그러나 이 지식은 이미 시간에 구애받는 존재와 그렇지 않은 존재를 구분한다는 자각을 가정한다. 그 지식은 영원성이라는 개념을 전제한다. 이는 다시 신이라는 개념과 연결된다.

　　영원성과 신이라는 개념은 단순히 연결돼 있다는 데서 그치지 않는다. 오히려 그 두 개념은 서로 떼어낼 수 없을 정도로 묶여 있다.

어떤 사람은 신을 인격적인 존재로 생각한다. 아브라함의 자식들이 그런 사람들이다. 다른 한편 고대의 이교도 철학자들이나 수많은 뉴 에이지 심령주의자들(spiritualists)은 신을 어떤 비인격적 힘으로 상상한다. 이런 폭넓은 범주 안에서도 추가적인 구분이 나뉜다. 단일신론자(Unitarian)[7]들의 신은 가톨릭의 신이 아니며, 단일신론자와 가톨릭의 신은 또 무슬림이나 유대인의 신과도 다르다. 이 모든 신은 또 아리스토텔레스 형이상학(Metaphysics)에 등장하는 신, 위칸들(Wiccans)[8]이나 드루이드들(Druids)[9]의 신성한 힘과도 근본적으로 다르다.

그러나 신을 보는 이 서로 다른 개념들은 중요한 무언가를 공유한다. 각각의 개념들은 신이 당신이나 나처럼 존재했다 사라지지 않고 영원히 지속되는 대상이나 힘이라고 인식한다. 가장 넓은 의미에서 신이라는 개념은 그 모든 상이한 형태들을 막론하고 바로 영원이라는 개념이다. 시간의 요동에서 벗어나 영원히 존재하는 누군가이거나 혹은 무엇이다. 신의 존재를 부인하는 사람들조차 이런 개념을 마음속에 간직한다.

영원성이라는 개념은 곧 우리 자신들이 반드시 죽는다는

---

7 성자 예수와 성부 하나님이 같고 권능과 영광이 동일하다고 믿는 기존의 삼위일체 기독교 교리와 차이가 있는 개신교 신앙으로 18세기 반칼빈주의적 교리에서 출발했다.

8 20세기 초 영어문화권을 중심으로 널리 퍼진 신흥 종교 운동. 이를 처음 공표한 사람에 따르면 유럽 기독교 이전의 종교운동에서 비롯됐으며 수 백 년 동안 비밀리에 존재해온 마법문화의 현대적 형태라고 한다.

9 기원전 3세기의 기록도 남아 있는 고대 켈트족의 학식 있는 계급. 제사장, 교사, 재판관으로 활동했다.

자각의 결과이자 조건이다. 그것은 우리가 죽는다는 단순한 사실과는 달리, 우리가 죽는다는 지식의 전제이자 생산물이다. 죽음이라는 지식과 영원성이란 개념은 동전 하나의 양면이다. 그 양자는 함께 태어났고 함께 우리 인간을 만든다.

우리는 죽음의 자각을 피하지 못하는 이상으로 영원성이라는 개념에서도 벗어나지 못한다. 그러나 그런 사실이 곧 시간의 한계를 넘어 존재하리라 상상되는 곳에 우리가 실제로 도달하게 된다는 의미는 아니다. 영원성이라는 개념은 어떤 종류의 죽음 없는 질서를 우리가 손에 넣는 건 고사하고, 그것이 존재한다는 증명도 아니다. 그것은 신의 존재를 증명하지도 않는다.(모든 종류의 불신자들이 일깨우듯이)

영원성이라는 개념이 **하는** 일은 우리가 야망을 세우도록 해주고 아무리 오랜 시간을 들인다 해도 어떤 시간의 범위 안에서는 결코 매듭짓지 못할 목표의 추구에 개인적으로나 집단적으로 동참하도록 허용하는 것이다. 그 개념은 비록 우리가 시간에 구애를 받지만 시간에 제한되지 않는 목표를 세우도록 해준다.

이러한 목표들은 전부 인간 성취의 어떤 가능한 범주를 넘는다. 그렇다고 그런 목표를 우리가 추구하지 못하게 막지도 않는다. 사실상 우리는 저항하지 못하고 그에 이끌려간다. 우리는 충분히 달성하지도 못할 이상을 그릴 뿐 아니라 그것들을 성취하려고 오랜 기간 **갈망**한다. 우리는 어쩔 수 없이 그렇게 하고 싶어 한다. 우리가 반드시 죽는다는 조건이 그 목표의 달성을 결코 허락하지 않는데도 말이다. 칸트는 "모든 인간이 지닌, 일시적인 무엇에 결코 만족하지 않는, 우리 본성의 뛰어난 성향"에 관해 말한다.[10] 과학, 철학, 문학 그리고 미술은 모두 이 결코 충족되지 못할 갈망에서 솟아난다.

따라서 어떤 목표는 우리가 피하지도 못하고 달성하지도 못한다. 이는 우리에게 특별한 종류의 절망을 선고한다. 지구상에 살아있는 모든 생명체 중 우리의 두드러진 운명은 스스로 부여한 이 특이한 방식으로 절망하는 일이다.

그러나 놀랍게도 우리는 심지어 영원히 손에 닿지 않는 그러한 목표를 향해 진전을 이루어 간다. 세계에 관해 우리가 알아야 할 건 모두 다 알고, 우리가 갈망하는 만큼 동반자와 친구들을 사랑하는 일은 끝내 불가능하다. 그럼에도 우리는 조금씩 더 깨달아 가거나 혹은 더 애정이 깊어져 갈 뿐 한없이 어떤 한 장소에 처박혀 있지는 않다. 이는 일종의 역설이다. 언제나 늘 불가능한 거리만큼 떨어져있는 목표에 어떻게 더 가까워지는가? 그러나 우리는 그 역설을 받아들일 뿐 아니라 그 역설과 함께 살아간다. 그 역설이 우리가 품고 꿈꾸는 희망과 꿈의 윤곽을 규정한다. 분명한 절망의 그림자에 숨어있는 발전적 성취의 가능성이 바로 인간에게 주어진 조건이다. 그것이 바로 우리 인간을 이상해 보이지만 낯익은 바로 우리 자신의 모습으로 이끈다.

어떤 사람은 이런 사실을 받아들이기 힘들어한다. 그들은 우리의 가장 깊은 갈망이 언젠가는 채워진다고 믿고 싶어 한다. 충분히 이해하고도 남을 바람이다. 이는 서구에서 우리가 아테네와 예루살렘이란 이름들과 연결 짓는 두 가지 서로 다른 사상의 전통들이 내놓는 핵심적인 가르침이다.

비록 여러 가지 면에서 정반대이지만 아브라함의 종교들[10]과 고대 이교도의 위대한 철학적 체계들은 하나의 핵심적 특징을 공유한다. 그들은 신에게 다가가려는 갈망이 결코 절망으로 이어지지 않는다고 추종자들을 안심시킨다. 이는 그들이 가진 지속적인 매력의 근원이다. 그러나 질곡에 빠진 인간의 조건이 최종적이라는 믿음은 거부하는 셈이다. 그들은 인간의 최종적인 조건을 수용하는 대신 충족의 환상들로 그를 대체한다.

어머니 같은 무신론자들과 내 친구들 대부분은 그 매력적인 충족의 약속을, 그것이 어떤 형태를 취하든 거부해야만 한다. 그 약속이 반인간적이라고 보는 그들의 판단은 옳다. 그렇다고 인본주의자들이 어떤 형태든 신이라는 개념조차 필요하지 않다고 결론을 내린다면 틀렸다. 인간의 삶에 특유한 드라마를 던져주는 달성하지 못할 목표들의 의미를 설명하려면, 또 우리가 결코 그 간극을 완전히 극복하지 못하면서도 그 목표들에 조금 더 다가간다는 사실을 설명하려면 우리는 아리스토텔레스가 "영원하고 신성하다"고 지칭한 그 개념을 어느 정도 필요로 한다.[11]

우리에게 그러한 목표들이 있고, 그 목표들에 다가가지만 결코 도달하지 못한다면 일반적으로 우리가 인식하는 현실의 본질에 관해 무엇을 가정해야 이 인간 고유의 경험이 애초에 어떻게 가능한지 납득이 될까? 세상을 살아가는 우리 자신의 비극적이지만 즐

---

10 아브라함에 그 기원을 두고 공통된 철학에 기반을 둔 종교를 아우르는 명칭으로 유대교, 사마리아교, 기독교, 이슬람교, 드루즈교, 바하이 신앙 등이 있다고 한다.

거운 위치를 설명하려면 우리는 세상 전체를 어떻게 생각해야 하는가?

이런 식의 질문을 따라가다 보면 우리는 우회적으로 다시 신에게 돌아간다. 그렇다고 시간에 얽매인 인간 조건의 한계들을 초월하는 주장과 경험들을 통해 신이 존재한다고 증명하지도 않는다. 그 질문을 다시 따라가며 신에게 돌아간다 해도 그 길은 우리에게 인간성을 옆으로 치워두라 요구하거나 권유하지는 않는다. 오히려 애쓰고 전진하지만 언제나 도달하지 못하기에 느끼는 깊은 절망, 이 너무나 인간적인 경험은 세상이 내재적으로 무한하게 신성하다는, 과장된 그러나 설득력 있는 가정 위에서만 이해된다는 점을 보여줄 뿐이다.

이것이 내가 이 책에서 옹호하려는 신의 개념이다. 그것을 내가 증명하겠다고 말한다면 주제넘은 노릇이다. 그러나 이 책은 단순히 나의 신앙을 고백하는 수필이 아니다. 적어도 난 말할 수 있다. 내 어머니가 카뮈와 사르트르의 철학에 헌신하기로 했을 때 인간 삶의 근본적 사실로 수용했던 죽음이라는 지식의 의미를 숙고한 모든 이성의 무게를 나의 신은 끝까지 유지한다고 말이다. 합리적인 인본주의자라면 그 이성의 무게를 회피하지는 못한다. 수많은 내 친구들처럼, 어떤 신의 개념을 동원하지 않고도 인간의 조건을 가장 통절하게 규정하는 경험들을 설명할 수 있다고 말하는 사람들은 반인본주의적이다. 그들이 거부하는 전통적 철학이나 신학들의 충족이 또 다른 형태로 반인본적이듯 말이다.

지금 내 나이는 캘리포니아 우리 집 현관 계단에 앉아서 자신이 생각하는 신(신을 높이는 내용이 전혀 아니다)에 관해 내게 말하던 어머니 나이의 두 배쯤이다. 나는 적어도 그녀가 부분적으론 틀렸다는 결론에 이르렀다.

믿지는 않는다 해도 신은 **있다**. 내 부모님이 유치한 환상으로 거부했거나 내 친구들이 하찮게 여긴 그런 신은 아니다. 그렇다고 완전히 신이라는 개념 없이 살아갈 수 있다고 생각한다면 잘못이다. 현재 유행하는 믿음은 우리가 그럴 수 있다고 말하지만 인간 조건을 그릇되게 그려낼 뿐이다. 그 믿음은 내 어머니가 혐오했던 종교가 부정직했듯이 역시 또 다른 의미로 옳지 않다. 우리가 누구인지 이해하려면 신의 올바른 개념이 필요하다. 우리는 오직 이성으로만 그 올바른 개념으로 가는 길을 찾아낼 수 있다. 마땅히 따라야 한다고 어머니가 내게 가르쳐준 유일한 길이다.

2장

시작도 끝도
없는 시간
(Endless Time)

지난해 8월 지역신문에서 아마추어 천문가의 기고문을 읽었다. 그는 매년 찾아오는 페르세우스자리 유성우를 관찰하기 제일 좋은 시간이 새벽 4시라고 말했다. 나는 그 시간에 일어나려고 자명종을 맞추어두었다.

최근 동네 체육관 회원권을 갱신하고 1주일에 네 번은 가기로 다짐했다. 1년 전에는 아내와 베네치아에 가려고 비행기 표를 예약했었다. 우리는 대운하에 있는 한 아파트에서 내 생일을 축하할 계획이었다.

때때로 이런 내 계획들은 틀어진다. 자명종은 울리지 않았다. 운동을 하겠다던 결의는 흐지부지되고 말았다. 베네치아로 가려던 비행기는 코로나 19 팬데믹 때문에 취소됐다. 인간의 경험에서 실망은 언제나 있는 특징이다.(베네치아 여행 취소가 가장 괴로웠다.)

내가 언급했던 목표들이나 그와 유사한 수많은 다른 목표들이 반드시 실패해야할 이유는 없었다. 그 무엇도 달성 불가능한 일은 아니었다. 실패는 늘 있지만 우발적이다. 안타까운 사고일 뿐이다. 얼마든지 잘 될 수도 있었다.

심지어 평생 동안 달성하지 못할 수많은 목표들도 사정은 마찬가지다.

유럽의 거대한 성당들은 건축에 백 년 이상 걸린 경우가 많다. 그 성당 건설에 참여한 사람들은 살아생전 완공하지 못하리란 사실을 알았다. "자신의 과업이 완수되기도 전에 [노동자의] 인생은 끝나고 말았다. 그러나 건축은 지칠 줄 모르는 정열로 세대를 이어 계속됐다."고 러스킨(Ruskin)은[11] 말했다. 성당이 마침내 완성되어 우뚝 설 때까지 말이다.[1]

때때로 그 성당은 완성되지 못한 채 남아 있다. 정치적인 문제나 다른 영향력이 개입했기 때문이다. 설계도를 그렸던 건축가나 망치를 들었던 첫 번째 장인은 그들의 계획을 망쳐버릴 사건들이 벌어질까 걱정했을지는 모른다. 그러나 아예 완공이 불가능한 사업을 시작한 건 결코 아니었다. 성당 건설이라는 목표는 분명 달성 가능했다. 좌절의 위험은 언제나 있었지만 적어도 원칙적으로는 달성 가능한 목표였다. 그런 위험은 우리의 가장 소박한 기획에도 예외 없이 찾아온다. 날씨 때문에 취소되고 마는 소풍이 그렇듯

---

11 1819~1900, John Ruskin은 영국의 예술평론가이자 지질학을 비롯해 건축, 신화, 문화, 교육, 경제학 등 다양한 분야의 글을 썼다. 문화 보수주의를 선도한 인물의 하나로 꼽힌다.

말이다.

　이런 점에서 볼 때 그 성당처럼 수 세대에 걸쳐 진행되는 계획들도 한 사람이 평생에 끝을 내는 일과 다르지 않다. 그러나 장기적인 사업은 우리에게 특별한 중요성을 지닌다. 보다 강력한 인간의 욕망에 부응하기 때문이다. 그런 사업들은 우리 자신보다 더 오래 지속되는 무엇과 연결됐으면 하고 우리 모두가 저마다 다른 시기에, 여러 가지 방식으로 느끼는 갈망에서 비롯된다.

　예를 들어 국제환경단체인 네이처 컨저번시(Nature Conservancy)에 기부를 하거나 화성에 인류의 식민지를 건설하겠다는 미국항공우주국(NASA)의 계획들에 관해 읽을 때 나는 그 비슷한 감정을 느낀다. 예일 대학교 법대의 교수진에 젊은 여교수를 임용하는 투표를 할 때, 내가 더 이상 살아 있지 않을 때도 그녀가 학교에서 여전히 가르치리라 기대하면서 비슷한 감정을 느낀다.

　이런 결정들과 백일몽들은 적어도 상상으로나마 내 삶의 지평선 너머로 나를 데려다 준다. 그 꿈들이 실현되는 모습을 볼 때까지 내가 생존하지는 못한다. 그러나 내 정신의 눈으로 나는 나 자신이 더 이상 존재하지 않을 때도 세계가 여전히 번영해 가리란 모습을 그려볼 수 있다. 이것이 나의 존재감이나 목적의식을 확장해준다. 또 나에게 주어진 유일한 방법으로 삶의 한계를 벗어나려는 내 갈망을 충족해준다.

　내 삶의 한계를 벗어나게 해주는 그 힘은 내일 갈 소풍을 오늘 계획할 때 눈에 띄지는 않지만 겸허한 방식으로 이미 작동한다. 특히 삶 전체의 경계를 초월해 바라보며 내가 더 이상 존재하지 않는 세계가 어떨까 숙고해볼 때 그 힘은 가장 광대하고 극적으로 작동한다. 이런 특별한 종류의 통찰에서 작동하는 힘은 우리가 보유한 가장 익숙하지만 동시에 신비스러운 힘이다.

다른 동물과 마찬가지로 우리의 삶도 한시적이다. 우리는 태어나, 잠시 존재하다가 죽는다. 그러나 우리만 그리하리란 사실을 안다. 이는 지구상의 생물 중 유일하게 우리에게만 주어진 운명이다. 다른 어떤 동물도 영국의 신고전주의 시인 알렉산더 포프가 말했던 "그 종말을 아는 쓸데없는 지식"을[2] 보유하지 않는다.

죽음은 흔히 우리에게 일어나는 사실일 뿐 아니라 숙고의 대상이기기도 하다. 우리가 죽음을 끊임없이 생각하지는 않지만 그렇다고 우리와 무관하게 멀리 떨어져 있는 일도 아니다. 죽음에 관해 생각하는 능력은 언제나 우리 곁에 있다. 유아기의 안개에서 벗어나 의식의 세계로 접어드는 순간부터 말이다.

우리가 그렇듯이 다른 동물들도 살고 싶어 한다. 그들은 먹이를 구하고 위험을 피한다. 지난달 집 정원에서 발견했던 거북이는 내 그림자가 자신을 스치자 등딱지 속으로 머리를 움츠렸다. 참새들이 먹이인 벌레를 찾으려 땅을 파고, 갓 부화한 새끼들을 보호하려고 독수리에 달려드는 경우를 보기도 했다.

내가 키우는 개 메이지(Maisie)는 놀랍도록 복잡 미묘한 동물이다. 욕구와 두려움이 매우 섬세하다. 벽난로 근처의 따뜻한 곳, 또 주인이나 사람들의 관심을 원한다. 자신이 좋은 행동을 했을 때 칭찬 받길 즐긴다. 메이지가 겁을 먹는 경우도 있다. 번개나 큰 개들이다. 또 거북이나 참새 그리고 나와 마찬가지로 메이지는 고통과 죽음을 회피한다. 그러나 내가 보기에 메이지는 죽음을 걱정하지는 않는다. 죽음을 궁금해 하거나 염려하지도 않는다. 상대적으로 안전한 순간조차 죽음을 걱정하는 우리 인간과는 다르다. 다른 어느 동물도 마찬가지다. 그들은 모두 반드시 죽는다. 그러나 그 사실을 모른다.

그 지식은 우리의 삶이 모든 시간에 걸쳐 지속되지 않고, 단지 제한된 일부, 특정한 기간에만 지속된다는 사실을 알기 때문에 가능하다. 이는 불완전한 공식이다. 이에 따르면 우선 나는 어떤 더 긴 시간의 연장을 응시하고, **그런 다음** 그 일부를 내가 차지한다고 생각한다. 마치 이런 생각들이 순차적으로 이어진다는 듯이 말이다. 그러나 사실은 **같은** 생각이 다르게 표현됐을 뿐이다. 내가 언젠가는 반드시 죽는다는 사실을 아는 지식은 내게 주어진 시간보다 더 긴 시간이 있다는 알아차림이다. 내가 얼마나 오래 살든 나의 삶 "이전"과 "이후"의 시간이 있다는 인식이다.

나는 과거를 거슬러 내가 태어나기 이전의 시간까지 생각한다. 예를 들어 나는 때때로 미국 혁명을 생각해본다. 보스턴과 필라델피아에서 어떤 일이 발생했는지를 다룬 책들을 읽었다. 그들이 묘사한 사건들을 내 상상 속에서 따라가 본다. 비록 그런 사실들을 직접 경험하는 일은 불가능하다해도 말이다.

미래를 내다볼 때도 마찬가지다. 지금부터 수 십 억년이 지나면 태양이 붕괴한다는 사실을 다룬 책을 읽었다. 천체물리학자들은 그런 일이 틀림없이 발생한다고 말한다. 비록 살아있는 동안 그런 일을 경험하지는 못하겠지만 내 마음으로는 그런 상황을 그

려본다. 물론 어떤 인간도 직접 경험하지는 못하리라고 생각한다. 여기서 또한 나의 상상력은 경험을 초월한다. 앞으로나 뒤로, 과거나 미래 어느 쪽으로도 매한가지다. 상상력이 경험을 능가하지 못한다면 내 숙명적 죽음의 한계를 생각하기는 어렵고, 여전히 죽음을 면치 못하겠지만 그 사실은 전혀 모르게 된다. 경험을 능가해 상상할 수 있는 힘과 죽음의 지식은 결국 동일체다.[3]

내 삶보다 더 긴 시간을 생각하도록 해주는 힘은 내 존재의 덧없음을 고통스럽게 부각시킨다. 이는 마치 절망의 순간에 가능하기만 하다면 피하고 싶은 책임 같아 보인다. 《비극의 탄생》[12]에서 니체는 "미다스 왕이 오랫동안 디오니소스의 동반자인 현자 실레너스를 찾아 헤맨 옛 전설"을 자세히 이야기했다. 마침내 미다스가 그를 찾았을 때 왕은 최상의 삶이 무엇이냐고 물었다. 실레너스는 답했다. "잠시 살려고 태어나 고통에 시달리는 피조물이여… 최고의 삶을 네가 얻을 가능성은 전혀 없다. 그건 태어나거나 존재하지도 않는 무(nothing)이기 때문이다. 두 번째로 좋은 삶은 …빨리 죽는 일이다."[4]

그러나 인간 특유의 고통이 만들어지는 원인인 바로 그 힘은 또한 우리에게 주어진 가장 고유한 자유의 근원이기도 하다. 다른 동물들이 결코 얻지 못할 관점에서 세계와 우리 자신을 바라보게 해주기 때문이다. 인간은 그 덕분에 동물들이 감히 생각하지 못하

---

12 니체가 1872년에 출판한 책으로 바그너에게 헌정했다. 연극이론을 다룬 책으로 고대 문헌학자인 니체는 그리스 비극에서 근본적으로 무의미한 세계의 회의주의와 허무주의를 초월하는 예술 형태를 보았다.

는 질문을 하고 목표를 추구한다.

미국 독립혁명에서 만약 프랑스인들이 미국 편을 들지 않았다면 어떻게 됐을까? 토머스 제퍼슨은 샐리 헤밍스(Sally Hemings)[13]를, 그녀는 제퍼슨을 사랑했을까? 앞으로 200년이 지나도록 예일 대학교 법대는 여전히 존재할까? 그때 지구는 지금보다 더 뜨거워질까? 내 손자 손녀는 행복한 어른으로 성장해 행복한 자식을 기르게 될까?

나는 이런 질문과 그와 유사한 질문들을 내가 언젠가 꼭 죽는다는 사실에 구애받지 않는 관점에서 던져 본다. 상상으로 그런 질문을 할 능력이 있다고 해서 내가 꼭 죽는다는 조건이 약화되지도 않는다. 그러나 그 힘은 내가 반드시 죽는다는 경험을 근본적인 차원에서 변형시켜 내가 태어나기 이전에 발생했거나 내가 죽고 나서 벌어질 일에 흥미를 갖게 해준다.

내가 죽고 나서 일어날 일에 우리가 느끼는 흥미는 실천적인 차원에서 특별한 중요성을 지닌다. 내가 그에 관해 뭔가 할 수 있기 때문이다. 지금 내가 미국 독립혁명의 흐름을 바꾸지는 못한다. 어쩌면 그 혁명이 성공했는지 실패했는지도 크게 괘념치 않는다. 과거에 관한 흥미는 전적으로 사변적일 뿐이다. 그러나 내가 죽고 난 다음 세상이 여전히 지속된다는 사실을 알면서도 그 미래의 경로에 무관심하기는 어렵다. 불가능하지야 않겠지만 말이다. 오직 내 개인적인 관심에 국한된다 하더라도 내가 원하는 방향으로 미

---

13 토머스 제퍼슨의 본부인 마사 웨일스의 이복 동생이자 노예였다. 마사가 결혼 10년 만에 사망하자 30년 연상의 제퍼슨과 4남 1녀 이상의 자식을 두었다고 한다.

래가 흘러갔으면 한다. 이런 관점에서 나는 약간의 영향력이 있기 때문에 내가 이 세상을 떠난 뒤 내 후배들이 완수하게 될 계획들을 수립할 이유가 있다.

이러한 일을 하도록 허락하는 자유는 인간에게만 있다. 대체로 나는 그것을 당연하게 여긴다. 네이처 콘저번시에 기부하거나 손자들을 위해 돈을 따로 저축하는 일보다 더 자연스러운 일이 어디 있는가? 그러나 이런 행동과 결정들은 오직 내 상상력 덕분이다. 내가 얼마나 직접 경험할지는 몰라도 여전히 더 많은 시간이 남아 있다는 사실을 알기에, 내 생명의 한계를 넘어 세상이 더 오래 지속된다는 인식 아래서 그런 행동을 하고 결정을 내린다.

사정이 이렇다는 사실을 아는 지식은 우리가 느끼는 가장 깊은 불안의 근원인 동시에 우리의 너무나 짧은 삶이란 지평 너머를 도모하는 자유의 원천이기도 하다. 그 자유는 인간만이 경험하는 충족의 한 형태를 제공한다. 이는 죽음이라는 지식이 야기하는 불안만큼이나 독특하다. 자유는 불안의 보상이 아닐지 모르지만 우리에게 주어진 유일한 보상이다.

내가 지금까지 알기로 다른 동물들은 불안이나 그 보상 어느 쪽도 경험하지 못한다. 그들 역시 피치 못할 죽음의 포로들이지만 우리와는 다른 방식으로 그렇다. 우리는 죽는다는 사실을 알고 바로 **이것 때문에** 우리에게 주어진 짧은 시간을 측정하는 메트로놈의 박자에 맞춰 똑딱거리지만, 별개의 조금 더 오래 지속되는 무엇으로도 세상을 인지한다. 이런 생각으로 우리는 우리가 더 이상 존재하지 않을 때도 여전히 존재하는 세상으로 향하거나, 그 세상에 계속 영향을 끼치려는 방법을 지금 계획하려 든다.

한평생을 바쳐도 달성되지 못할 모든 목표는 이런 생각에서 비롯된다. 우리에게 그것을 생각하도록 허용하는 힘이 있기 때문이다. 그것은 죽음이라는 지식과 함께 시작한다. 수세대에 걸쳐 계속되는 우리의 추구들은 이런 지식의 그림자에서 잉태되었다. 그 추구들은 유달리 놀라운 방식으로 우리를 한시적인 존재라는 속박에서 벗어나게 해주는 잠재력을 드러낸다. 그러나 실제로 인간 경험의 모든 영역은 아무리 사소하거나 혹은 "동물답다'해도 죽음을 안다는 우리의 의식으로 변형되고 영향을 받는다. 하나의 예를 들어 우리의 성생활을 동물의 그것과 달리 구별하는 환상과 불안은 우리가 반드시 죽는다는 지식을 관능적 매력이라는 우주적인 힘에 연결시키는 우리의 희망이나 두려움과 밀접한 관계가 있다.[5]

이 모두는 지나칠 만큼 익숙하지만 어떤 면에서는 상당히 특이하다. 아무리 익숙해졌더라도 우리의 인생 경험은 우리가 단순히 살아간다는 사실보다, 어떤 시간 속에서 살아간다는 조건을 이해하게 해주는 기이한 힘에서 비롯되기 때문이다.

이는 또 실현하려면 우리 삶에 주어진 시간 이상이 필요한 계획을 세우게끔 해준다. 더 놀랍게는 아무리 길어도 **일정하게 제한된** 시간 안에선 결코 달성되지 못할 목표까지 설정하도록 해주기도 한다.

후자의 목표들은 성당건축이나 그와 유사한 기획과는 성격이 다르다. 그런 종류라면 아무리 거대한 야망이라도 최소한 원칙적으로는 달성가능하다. 물론 여러 세대의 인생을 송두리째 바쳐야 할지 모른다. 좌절의 위험도 엄청나게 크다. 그러나 성공이 불가능하지는 않다.

그와 대조적으로 아무리 긴 시간이 주어져도 이루지 못할 목표는 절대 달성이 불가능하다. 그것을 성취하려는 우리의 노력은 좌절로 이어지게 마련이다. 그 좌절은 목표의 본질 그 자체에 심어져 있다. 세상의 모든 운을 다 끌어 쓴다 해도 결코 그 좌절을 회피하지 못한다.

몇 가지 예를 들어 보겠다.

사람들은 언제나 날씨에 관심이 많았다. 왜 어떤 때는 비가 오고 어떤 때는 오지 않는가? 왜 장마가 있고 가뭄이 있는가? 현실적으로 중요한 질문들이다. 구약성경 창세기에 나오듯이 이집트 왕 파라오는 감옥에 갇혀 있던 요셉을 풀어주었다. 그에게 날씨가 초래한 비상사태를 해결할 대책이 있었기 때문이다. 기후 변화를 둘러싼 현재의 토론은 그러한 대책이 얼마나 중요한지 상기시켜 준다.

우리 조상들은 날씨를 예견하는 방법들을 개발했다. 그들은 이에 필요한 도구들을 발명했다. 오늘날 우리는 과거 어느 때보다 놀라우리만치 정확하게 날씨를 예측한다. 그러나 완벽하지는 않다. 지금부터 5시간 이후의 날씨를 정확하게 예측한다는 개념은 마치 꿈과 같다. 날씨 변화를 초래하는 원인을 아는 우리의 지식이 여전히 불완전하기 때문이다.

1825년 괴테는 "날씨 이론을 세우고자"라는 제목의 수필을 썼다. 그는 온도계, 기압계, 습도계(상대적 습도를 재는) 덕분에 가능해진 엄청난 발전을 언급했다. 그러나 날씨 문제에서 "한 가지 요소는 언제나 다른 무엇 때문에 확산 되거나, 덮이거나, 동반되거나, 감싸진다"고 주목했다. 그러면서 괴테는 이런 의문을 피력했다. "수많은 요인이 상호 작용하는" 상황에서 "무엇이 주(主)고 무엇이 종(從)인지, 무엇이 앞서고 무엇이 뒤따르는지" 우리가 어떻게 알 수 있을까? 그는 간결하게 결론을 냈다. 이 문제는 "어떤 이론적 진술을 하기에 매우 큰 어려움을 만들어낸다."[6]

오늘 날에도 이는 변함없는 사실이다. 날씨의 과학은 계속 발전해왔다. 괴테가 그 글을 썼을 때에 비해선 훨씬 더 발전했다. 2400년 전에 아리스토텔레스가 그 주제를 체계적으로 다룬 논문을 처음 썼을 때에 비하면 엄청나게 더 많이 발전했다.[7] 그러나 우리는 앞으로도 날씨의 원인과 결과를 묻는 질문을 계속 해야 한다. 어떤 질문에 답을 하고나면 또 다른 질문으로 이어진다. 날씨를 이해하려는 오래된 노력은 끝이 없다. 그 목표는 내년에, 혹은 백년 안에, 아니 어느 한정된 시간 안에선 도달하지 못한다.

사회 정의라는 원칙들을 규정하고, 실천적으로 작동 가능한 테두리에서 실행하려는 똑 같이 오래된 실험도 역시 마찬가지다.

이 주제를 진지하게 숙고하기 시작한 이래 정의의 합당한 규정을 둘러싸고 다양한 시각들이 존재해왔다. 그리스의 궤변학파(Sophists)는 정의의 보편적인 기준이 없다고 주장했다. 소크라테스는 있다고 말했다. 원칙의 유무라는 시각의 차이는 지금도 있지만 합의가 가능한 범위는 계속 커져간다. 오늘날 우리는 일찍이 존재했던 노예제와 봉건사회가 우리 시대의 자유 민주주의에 비해 정의롭지 않다는데 거의 만장일치로 동의한다. 기후문제에서 대기압의 발견이 그랬듯이 이는 분명 중대한 발전이다. 이렇듯 정의를 추구하는 면에서도 우리는 진전을 이뤄왔다. 비록 그 발전이 고통스럽게 더디고, 괴로울 만큼 불완전하며, 과학적 측정이나 실험이 불가능할 정도의 견해 차이로 시달린다고 해도 말이다.

미국이 하나의 사례다. 미국의 역사는 고무적이지만 달성되지 않은 목표를 향한 단속적인 진전의 과정이다. 민주적 자치정부라는 잘 고안된 연방헌법의 안정성으로 그 내용에서는 다소간의 절충이 이루어졌지만 처음부터 전 세계에 희망의 등대가 됐다. 그러나 미국의 이상은 건국 때부터 노예제와 그 끈질긴 유산이란 원천적인 불의로 얼룩졌다. 또한 미국의 이상은 여러 가지 헌법의 결함으로 좌절을 겪기도 했다. 그러나 노예제는 폐지됐고 이런 결함 중 다수는 바로잡혔다. 그럼에도 인종적 불의의 흔적은 여전히 남아 있다. 어떤 미국인들은 그것이 지워지기 어렵다고 생각한다.

지나치게 비관적인 생각이다. 백 여 년 전 짐 크로우(Jim Crow) [14] 시대 보다 오늘 날 사정은 훨씬 낫다. 장기적 관점에서 보면 미국은 앞으로 나아간다. 오늘날 미국은 그 이상의 구현에 과거 그 어느 때 보다 가깝게 다가섰다. 물론 과제는 여전히 남아 있고 앞으로도 계속 그럴 것이다.

14 짐 크로우 법으로도 지칭되는 시대다. 남북전쟁 이후 1877년에서 1954년까지 제정된 인종 차별 합법화 법들을 짐 크로우 법이라 통칭했다. 백인들이 어리석고 멍청한 흑인을 싸잡아 짐 크로우라 부르며 비하한데서 그 이름이 붙었다. Crow는 까마귀이자 흑인을 조롱해 지칭하던 용어였다.

마틴 루터 킹(Martin Luther King)은 모든 미국 사람들이 "피부색"이 아니라 "그 인격의 내용"[8]으로 평가되는 날이 오리라 기대한다는 유명한 말을 남겼다. 이는 고상한 이상이며 우리가 이해하는 공정함이란 의미의 핵심적인 부분을 표현한다. 미국이 수 백 년에 걸쳐 인종적 불의를 청산해왔다는 맥락에서 특별한 울림을 지녔다.

그러나 킹 목사의 견해는 몽상적이다. 그가 상상한 대로 모든 사람들이 인격적 가치로 평가받는 세상이라는 꿈이 완벽히 실현되려면 모든 시민은 서로의 미덕과 인격적 결함을 알아야 한다. 이런 일이 조만간 벌어질 가능성은 거의 없다. 이는 또 가정생활의 독립성이라는 다른 가치들과 병립하기도 어렵다. 우리는 인종적 갈등을 줄여갈 수는 있으나 최종적으로 해소하지는 못한다(그런 기대조차 하지 말아야 된다). 킹의 이상은 존중받을 만하고 그런 방향으로 노력해 갈만하다. 그러나 달성가능하지는 않다. 우리는 그 이상 쪽으로 계속 다가간다. 그러나 그에 아무리 가까워져도 결국 그 이상에 도달하기는 불가능하다는 사실도 인정한다. 설사 이 세상이 끝날 때까지 노력한다 해도 그 간극은 메워지지 않는다.

세 번째 사례는 우리가 열렬하고 변덕스럽게 추구하는 사랑이다. 사랑 역시 날씨나 사회 정의와 마찬가지로 개인적 차원에서 간절히 바라지만 달성이 불가능한 경험을 제공한다.

사랑은 진행형의 현상이다. 우리는 종종 사랑이 뜨거워지거나 식는다고 느낀다. 우리의 사랑이 깊어져 커지고 더 폭넓어지거나 혹은 그 반대가 된다. 나이 들어가는 부모의 집착에 가까운 습관에 마침내 조금이나마 공감하기 시작하는 자식, 자식이 지닌 예상 밖의 성적 정체성이나 전통적이지 않은 직업을 애정의 힘으로 마침내 받아들이게 되는 부모, 이전에는 상대방의 몸이나 영혼에 난 흠집으로 보였으나 이제는 그것이 오히려 아름다움의 징표로 보이기 시작하는 연인, 이들 모두는 다 사랑에서 성장을 거듭하면서 보다 더 완벽한 사랑의 경험으로 근접해 간다.

그러나 사랑은 결코 그 목표에 이르지 못한다. 인간의 사랑은 아무리 풍부하고 깊어도 언제나 불완전하다는 깨달음을 면치 못한다. 이 불완전성은 덧없음과는 다르다. 사랑의 덧없음이란 설사 완벽한 사랑이란 게 있어서 그것을 손에 넣는다 해도 셰익스피어가 지칭한 시간의 "구부러진 낫(bending sickle)"[9]으로 곧 잘려나간다는 의미다. 그에 비해 사랑의 불완전성은 모든 순간에 존재하는 거리감을 가리킨다. 내가 느끼는 사랑이 아무리 크다고 해도 시간이 허락되기만 하면 그 보다 더 크게 느껴질 사랑이 어디엔가 있다는 그런 거리감 말이다. 우리에게 주어진 시간은 계속 고갈되어 가지만 그 간극은 여전히 남는다. 시간을 아무리 길게 늘려도 그 간극을 메우기는 불가능하다.

날씨를 포함해 자연계의 어떤 측면을 우리가 전부 다 안다거나, 완벽하게 정의로운 사회를 구현한다거나, 가장 희망에 찬 순간에 하길 바라는 만큼 누군가를 사랑한다든가 하는 등의 이 모두를 칸트는 "규정적(regulative)" 이상들(ideals)이라고 불렀다. 이런 이상들은 아무리 오랜 시간이 흘러도 결코 달성하지 못할 목표 쪽으로 우리의 행동을 지속적으로 이끌어 간다. 그 이상들은 우리가 노력하면 조금 더 가까이 다가가긴 해도 결코 도달하지 못할 그 무엇을 추구하도록 우리에게 의욕을 불어넣는다.[10]

이런 목표들은 일종의 추상적인 관념이다. 우리가 생각하긴 해도 결코 "볼" 수 없다는 말이다. 우리가 살아가면서 그 의미가 더 분명해지겠지만 그 목표들 자체는 가장 흐릿한 종류의 상상화로도 구체화되지 않는다. 마치 지금부터 수 백 년 뒤 완공된 형태로 어느 오후의 햇빛을 받으며 서 있을 그 성당의 상상화처럼 말이다. 그럼에도 우리에게 영감을 주는 그런 목표들의 힘이나 권위는 우리 개인들의 삶이나 수 세대에 걸친 시간에서 어느 정도의 진전을 보여주는 척도로서 여전히 건재함을 보여준다.

우리는 우리가 죽고 난 다음의 미래 세계를 그리도록 해주는 힘을 바탕으로 이렇게 특별하게 원대한 종류의 목표들을 세운다. 이런 일을 하는 우리의 능력은 우리에게 주어진 시간이 다 소진된다 해도 시간은 계속되리란 지식에서 온다. 우리가 죽고 난 다음 하루, 1년, 혹은 백년이 더 계속된다는 걸 알게 되면 그 이후 또 영원히 끝이 없다는 사실도 **알게** 된다. 우리의 죽음으로 시간이 끝나지 않는다는 지식은 곧 시간이 무한하다는 생각으로 이어지게 마련이다.

이 역시 정확하지 않은 논리다. 그것은 마치 첫 번째 생각(우리의 죽음 뒤에도 시간은 계속된다)의 산물이 두 번째 생각(시간이 무한하다)이라고 말하는 듯하다. 그러나 그 말은 손쉽게 그 반대로 표현할 수도 있다. 시간의 어떤 일정 부분, 예컨대 내 인생이나 앞으로 백만 년이 끝나면 그와 같은 길이의 시간이 그 뒤를 따르며 혹은 그런 과정이 영구히 반복된다는 사실을 우리가 아는 까닭은 결국 시간에 끝이 없다는 걸 **이미** 알기 때문이라고 말이다. 어떤 의미에서 보면 시간의 끝이 없다는 인식은 우리가 죽고 난 다음에도 세상은 여전히 존재한다는 우리의 지식에서 비롯된다. 그러나 다른 의미에서 보면 그것은 마치 언급되지 않은 조건처럼 이 지식을 선행한다.

무한한 시간이라는 개념은 영원이 무엇을 의미하는지 이해하는 하나의 방식이다. 시간의 일정 기간은 결코 영원하지 않다. 각 기간은 아무리 길어도 끝이 있다. 그러나 시간 그 자체는 그렇지 않다. 시간은 시간 **안에** 존재하는 하나의 사건이 아니다. 그것은 시간의 끝없는 흐름 속에서 나타나고 존재하다가 마침내 사라지는 모든 사물의 영원한 틀이거나 토대다.

이러한 의미에서 영원이라는 개념은 우리에게 "달려갈 여지"를 준다. 아무리 기간이 길다 해도 어떤 제한된 시간의 범위 안에서는 도달되지 못한다는 의미에서 자명하게 달성 불가능한 목표를 세우려면 그런 여지가 필요하다. 영원이라는 개념이 그런 목표들을 구상하도록 만들어주기 때문이다. 동시에 영원이라는 개념은 우리의 좌절도 불가피하게 만든다. 우리가 그러한 목표를 세우는 데 필요한 무한한 시간과, 그런 목표들을 향해 한 사람의 일생이나 수세대를 통해 우리가 이루는 진전 사이에는 언제나 메우지 못할 간극이 있으리라는 사실도 확실하기 때문이다.

우리가 이 간극을 메우지 못한다는 사실은 결코 우연히 발생하는 사건이 아니다. 그것은 어떤 우연적 요소 때문에 벌어지지 않는다. 우리가 죽기 전에 달성하는 목표들은, 심지어 우리의 후계자들에 의지해서라도 달성하는 그런 목표들은 이런 종류의 결코 좁혀지지 않을 간극을 제시하지 않는다. 그런 목표들에 수반하는 좌절은 고통스럽지만 피하기가 어렵지 않다. 그런 좌절은 **깊지** 않고 **얕다.**

　다른 동물들도 얕은 좌절을 경험한다. 그들도 목표를 세우지만 종종 달성에 실패한다. 참새는 먹이로 노렸던 벌레를 놓칠 때 좌절한다. 내가 키우는 개, 메이지도 갖고 놀던 공이 침대 밑으로 굴러들어갈 때 좌절한다. 그러나 우리 인간만이 죽음의 경험이라는 지평선 너머 존재하는 무한한 시간에서야 달성되는 그런 목표를 세운다. 또 그런 목표들에 내재한 특별한 종류의 좌절감을 안다. 그 깊은 좌절이 우리의 운명이다.[11] 그것은 참새나 개의 수명 보다 그리 길지 않은 시간 안에 죽는다는 제약에 놓여있으면서도 무한한 시간을 인식하는 존재라는 우리의 특별한 본질에 새겨져 있다.

나는 내일 가려고 계획하는 소풍을 그려보듯 혹은 (보다 더 개략적으로) 내 손녀의 대학 졸업식을 그려보듯 무한한 시간을 그려보지는 못한다. 그럼에도 무한한 시간은 여전히 일관되고 의미 있는 개념이다. 그러나 그 무한한 시간 속에서 나는 어디에 "있는가?" 그 대답은 명백해 보인다. 나는 바로 지금 내가 있는 곳에 있다. 2020년 7월 25일 토요일 아침인 지금 나는 글을 쓰면서 무한한 시간에 관해 생각한다. 소풍을 생각하듯 말이다.

　이는 물론 진실이다. 그러나 진실의 전모는 아니다. 그 전모는 조금 더 신비스럽다.

소풍에 관해 생각할 때 나는 다른 순간의 관점에서 어느 한 순간을 상상한다. 그러나 끝이 없는 시간에 관한 생각은 어떤가? 이는 소풍처럼 어느 한순간이 개념이 아니라 그러한 순간의 끝없는 연속에 관한 개념이다. 그것은 시간 그 **자체(itself)**라는, 아니 시간을 하나의 **전체(whole)**로 삼는 개념이다. 어떤 위치에서 혹은 어떤 관점에서 내가 그리 거대한 개념을 형성할까?

나중의 무엇인가를 지금 계획하려면, 현재에 침잠한 자신에서 벗어나야 한다. 내가 맞닥뜨린 현재의 상황에서 충분히 벗어나야 나중의 그 무엇인가를 숙고의 대상으로 삼게 된다. 이럴 때에만 오늘 내가 하는 준비와 내일의 소풍 사이에 있는 인과 관계를 숙고하는 데 필요한 거리가 생긴다.

비유적으로 시간 그 자체란 개념을 형성하려면, 다시 말해 "한 눈에" 모든 시간을 담아내려면, 적어도 상상 속에서라도, 시간에서 나 자신을 완전히 분리해 내야만 한다. 나는 시간의 "위(above)," 또는 "너머(beyond)" 또는 "밖(outside)"이라는 관점에서만 무한한 시간이라는 개념을 떠올릴 수 있다.

내가 이런 개념을 형성할 때 채택하는 관점은 "전(before)"과 "후(after)" 그리고 "지금(now)"과 "나중(later)"이라는 익숙한 시간적 범주에 얽매이지 않는다. 이런 범주들은 시간의 흐름 속에서 발생하는 사건에 관한 내 이해를 형성할 뿐이다. 깊은 좌절이라는 인간 고유의 경험을 설명하려면 영원이라는 단어의 두 가지 뜻 중 하나인 "끝이 없는 시간"이라는 개념이 필요하다. 그러나 바로 이 개념을 내가 인지하는 이유는 앞서의 어떤 시간적 범주도 적용되지 않는 사변적 관점을 상정할 수 있기 때문이다.

아주 희한하게 들리지만 사실은 아주 평범한 경험을 설명해주는 묘사다. 우리는 학창시절에 이미 이를 알았다. 수학적 진실을 이해하는 경험을 가리킨다.

직삼각형의 빗변에 세워진 정사각형의 크기가 나머지 두변으로 만들어진 정사각형 넓이의 합과 왜 같은지[15] 알 때 나는 영원한 진실을 이해한다. 내가 그 개념을 이해하려고 아무리 많은 시간을 들였다 해도 말이다. 내가 아는 그 진실에 "전"과 "후"란 범주는 적용되지 않는다. 그 진실은 "생겨나지도 사라지지도" 않는다. 그 진실은 성장하지도, 발전하지도 죽지도 않는다. 그것은 변화와 무관하다. 왜냐하면 그 진실은 모든 변화가 발생하는 시간의 순서에 속하지 않기 때문이다.

우리는 때때로 수학적 진실은 **영원하다(eternal)**는 말로 이런 경험을 묘사한다. 영원하다는 단어의 흔히 사용되는 의미에서 그렇다. 그러나 그것이 "끝없는 시간(endless time)"이나 "영원히 지속되는 시간(time everlasting)"을 의미하지 않는다. 달리 말해 하나 다음에 또 다른 하나가 이어지는 끝이 없는 일련의 순간들이라는 개념과 무관하다. 수학적 진실은 영원하다. 왜냐하면 그 진실들은 이런 일련의 순간들을 완전히 벗어나 그 밖에 놓여있기 때문이다.

따라서 **영원성(eternity)**에는 두 가지 의미가 있다. 하나(끝이 없는 무한한 시간, endless time)는 시간적 관점에서 규정된다. 다른 하나(초시간성,timelessness)는 이런 종류의 모든 시간적 관점과는 무

---

15 피타고라스 정리.

관하다. 수학은 이 두 번째 의미의 영원성이라는 범주(paradigm)에 속해왔다. 우리의 철학적 전통의 여명기에 그 명칭들이 붙여지면서 철학자들이 처음 불변성(permanence)과 변화(change), 혹은 "존재(being)"와 "생성(becoming)"에 관해 궁리해온 이래 그랬다.[12]

영원성의 의미를 이해하는 이 두 가지 방식은 서로 다를 뿐만 아니라, 어떤 면에서는 서로 대립한다. 하나는 시간의 언어로 던져졌고, 다른 하나는 그 언어를 회피한다. 그러나 둘 사이엔 관계가 있다. 시간 **밖에서** 존재한다는 의미에서 영원하다는 모든 건 바로 그 이유 때문에 시간 안의 모든 순간에도 마찬가지로 존재한다. 피타고라스 정리는 시간과 무관한 진실이다. 그러나 바로 그렇기 때문에 그것은 오늘도 내일도 언제나 진실이다. 시간과 무관하다는 그 특성(timelessness)은 그것이 언제나 유효하다는 사실을 보장한다. 앞서의 의미로 영원하기 **때문에** 나중의 의미로도 영원하다.

이 개념은 수학의 경우에 충분히 명백해 보인다. 그러나 수학적 진실의 영역이 얼핏 보기처럼 고유하지는 않다. 모든 현대 자연과학과 사회과학도 영원성의 이 두 가지 개념을 바탕으로 하며 그 둘이 서로 연결되어 있다고 상정한다.

그러나 이는 거의 불가능해 보이기 마련이다. 우리는 수학적 진실과 경험적 진실이 별개라는 개념에 익숙해져왔다. 그 둘 사이엔 메우기 어려운 간극이 있다고 많은 철학자들은 말한다.[13] 이렇다는 믿음은 오래 전에 독단으로 굳어졌다. 더욱이 영원이라는 개념은 과학적 연구의 냉정한 작업과는 아주 멀어 보인다. 물리학자나, 식물학자 또는 경제학자가 영원성의 두 가지 개념 전부는커녕 그중 하나에라도 의지한다는 건 터무니없어 보인다. 그러나 그들은 실제로 영원성에 의지한다. 모든 현대 과학의 가장 두드러진 특징, 다시 말해 과학을 현대적으로 만드는 특징을 설명하려면 우리는 초시간성(timelessness)과 무한한 시간(endless time)이라는 영원성의 그 두 개념과 그 둘 사이의 관계가 반드시 필요하다. 현대 과학의 특징은 우리가 시간을 두고 더 가까이 다가가긴 하지만, 이 세상에 있는 모든 시간을 다 쓰고도 결코 도달하지 못할 목표를 추구한다는 점에 있다. 사실 이런 종류의 모든 추구가 갖는 의미를 이해하려면 우리는 영원성이라는 단어에 있는 그 두 가지 의미의 개념이 모두 필요하다. 목표에 도달하지 못하는 데서 오는 깊은 좌절이라는 인간 특유의 경험과 그럼에도 조금씩 발전하면서 점점 더 커져가는 능력이 주는 환희를 설명하려면 우리에게는 그런 개념이 필요하다. 좌절이 수반되는 그런 환희는 더 많이 이해하고 싶다는 갈망만큼이나 사랑과 정의를 추구하는 우리의 모든 노력에서 얻는 유일한 보상이다. 현대과학은 인간 조건의 한계와 전망을 무엇보다 더 잘 나타내는 일반적 현상의 특별하고 명쾌한 사례일 뿐이다.

과학은 우리가 아주 다양한 학문 분야에 부여하는 집단적 이름이다. 누군가는 무생물 물질의 구조를 탐구한다. 다른 이는 생명 현상을 조사한다. 또 다른 누군가는 인간의 행동을 연구한다. 어떤 과학자들은 주로 우리가 "이론적" 탐구라고 부르는 분야에 관심이 있다. 반면 다른 과학자들은 경험적 연구에 종사한다. 두 분야는 언제나 어느 정도 서로 얽혀 있는 데도 말이다. 연구의 주제와 방법이 너무 다양해서 과학이라는 단어 하나로 그 전부를 일컫는 게 과연 타당한지 당연히 의문을 갖게 된다.

그럼에도 과학이라는 단어는 뭔가 중요한 점을 적절히 포착한다. 이 모든 탐구 분야들은 오늘날 어떤 규정적 이상(regulative ideal)의 지배를 받는다. 각 분야는 추측, 시험, 검증이라는 끝없는 과정을 통해 시간과 무관하게 유효한 일군의 법칙이나 원칙들을 발견하거나 적용하려고 한다. 현대 과학의 가장 중요한 특징은 우리의 달성 능력을 넘어서는 목표로 향해 나아가는 경험이다. 그 경험은 단속적 진전으로 간간이 위안을 받긴 하지만 본질적으론 깊은 좌절의 비애감이다.

사실은 우리가 늘 이렇게 생각해 오진 않았다. 과학자들이 달성하기 불가능한 목적을 추구한다는 개념은 역사적으로 새로운 개념이다. 그것은 예를 들어 고대 세계의 가장 위대한 과학 철학자인 아리스토텔레스의 글에서는 전혀 나타나지 않는다.[14]

우리의 과학 개념을 아리스토텔레스의 과학 개념과 확연하게 구분 짓는 탐구 목표의 본질을 이해하려면 그 두 가지가 시작된 근원에서 출발하는 편이 유용하다. 고대나 현대나 모든 과학은 인간의 기본적인 욕구를 충족시키려는 학문이다. 아리스토텔레스는 그것을 단순히 "알고 싶은 욕구"라 불렀다.[15]

다른 동물들도 호기심이 있다. 그러나 오직 인간만이 왜 어떤 일이 그런 식으로 벌어지는지 이해하고 싶어 한다. 오직 우리만 신중하고 규칙적인 방법들로 세계를 탐구한다. 처음에 우리의 질문들은 제한되고 실질적이다. 그러나 나중에 그 질문들은 보다 일반적이고 이론적으로 바뀐다. 지식이 그 자체로 목적이 된다. 그러나 그 동기나 일반화의 수준이 무엇이든 세계를 이해하려는 우리의 모든 탐구 노력들은 하나의 관점에선 같다. 그 노력들은 모두 무엇인가를 설명하려면 어떤 종류의 **법칙**이나 **규칙** 아래 놓여야 한다는 전제 아래 진행된다.

나 자신의 경험에서 오는 하나의 예를 들겠다.

나는 매년 일정 기간을 로드아일랜드의 해변에서 24㎞ 떨어진 조그만 섬에서 보낸다. 자연 경관이 빼어나고 물고기가 풍성한 곳이다. 나는 낚시를 좋아해서 가능하면 언제든 낚시를 간다.

언제 낚시를 하면 줄무늬 농어를 낚을 가능성이 가장 큰지 알고 싶었다고 가정해 보자. 나는 서로 다른 시간과 장소에서 내 운을 시험해 본다. 눈에 보이는 그 물고기의 움직임을 연구한다. 조수간만, 계절, 날씨의 변화를 추적해 기록해 둔다. 궁극적으론 가설을 세울 만큼 충분히 알게 된다. "줄무늬 농어는 폭풍이 분 다음 날 썰물 때 가장 허기진 상태다."

내가 발견한 규칙이 한편으론 조수 간만과 날씨, 다른 한편으론 물고기 행태 사이의 **상관관계**를 묘사한다는 사실은 나의 실용적인 목적을 충족하기에 충분하다. 왜 이런 상관관계가 존재하는지 알고 싶은 생각은 없다. 물론 내가 어부이자 과학자라면 다르겠지만 말이다. 만약 내가 과학자이기도 하다면 나는 무엇이 농어를 실제로 그리 행동하게끔 **만드는지**(causes) 알고 싶을 게 분명하다.

예컨대 내가 실험실 장비의 도움을 받아 더 공평무사한 방식으로 연구를 추구한다고 가정해 보자. 나는 이렇게 결론을 도출할지 모른다. "물고기는 폭풍이 분 다음 날 허기가 진다. **왜냐하면** 기압의 상승은 식욕을 자극하는 호르몬 엔도크린(endocrine)의 생성을 증가시키기 때문이다."

상관관계와 원인 사이의 차이는 절대적이지 않고 상대적이다. 무언가가 상관관계를 설명해줄 때만 그것을 원인이라고 한다. 이런 견지에서 보자면 기압과 엔도크린 증가 사이의 관계는 상관관계이기도 하다. **그것**을 설명하려면 약간의 추가적인 원인이 발견되어야 한다. 조사를 더 계속하면 더 심층적인 설명에 도달한다. "기압의 상승은 미주 신경을 압박해 엔도크린을 증가시킨다. 압박을 받지 않은 미주 신경은 엔도크린의 생성을 억제한다."

아리스토텔레스는 이렇게 원인을 찾아가는 과정이 무한정 계속되지는 않는다고 생각했다. 그 과정은 바보가 아니라면 더는 설명이 필요 없는 **최종** 원인에 도달함으로써 끝나야 한다고 그는 확신했다. 그러나 지금 우리는 아리스토텔레스의 그런 믿음을 더 이상 공유하지 않는다. 현대 과학을 말해주는 특징의 하나는 더 심층적인 설명을 찾는 과정이 영원히 계속될 수 있고 또 그리 되어야 한다는 확신이다.

그 확신은 원인 가설이 가치를 지니려면 반드시 **반증 가능해야**(falsifiable) 한다는 공리(公理)에 반영되어 있다. 원인이라 주장되는 그 무엇이 기껏해야 다른 무엇, 아직 규정되지 않은 요소에 근거해 설명을 필요로 하는 상관관계에 불과하다는 사실을 보여주는 일이 반드시 가능해야 한다. 설명이 필요하지 않는 원인이란 아무런 설명도 못하는 원인이라는 말의 동어반복일 뿐이기 때문이다.[16]

어떤 원인 설명도 여전히 최종적이지 않다지만 상관관계와 확연히 구분되는 원인이라는 **개념**은 지배적 권위를 지닌다. 상관관계에 멈춰버리는 모든 설명의 부적절함을 명백히 보여줌으로써 추가 연구의 영구한 필요를 우리에게 상기시켜 주기 때문이다. 상관관계는 관찰결과의 서술에 불과하다. 하나가 다른 무엇을 뒤따르거나 다른 무엇과 동시에 발생한다는 식의 설명이다. 그러나 그것이 그러하다는 관찰은 그것이 반드시 그렇다는 의미를 담지는 않는다. 우리가 다음에 볼 때는 다를 수 있기 때문이다. 우리가 관찰하는 현상들 사이에 **반드시 그러해야(necessary)** 한다는 연결성이 없다면 그것이 똑같이 다시 관찰된다는 보장은 없다. 원인이라는 개념은 이러한 종류의 연결이 존재한다고 역설한다.

데이비드 흄은 인간은 원인을 말해주는 진정한 지식을 보유하지 못한다고 논했다. 우리가 아는 전부는 감각 경험이라는, 늘 변화하는 세계에서 겉으로 드러나는 관찰 가능한 대상들의 상관관계일 뿐이라고 그는 말했다. 이러한 관계들이 필연적일 이유는 전혀 없다. 원인이라는 개념은 우리가 순진하게 가정하는 그러나 결코 경험하지 못하는 강박적인 "내적(inner)" 힘이라고 흄은 주장했다. 그는 그 개념이 착각이며, 느슨하고 습관적인 사고방식에 토대를 둔 가공의 심상일 뿐이라고 생각했다.[17] 많은 철학자와 과학자가 여전히 흄의 견해를 수용한다. 그러나 이는 하나의 결정적인 관점에서 오류다.

과학자는 무엇이 하나의 사실임을 단순히 안다고 만족하지 않는다. 그는 **왜** 그것이 사실인지 알고 싶어 한다. 그 질문의 대답들은 더 많은 질문으로 이어진다. 그 과정은 끝이 없다. 왜냐하면 그 질문이 끝나려면 자신이 연구하는 대상의 원인을 이해해야만 하기 때문이다. 과학자는 그것이 다른 그 무엇도 아닌 바로 그것인 이유를 설명할 수 있어야 한다. 이것이 과학자를 인도하는 성취 불가능한 그러나 호기심을 자극하는 목표다.

　　수학적 설명들은 이러한 종류의 이해를 제공한다. 두 개의 서로 다른 대상들 사이의 필연적 관계를 수립해 알고자 하는 우리의 욕구를 충분히 만족시켜준다. 예를 들면 기하학적 증명의 전제와 결론이 그렇다. 학생은 처음에는 설명을 해도 전혀 알지 못하지만 그 둘 사이의 필연적 상관관계를 파악하고 나면 그 설명을 완벽하게 이해하게 된다.

　　물론 자연의 세계는 수학의 세계와 다르다. 자연의 세계는 우리가 경험으로 마주한다. 그와 대조적으로 수학의 세계는 우리가 논리적으로 구성한다. 우리는 자연을 보고 탐구하면서 그것이 무엇이고 어떻게 작동하는지 파악해야 한다. 그러나 수학의 발견들은 생각만으로 이뤄진다.

　　누구나 반드시 그래야 하듯이 아리스토텔레스도 이 차이를 인지했다. 그러나 그는 우리가 자연을 충분히 철저하게 연구한다면 궁극적으로 자연의 법칙이 왜 그러한지 이해하게 된다고 믿었다. 우리는 수학의 법칙이 필연적이듯 자연의 법칙도 필연적이라는 사실을 알게 된다고 말이다. 흄은 바로 이 논리를 철저히 부인한다. 그는 자연의 세계를 연구할 때 수학의 세계에서 정당하게 기대되는 같은 종류의 필연성이 발견되리라 생각한다면 잘못이라고 주장했다.

바로 여기에 얄궂은 역설이 숨어 있다. 현대 과학은 수학적 기법에 거의 전적으로 의존한다. 아리스토텔레스는 사실상 수학적 기법을 전혀 사용하지 않았다. 흄의 추종자들은 수학적 방법의 사용을 찬양한다. 그러면서도 동시에 원인이라는 생각은 수학의 세계에만 국한되어야 마땅한 필연적 개념을 과학적 연구 작업에 부당하게 끌어들인 형이상학적 환상이라고 역설한다.

그들의 관점은 중요한 진실을 포착한다. 우리의 능력은 한계가 있기 때문에 아무리 철저히 관찰해도 대상들 사이의 "외양적(outward)" 관계만 관찰할 뿐이다. 진정한 "내적(inner)" 원인은 영원히 접근하지 못할 곳에 머물러 있다. 그러나 동시에 우리는 상관관계만을 관찰하는 일에 결코 만족하지 않는다. 그러한 일들이 발생하는 원인을 알고 싶은 우리의 욕구는 하나를 제외한 모든 다른 설명이 배제될 때까지는 완전히 충족되지 않는다. 다른 모든 설명들은 가능하지 않을 뿐 아니라 아예 생각조차 못할 일이라고 제시돼야 한다.

이것이 원인이라는 개념이 해야 할 일이다. 원인이라는 개념은 수학적 이상(ideal)의 표현이다. 그 이상이 오늘날 과학적 연구를 계속 인도한다. 아리스토텔레스가 과학적 연구라는 목표를 숙고할 때 인도했듯이 말이다. 그러나 아리스토텔레스는 그 목표가 달성 가능하다고 생각했고 요즘 우리는 그렇지 않다고 생각한다는 점이 결정적인 차이다.

바로 그 때문에 현대의 자연과학과 사회과학은 반드시 좌절을 겪게 된다. 그렇다고 우리가 당연하게 여기는 성취와 목표 사이의 괴리 때문에 목표 자체가 의미를 잃었다는 뜻은 아니다. 만약 목표가 무의미하다면 패배가 분명한데도 끊임없이 도전하는 우리의 인내도 아무 가치가 없어진다.

　　우리의 인내는 진전이라는 사실로 정당화 된다. 비록 최종적인 목표는 전과 마찬가지로 여전히 저 멀리 있다 해도 말이다. 우리는 원인을 설명하려는 끊임없는 추구로 촉발된 매우 다양한 분야의 연구를 통해 세계를 더 많이 이해하게 된다. 갈릴레이는 아리스토텔레스 방식의 사고에 사로잡힌 경쟁자들보다 물체의 운동을 보는 더 건전한 시각을 가졌다. 뉴턴은 갈릴레이를 넘어서, 아인슈타인은 뉴턴을 넘어서 운동 이론을 발전시켰다. 양자 역학은 앞서의 모든 연구를 뛰어넘는 진전을 이루었다. 다윈의 진화론은 2백 년 전에는 상상하지 못할 방식으로 "진화 계통수(tree of life)"[16]를 설명한다. 경제학도 마찬가지다. 경제학은 그 예측이 부정확하기로 악명 높다. 그럼에도 현대의 경제학은 아담 스미스 이전에는 생각하지 못했던 방식으로 생산과 거래를 더 잘 이해하게 해준다.

　　이 대목에 역설적인 구석이 있다. 우리는 어떻게 도달하지 못할 목표를 향해 진전을 이뤄낼까? 현대과학에 종사하는 사람들은 그 역설에 개의치 않는다. 그들은 부끄럼 없이 그 사실을 수용

---

16 생명의 나무라고도 하며 지금까지 지구에서 살고 있거나 멸종된 모든 생물종의 진화 계통을 나타낸다. 다윈이 공통조상에서 종의 분화를 거쳐 여러 종들이 갈라져 나오는 생물의 다양성을 설명하려고 도입했다.

한다. 나머지 우리들도 어떻게 그 과정이 앞으로 나가면서도 동시에 끝나지 않는다는 이야긴지 전혀 궁금해 하지 않으면서 과학자들의 연구가 가져다주는 과실을 즐긴다.

그 역설은 결코 해소되지 않는다. 그러나 이해될 수는 있다. 우리가 그것을 이해하려면 영원성이라는 개념의 두 가지 의미가 모두 필요하다.

하나의 원인은 그 결과를 설명한다고 일컫는다. 그 둘 사이의 관계는 시간적인 용어로 표현된다. 하나의 결과는 그 원인이 **있고난 다음에** 발생하거나 그 원인과 **동시에** 발생한다. 당구공은 큐에 맞은 **다음** 당구대 위를 가로지른다. 달의 중력은 조수의 간만을 **동시에** 만들어낸다. 원인 설명은 언제나 시간에 따라 "굴절된다." 그 설명들은 우리가 다른 사건에 대응한 한 사건의 시간상 위치를 설명하는데 사용하는 "시제"용어들을 채택한다.("전에," "후에," "동시에")

수학은 다르다. 증명의 전제들이 결론을 설명한다. 큐의 충격이 당구공의 움직임을, 달의 질량이 조수간만의 움직임을 설명하는 것과 마찬가지다. 그러나 전제와 결론 사이의 관계는 시간과 무관하다. 비록 이해하려면 시간이 조금 걸리긴 하지만 말이다. 그러나 왜 두 번째가 첫 번째를 따르느냐를 설명하는 관계는 "전"과 "후"라는 시간적인 구조에 있지 않다. 동시성의 시간 구조도 아니다. 전제는 결론으로 이어진다. 비록 시간적으로 다른 시점에 발생한다 해도 그렇다. 수학적 설명들은 시간과 무관하게 진실이다. 이 때문에 수학적 설명은 인과관계 설명과 다르며 인과 관계 설명에 결코 없는 필연성을 준다.

아리스토텔레스는 이 두 가지 설명 형태 사이의 차이점을 인지했다. 그러나 그는 그 차이가 극복 가능하다고 믿었다. 자연을 매우 세밀하게 관찰하면 그 자연 속에서 벌어지는 모든 움직임을 설명해주는 원칙을 이해하게 되고 더 연구하면 이런 원칙들 그 자체의 궁극적 원인들을 이해할 수 있다고 말했다. 우리가 그것을 이해할 때 수학자들의 지식처럼 시간과 무관한 형태의 지식을 보유하게 된다고 말이다. 그렇게 우리는 자연의 과정이 규칙적이고 이해 가능한 방식으로 진행된다는 **사실**만이 아니라 **반드시** 그래야 하는 **이유도** 알게 된다. 다시 말해 자연의 법칙들도 수학의 법칙들과 마찬가지로 영원이라는 단어의 두 가지 의미를 모두 따른다는 사실을 우리가 이해하게 된다고 아리스토텔레스는 믿었다.

오늘날 이는 웃음거리가 될 만한 야망이다. 그러나 그 믿음의 현실성이 전혀 없어지는 이유는 목표 그 자체가 아니다. 그 목표는 지금의 우리도 공유한다. 우스꽝스러운 대목은 그 목표가 자연을 공부하는 진지한 연구자 한사람의 일평생 연구로도 달성 가능하다는 아리스토텔레스의 확신에 찬 믿음이다.

현대 과학은 우리가 지금 세계에 관해 아는 바와 우리가 알고 싶어 하는 내용 사이엔 언제나 간극이 있으며 아무리 많은 사람들의 연구로도 좁혀지지 않는다는 가정을 받아들인다. 그러나 과학적 연구의 끊임없는 작업에 종사하는 사람들의 목적은 아리스토텔레스의 그것과 다르지 않다. 따라서 그들도 아리스토텔레스처럼 세상에서 벌어지는 일을 원인과 결과의 관계라는 관점에서 설명하려고 한다. 또한 이런 시간적인 관계를 언제 어디서나 적용되는 법칙에 근거해 파악하려 한다. 왜냐하면 그 관계의 적실성은 시간의 제약을 받지 않아야 하기 때문이다.

그 과정은 끝이 없다. 그것은 두 사건이 상호 연결됐다는 관찰에서 시작한다. 우리는 이유를 설명하고 싶어 한다. 우리는 한 사건이 단지 다른 사건에 뒤이어, 혹은 동시에 발생한다기보다 원인이었다고 말한다. 그러한 모든 설명은 잠정적이며 논란을 부른다. 그 설명은 추가적인 입증을 필요로 한다. 이런 일은 오랜 시간에 걸쳐 진행된다. 참으로 그 끝이 없다. 고려하고 부당성을 증명해야 할 대안적인 가정들은 언제나 있다. 그러나 우리가 추가적인 정당성을 찾아가면서 우리들의 원인 이해는 보다 더 선명해지고 확신에 차게 된다. 그렇게 우리는 세상의 더 많은 부분들을 이해해 간다. 우리는 현상들이 단순히 시간적인 순서로 발생하지 않는다는 점을 보게 된다. 우리는 그들의 관계가 수학적인 법칙들처럼 작동방식이 확실한 법칙으로 지배된다는 사정을 알게 된다. 수학적인 법칙은 완전히 시간 밖에 존재하기 때문에 엄격한 의미로 말하자면 결코 "발생하지" 않는다.

만약 우리가 이런 원인 탐구의 끝에 도달한다면 다음과 같은 사실을 알게 될 듯하다. 단순한 상관관계는 더 이상 없고 모든 일엔 원인이 있으며 시간 속에 발생하는 모든 일은 수학적 증명처럼 필연성이 있고, 우리가 자연 세계에서 관찰하는 시간적 규칙성에 관한 모든 잠정적이고 경험적 주장은 피타고라스 정리나 다른 어떤 수학적 주장들 못지않게 시간에 종속되지 않는 개념적 진실의 완벽하게 정교한 체계로 가는 과정의 일부일 뿐이라고 말이다. 만약 우리가 그 목적지에 도달한다면 시간과 영원사이의 간극을 메우게 될지도 모른다.

터무니없는 소리처럼 들린다. 정신이 제대로 된 사람이라면 누가 이처럼 엄청난 일을 실제로 도모하겠는가? 소수의 철학자들은 아마도 그럴지 모르겠다. 그러나 과학 연구의 일상에 종사하는 분별력 있는 사람들은 실제로 그럴 가능성이 전혀 없다고 생각한다. 그러나 가장 현실적인 과학자라도 마음속으로는 간절히 하고 싶어 하는 일이다.

진정으로 터무니없는 유일한 생각은 그 목적이 달성될 수도 있다는 믿음이다. 우리가 모든 분야에서 진전을 거듭 이루면서도 결국은 좌절하고 만다는 사실을 안다. 시간과 영원 사이의 차이를 좁히길 갈망하지만 그 간극은 결코 좁혀지지 않기 때문이다.

아리스토텔레스는 그 갈망을 인지했다. 그는 우리가 그렇게 갈망하면서도 결코 실현하지 못하는 상황을 상상하기 힘들다고 생각했다. 데이비드 흄은 그 갈망 자체를 포기했다. 그는 우아한 곤혹스러움 속에서 인간의 어리석음을 전시하는 박물관에 그 갈망을 보내버렸다. 현대 과학의 업적에 영감을 준 그 목표는 (흄과는 반대로) 그 갈망을 인정하는 반면 (아리스토텔레스와 달리) 그 갈망이 충족되기 어렵다는 불가능한 사정을 수용한다. 그 목표는 우리가 언제나 조금 더 많이 이해해 나아가지만 완전히는 이해하지는 못할 영원한 진실을 찾아가는 우리의 여정을 안내해줄 뿐이다. 완전히 이해하려면 영원한 시간이 필요하기 때문이다.

이런 점에서 현대과학은 때때로 요란한 발견을 설명할 때 그 영원이라는 개념을 마침내 극복한 듯 보였다. 그러나 한때 시간의 범위 밖에 놓여있는 듯 했던 그 발견들은(지구, 별, 인류를 포함한 동식물의 종류 등) 다른 모든 사안처럼 과도기적일 뿐임이 드러났다. 이렇듯 현대과학은 세계를 이해하려는 우리들의 욕망이 가능한 한 영원성에 연결되려는 우리의 갈망을 반영한다는 믿음을 결코 훼손하지 않는다.

현대 과학은 우리가 결국 이런 갈망을 충족시키지 못하리라고 이야기한다. 물론 여전히 우리가 충족할 수 있다고 생각하는 사람도 있다. 그들은 사후, 혹은 다른 형태의 영원한 존재라는 실재와, 그에 도달하는 우리의 능력을 여전히 믿는다. 그런 그들의 믿음은 반문화적이다. 현대적 삶의 흐름에 역행하기 때문에 그 믿음이 계속 살아남을지도 의심스럽다. 현대적인 삶은 개인적이거나 공적인 모든 차원에서 현대 과학의 경험과 기대로 이루어져 있다. 그러나 영원에 도달하려는 여행을 완성해낼 우리의 능력을 믿지 않는다 해서 그 여행의 목적이 일관성을 잃게 된다거나 계속 나아가려는 우리의 욕구가 파괴되지는 않는다.

이 믿음의 상실은 각성이란 현상의 중요한 한 측면이다. 그것은 믿지 않는다(disbelief)는 하나의 표현이다. 현대과학은 그런 불신을 재촉한다. 그러나 각성은 과학적 연구의 목표 자체를 무효화시키지 않는다. 그 목표는 늘 그래왔듯 그대로 남아 있다. 우리가 결코 달성하지 못하리라 알면서도 시간 속에서 영원을 발견하겠다는 목표 말이다. 따라서 진실은 그 반대다. 각성은 우리가 오늘날 이해하는 과학의 의미에 핵심적이다. 만약 우리가 또다시 반문화적인 미몽의 세계로 마법처럼 끌려들어가 영원한 존재에 도달할 수 있다고 믿는다면, 끝없이 전진하려는 우리의 노력이 아무 의미가 없어지기 때문이다.

좌절과 희열이 뒤섞인 이런 추구는 인간 고유의 특성이다. 목표 달성의 확신이 일단 사라지고 나면 영원성의 개념과 그에 도달하려는 우리의 욕구 사이에 남는 요소가 바로 그것이다. 이런 추구는 오직 각성이 이루어졌을 때야 의식의 빛 속으로 모습을 드러낸다.

그럼에도 각성은 이러한 추구를 안내해주는 이상들(ideals)의 원천이 아니다. 그 원천은 인간 조건에 영원불변하게 자리 잡은 죽음이라는 지식에 놓여 있다. 이 지식에 내포된 단순하지만 거역하지 못할 힘의 확장을 통해서 우리는 인간 특유의 목표를 설정하도록 이끌어진다. 우리가 회피할 수 없고, 완전히 달성하지도 못하지만 끝없는 시간 속에 점점 더 가까이 접근해가는 일은 가능한 목표라고 말이다. 현대과학의 업적은 특별히 놀라운 방식으로 이 결정적으로 인간적인 경험을 보여주는 본보기다. 사회 정의의 추구 역시 과학적 진실의 추구보다는 더 모호하지만 마찬가지 방식으로 이뤄진다.

사회 정의 추구 과정에서 나타나는 후퇴는 과학적 연구 분야보다 더 빈번하고 더 실망스럽다. 진전도 더 잠정적이고 논란을 부른다. 그럼에도 과학적 추구와 사회 정의의 추구 사이에는 유사성이 존재한다.

사회 정의의 추구는 개인이 처한 조건과 관계없이 모든 인간이 합리적으로 수긍할 만한 원칙을 찾아간다. 시간을 초월한 도덕적이고 정치적인 진실을 발견해 보려는 추구다. 다시 말해 존 롤스(John Rawls)의 "영원성(eternity)"이라는 관점에서 정의의 문제를 해결하려 한다는 뜻이다.[18] 인권의 현대적 개념이 그 하나의 예다.

만약 사회과학적 진실들의 탐구 역시 지속적으로 진전을 이뤄가지만, 그 끝이 없어 보인다면 우리는 사회 정의의 추구를 자연과학적 이해의 추구와 마찬가지로 시간을 초월한 (영원의 두 번째 의미) 법칙의 발견을 목표로 하는 끝이 없는 (영원의 첫 번째 의미) 과업이라고 묘사할 수 있다. 또 그 목적은 영원한 법칙(두 번째 의미로)의 발견이라고 말이다. 이런 비유가 정확하다고 이야기하긴 어렵다. 그러나 우리의 가장 독특하게 인간적인 목표들은 하나의 노력에서 다른 노력으로 옮겨가면서도 여전히 그 기본적 형태를 유지하며, 동시에 우리의 짐이자 특권이기도 한 깊은 절망의 경험을 반영한다는 점을 말해준다.

사랑의 현대적 이해도 이와 유사하다.

사랑과 과학의 비교는 어불성설처럼 들리게 마련이다. 사랑은 과학이라는 인간 경험의 정반대에 서 있기 때문이다. 과학적 탐구 과업에 참여하려면 고도로 특화된 훈련이 필요하다. 반면 사랑이란 "과업"엔 누구나 모두 참여한다. 사랑이라는 과업에서 사람들이 이루는 성공은 저마다 그 정도가 다르다. 그러나 그 성공 방법을 말해주는 지식이 설령 있다고 해도 그것은 교육 받은 소수가 보유한 특권으로서의 지식이 아니다. 또한 사랑은 과학과 달리 아주 개인적이다. 과학에 일생을 헌신한 여성은 자신이 죽은 다음에 다른 사람들이 그녀의 일을 계속 이어가리라는 사실을 안다. 그러나 그녀는 자신이 사라진 후에도 자신이 추구하던 사랑을 타인들에 의지해 계속 이어갈 수는 없다.

　　과학과 사랑은 이렇게 다르지만 그 현대적 형태들엔 중요한 공통 사항이 있다. 각각은 도달하기에 끝없는 시간이 필요한 목표를 지향한다. 무한한 시간이라는 개념은 죽음을 아는 우리의 지식에서 비롯되며, 이 개념에 의존하는 모든 목표가 불가피하게 야기하는 특별한 종류의 절망감을 수반한다. 사랑의 현대적 이해는 다가가긴 하지만 결코 도달할 수 없는 사랑의 이상으로 정의된다. 따라서 과학의 일반적인 패턴에 들어맞는다. 그것은 일찍이 어떤 이상적 사랑도 드러내지 못한 인간 조건의 비애감을 확실하게 보여준다. 이런 점에서 그것은 현대 과학의 이상과 유사하다. 바로 그와 정확하게 같은 방식으로 현대 과학은 고대 과학과 구분되기 때문이다. 사랑과 과학은 너무나 동떨어진 사안이기에 그런 유사성이 더욱 두드러진다.

플라톤은 인간의 삶에서 사랑의 역할에 관한 이론을 처음으로 언급했다. 그는 《향연(Symposium)》이라고 불린 대화에서 그 이론을 제시한다. 그 작품은 그의 저작 중에 가장 많은 사랑을 받으며 독자들을 오랜 세월 즐겁게 만들었고 수없이 많은 모방작을 낳았다.

철학자가 아니어도 누구나 그 책을 이해하고 즐기게 된다. 나는 딸의 결혼식에서 그 일부를 낭독했다.[19]

《향연》은 소크라테스가 참석한 만찬에 관한 이야기를 전한다. 친구 **아가톤(Agathon)**의 집에서 축하 만찬이 벌어졌다. 소크라테스와 친구들이 몇 년 전 아테네의 연극 경연대회에서 우승한 아가톤을 축하해주는 자리였다. 손님들은 여러 날 과하게 마셨다. 그러다 조금 멀쩡한 정신으로 축하를 해주자고 뜻을 모으고 그 방안으로 한 사람씩 돌아가며 사랑을 찬미하는 이야기를 하기로 했다.

소크라테스는 여섯 번째 발언자였다. 그의 차례가 오자 소크라테스는 자신이 말하는 사랑의 이해엔 어떤 독창성도 없다고 말했다. 자신이 사랑에 관해 아는 모든 내용은 디오티마(Diothima)라 불리는 지혜로운 여성에게서 배웠다고 말했다.

디오티마가 가르친 내용의 핵심은 인간의 사랑이란 그 모든 다양한 형태에도 불구하고 언제나 똑같은 것을 사랑하는데 있다는 점이다. 언제나 또 유일하게 인간은 영원성을 사랑한다. 귀천을 막론하고 모든 종류의 인간 사랑이 추구하는 그 진정한 대상은 바로 영원성이다. 사랑의 다른 모습은 곁가지이거나 위장일 뿐이다.

모든 사랑은 부족함에서 발생한다고 디오티마는 말했다. 그것은 결핍의 경험이다. 무언가를 상실하고 공허감을 채우려 그것을 소유하려는 갈망의 경험이다. 그 무엇도 결핍되지 않은 존재는 그 무엇도 사랑하지 않는다. 자신의 지속적인 완벽성을 갈망하는 그 자체를 일종의 사랑이라 부른다면 모르겠지만 말이다.

심지어 올 봄에 우리 연못에서 물장구치던 청둥오리 한 쌍도 서로의 결핍을 채우려고 최선을 다했다. 그들은 언제나 함께 헤엄쳤고 비와 바람에 맞서려고 함께 몸을 웅크렸으며, 완전해지려면, 다시 말해 둥지를 만들고 다음 세대의 오리들을 키워내려면 서로가 필요했다. 그들을 관찰하면서 나는 그들이 서로 사랑한다고 말하고 싶었다. 물론 그 사랑이라는 말의 의미를 조금 확장시키자면 그렇다. 인간의 사랑은 오리들의 그것과 다르다. 한 쌍의 오리들은 결핍을 서로 공유하지만 보지는 못한다. 반면 인간의 사랑은 사색을 통해 자신의 결핍 상태를 아는 특별한 지식을 그 특징으로 한다. 인간의 사랑은 우리의 삶이 유한하다는 불안한 자각에서 생겨난다.

　이것이 우리의 가장 큰 결함이다. 우리에게 있는 모든 괴로움의 근원이다. 동물들과 달리 우리는 우리의 모든 고난을 유발하는 원인이 영원성의 결여와 변화에의 취약성이라는 사정을 **안다**. 따라서 우리는 이런 결핍의 충족을 간절히 바란다. 영원히 지속되는 무언가와 연결됨이나 연대가 그 유일한 방법이다. 디오티마는 이것이 모든 인간적 사랑의 동기라고 말했다, 철학으로 나타나는 가장 고양된 형태에서 시작해 가장 세속적인 형태까지 다 포함해서 말이다. 인간적인 사랑이라면 그만큼 영원성을 향한 의식적인 갈망때문에 활성화 된다, 그 갈망이 오리들의 사랑과 인간의 사랑을 구분해준다.

　모든 사랑은 영원성을 지향한다는 디오티마의 주장은 경험적 사실과 거의 맞지 않는다. 한 사람이 다른 사람을 사랑할 때 보통 그 사람은 영원성을 조금도 생각하지 않는다. 그는 사랑하는 사람과 더 많은 시간을 보내고 싶어 하지만 시간이 쏜살같이 흐른다는 사실을 안다. 그는 사랑하는 이와 함께 하는 시간이 죽음으로 끝나게 된다는 사실을 안다. 또한 열정은 식기 마련이며 그가 오늘 사랑하는 사람이 내일 그가 사랑하는 사람과 같지 않을 수도 있다고 자각한다. 그리고 그가 연인에게서 사랑하는 그 무엇은 갈수록 희미해지고 사라진다. 탐스러운 머릿결은 언젠가 회색으로 변하고 웃는 눈은 그 반짝임을 잃게 된다. 그 재치도 나이가 들어가면서 줄어든다. 격정이 지속되는 한 사랑하는 사람은 결국은 변해가고 말 그 무언가를 사랑한다. 그 덧없음이 그가 느끼는 매력의 근원이거나 적어도 매력과 떼어놓을 수 없는 특징이다. 그는 영원이 아니라 오직 내일만 생각한다.

디오티마는 대부분의 사랑이 그와 같다고 인정한다. 그러나 결국 그런 사랑은 절망으로 끝나게 마련이라고 그녀는 말한다.

연인들은 언제나 상대방이 줄 수 있는 것보다 더 원한다. 두 사람이 함께 보내는 순간들은 결코 그들이 바라는 만큼 만족스럽지 않다. 함께 보내는 시간조차 결코 충분하지 않다. 사랑은 우리가 느끼는 가장 강력한 열정이다. 그러나 욕구와 충족 사이에는 간극이 있기 마련이다. 춘정을 촉발했으나 언젠가는 그 무상함이 반드시 찾아와 더 이상 만족을 주지 못할 정신과 육체의 특성들을 사랑했다면 말이다.

이러한 절망에는 그 치유책이 있다. 그것은 사랑의 고통을 단번에 영원히 없애준다. 그런 치유책을 안다면 누구라도 활용하려 들지 않겠는가? 디오티마는 우리 모두 그 구원을 원한다고 가정한다. 그런 갈망은 언제나 넘친다. 문제는 적절한 치유책에 관해 우리가 무지하다는 점이다.

치유책은 사랑하는 사람의 웃음과 고상한 자태라는 아름다움의 피상적 모습 너머를 보도록, 그러한 모습들이 시간이라는 파괴적인 힘 너머에 놓인 무언가의 아주 짧게 머물다가는 징후에 지나지 않다고 여기도록 우리를 훈련하는 일이라고 그녀는 말했다. 우리는 소멸하고 말 모든 아름다움이, 변하지 않고 영원한 아름다움의 스쳐지나가는 다층적인 표현들임에 익숙해져야 한다. 그런 다음 우리의 애정을 어느 하나에서 다른 곳으로 옮겨갈 필요가 있다. 우리는 수없이 많은 그 덧없는 표현들과 무관하게 **아름다움(Beauty)** 그 자체를, 그것만으로 사랑하길 배워야 한다. 이것이 구원에 이르는 유일한 경로다.

디오티마는 그 경로를 밟아 가는 일이 쉽지 않다는 걸 안다. 인간 감정의 본질에 어긋나기 때문이다. 그러나 그런 식으로 사랑의 열정이, 소멸하고 말 대상에서 영원불명의 대상으로 돌아설 때만이 절망의 위협은 잦아들고 마침내 사라진다.

그 과정은 한꺼번에 완성되지 않고 단계별로 진행된다. 대부분의 경우엔 다른 인간을 사랑하는 경지 이상을 넘어서지 못한다. 그들이 사랑하는 대상인 사람들은 흠결 많고 죽어가는 모습만 보일 뿐이다. 극소수만이 보다 가치 있는 무엇을 사랑하는 단계로 넘어간다. 그들은 미리 정해진 수명이 없는 도시 건설에 자신들을 헌신한다. 또 정당하고 아름다운 법률을 만들어낸 그들의 이름은 사후에 시민의 집단 기억(civic memory)에 살아남는다. 그러나 법률은 궁극적으로 더럽혀지고 도시는 멸망한다. 명성은 약화되고 끝내 사라져 간다. 가장 고매한 정치인도 결국은 절망으로 가득 차게 될 무엇을 사랑하는 셈이다. 그런 운명을 피하려면 인간은 보다 높은 곳으로 시선을 돌려야 한다.

다년간의 연구를 통해 영원성을 보는 시각이 예리해진 철학자만이 마침내 실망하지 않을 대상을 사랑하게 된다. 필멸이라는 우리의 조건이 가져오는 결핍을 보상할 만한 유일한 대상을 향한 갈망은 플라톤이 "형상들(Forms)[17]"이라 부르는 것을 그 철학자가 사랑할 때 마침내 완전히 충족된다. 그 형상들이란 변하는 사물, 다시 말해 젊은 연인과 붐비는 도시와 "눈에 보이고 귀에 들리는 영역"에 속한 모든 것을 포함하는 이 세상 전부를 형성하고 지시하며 발생시키는 질서의 영원한 원칙들을 가리킨다. 다른 사람들도 그 철학자처럼 그런 형상들을 사랑하지만 모호하게, 그릇되게, 혹은 이런 저런 환영에 빠져서 사랑한다. 오직 철학자만이 모든 인간의 갈망 대상인 영원성을 마음속에 붙잡는다. 다른 모든 인간은 그 영원성을 대체로 무식하거나 자멸적인 방식으로 붙들려고 애쓸 뿐이다. 오직 그 철학자만이 유일하게 성공적인 사랑꾼이다.

디오티마는 사랑의 대상이 인간에서 시작해 도시(국가), 그리고 철학으로 수준이 높아가는 과정을 일종의 사다리로 묘사한다. 그 사다리를 오르면 우리는 해방될 수 있다. 대다수 사람들을 혼미한 상태에 갇혀 있게 만드는 자기기만식의 사랑에서 풀려난다는 의미다. (모든 인간이) 줄곧 도달하려고 노력해온 목표를 완벽

---

17 이데아라고도 불리는 개념으로 모든 사물의 원인이자 본질이다.

하게 이해함으로써 정상에 오르는 아주 드문 사람에게 주어지는 보상이 바로 그 해방이다.

몇몇 철학자들은 이 생에서 그 여정을 완성한다. 살아가는 동안 그들은 우리처럼 육체적 욕구와 타인들의 시끄러운 요구로 길을 잃기도 한다. 따라서 오직 이러한 방황과 방황 사이에 간헐적으로만 사랑의 완전한 충족을 경험할 뿐이다. 죽음 이후 육체에서 해방되어서야 그들은 생전에 잠시 맛본 항구적 진실을 소유하는 즐거움을 영원히 향유하게 된다. 다른 이들은 죽기 전이나 죽어서도 그 목표에 결코 도달하지 못한다. 그들의 사랑은 짝사랑에 지나지 않는다. 그러나 목표는 우리가 도달하지 못할 곳에 있지 않다. 인간이 깊고 절절한 열정을 보유하고도 영원히 그것을 충족할 수 없는 상황을 플라톤은 상상도 하지 못했다. 그 개념 자체가 어불성설이기 때문이다. 그가 말하는 사랑은 그런 생각의 거부를 바탕으로 한다. 플라톤은 이를 그의 스승의 입을 빌어 말했고 스승은 그 자신의 입으로 말했다.

디오티마가 말한 사랑의 사다리를 오른 사람은 거의 없다. 오늘날엔 그런 야망조차 매력적으로 보이지 않는다. 우리는 지금 민주적인 시대에 살아가기 때문이다. 오늘날 우리는 모든 인간들의 도덕적이고 정치적 평등을 믿는다. 사랑보다 더 민주적인 건 없다. 우리 모두는 사랑을 원한다. 또 사랑의 성공과 실패는 평등하게 분배된다. 그와 반대로 디오티마가 말한 사랑의 견해는 지독하게 귀족적이다. 지식이 있어야 사랑에 성공하며 진정한 지식은 철학자들만이 보유한다고 디오티마는 말했다. 그런 견해는 우리 시대의 민주 정신과는 배치된다.

지난 2천 년간 서구 문화의 모든 분야는 그와는 매우 다른 사랑의 이상, 민주적인 가치들과 보다 더 부합하는 그런 이상에서 영감을 얻어왔다. 서구의 철학, 예술, 문학은 디오티마의 사랑과는 근본적으로 다른 기독교적 사랑의 영향아래 성숙해왔다.[20]

이 사랑의 이상은 기독교의 종교적 가르침에서 나온 단순한 부산물이거나 우연히 삐져나온 곁가지가 아니다. 기독교는 근본적으로 사랑의 종교다. 기독교는 구원의 이야기 한 가운데 인간을 향한 신의 사랑을 둔다. 우리는 죄로 더럽혀진 타락한 피조물이지만 우리가 신을 사랑하기만 하면 신은 무한히 위대한 사랑으로 우리를 구원한다.

기독교는 인간적 사랑의 관점 또한 인정한다. 인간이 신에 보내는 사랑과 별개로 인간들 사이에 존재하는 사랑의 관점 말이다. 이 관점을 수용하는 사람이 여전히 많다. 기독교의 신을 더 이상 믿지 않는 많은 사람들조차 기독교 신앙이 오래 전에 고착시킨 형태에 따른 인간적 사랑을 여전히 소중하게 생각한다.

기독교가 말하는 사랑의 이상에서 가장 두드러진 점은 개인에게 부여되는 가치다.

플라톤적 사랑의 이상은 정확하게 그 반대다. 그 이상은 우리가 사랑하는 사람의 개인적 특성을 세상에 존재하는 다른 모든 것의 개별성과 함께 폄하한다. 한 사람을 다른 사람과 달리 만드는 특질들은 외양의 세계에 속한다. 그런 차이는 한 번의 눈 깜박임

속에 왔다 간다. 사랑하는 사람의 목소리, 농담 하는 방식, 개인적 이야기나 육체적 습관들은 모두 그 자체로 어떤 가치도 없다. 왜냐하면 그 모두는 영원성에서 최소한의 몫조차 없기 때문이다. 그것들엔 우리가 사랑할 만한 가치가 없다.

플라톤의 관점에 따르면 그러한 것들에 초점을 두는 사람들은 그릇된 사랑에 빠진 셈이다. 그들은 시각을 새로이 조정할 필요가 있다. 그들은 사랑하는 이가 아름다움 그 자체의 우연한 일개 사례일 뿐, 개별적인 특성이 전혀 없음을 보도록 스스로 훈련해야만 한다. 플라톤의 견해에서 진정한 사랑은 언제나 보편적이고 추상적이다. 개별성은 위험한 신기루이다.

기독교에서 말하는 사랑의 이상은 그와 정반대로 개별적 특성을 찬양한다. 디오티마는 그런 개인적 특질들의 차이에도 불구하고 사랑해야 한다고 말하지만, 기독교는 남자와 여자를 있는 그대로 고유하게 만드는 특질들을 이유로 다른 인간을 사랑하도록 가르친다.

기독교의 이런 가르침은 우리들을 살리시려고 십자가에 못 박혀 돌아가신 그리스도의 개인적 특성에 부여한 가치에서 가장 절절하게 반영된다. 그리스도는 개념이 아니다. 그는 추상도 아니다. 살과 피로 이루어져 고통을 당하는 인간적 존재다. 그렇지 않다면, 그의 희생은 무의미하며 사실 그건 희생도 아니다. 따라서 그리스도가 실제 인간으로서 고통을 당하고 처형된 개인인 동시에 신의 아들로 영원한 존재이기도 하다는 믿음이 기독교 신앙의 핵심적 신비다.[21]

기독교가 모든 인간의 개별성에 부여하는 가치는 궁극적으로 신의 창조 교리로 거슬러 올라간다. 먼저 등장한 유대교와 후에 생긴 이슬람과 똑같이 기독교는 전지전능한 신이 이 세상을 무(無)에서 창조했다고 가르친다. 이 세상의 전부가 신의 창조물이라는 의미다. 사물의 전반적 움직임을 지시하는 제반 법칙들은 신의 의도다. 다른 한편으로 각 창조물이 서로 구별되게 만드는 개별적 특징들도 신의 의도에서 비롯됐다. 나와 당신의 개별성은 고유하게 독특한 방식으로 신의 창의성을 드러낸다. 각자는 무엇과 비교할 수 없는 특이한 관점에서 신의 영원한 지혜와 권능을 나타낸다.

　　우리는 신이 창조한 이 세상에서 그를 드러내주는 전부를 사랑함으로써 신을 사랑한다. 다른 사람과 달라지는 어떤 고유한 특성 때문에 누군가를 사랑한다면 이는 우리가 신을 사랑한다는 의미의 한 부분이다. 물론 그리스도를 향한 우리의 사랑은 그와는 다르다. 우리는 그리스도가 신이 만든 피조물의 하나이기 때문에 사랑하는 게 아니다. 그는 신 그 자체의 한 측면이며 다른 점이 있다면 단지 우리 눈에 보일 뿐이다. 다른 인간들은 눈에 보이지만 신이 아니다. 그러나 그들은 신에 연결돼 있고 그들 육체나 성격의 가장 작은 부분까지 신의 영원한 존재를 드러낸다. 내가 다른 남자나 여자를 사랑할 때 나는 신의 얼굴을 보려고 그런 세밀한 부분들을 꿰뚫어 볼 필요는 없다. 폴 사이먼(Paul Simon)이 노래하듯이 "그녀가 앞머리를 빗는 모습"에 신이 있기 때문이다.[22]

　　우리는 오늘날 여전히 이러한 정서를 이해하고 찬미한다. 이는 신의 창조 교리가 부각시킨 모든 인간의 개별성에 엄청난 가치를 부여한 결과다. 심지어 창조교리를 받아들이지 않는 사람들도 그렇게 믿는다.

그러나 기독교의 사랑이라는 개념에는 다른 측면이 있다. 기독교적 사랑의 이상은 플라톤의 관점과는 크게 다르지만 이 측면만은 서로 비슷하다.

만약 사랑하는 사람의 특별한 모습에서 신이 보인다고 해서 그 둘을 혼동한다면 끔찍한 실수이자 진정한 죄이다. 우리는 그 둘을 떼어놓으려 노력해야 한다. 신은 내가 사랑하는 사람의 개인적 특성을 포함해서 세상의 전부를 창조했다. 그러나 신은 세상에 **있거나**, 세상 그 **자체**가 아니다. 신은 세상을 완전히 초월한다.

내가 한 사람을 그녀의 존재와 세상 만물이 기인한 신의 창조물로서가 아니라, 단지 그녀라는 이유로, 타고난 그녀의 아름다움 때문에 사랑할 때 신을 세상과 분리하는 그 간극을 무시하는 셈이다. 이는 모든 "세속적" 혹은 육체적 사랑의 특징이며 기독교인이 저지르는 엄중한 잘못이다. 그건 마치 플라톤에겐 눈에 보이고 들리는 이 세상과 형상(Forms)을 혼동하는 엄청난 잘못과 마찬가지다. 아니 그 보다 더 심한 오류다. 왜냐하면 플라톤에게 그 잘못은 이해의 문제에서 비롯되는 반면 기독교인에게는 불복종이라는 범죄이기 때문이다.

우리가 살아있는 한 우리는 육체적 사랑의 유혹을 받는다. 기독교에서는 우리가 이에 저항하려고 애써야만 한다고 가르친다. 이 저항에 성공하는 사람은 그들이 갈망하는 사랑의 충족으로 보상 받는다. 그 보상은 (플라톤의 생각과 달리) 현세의 삶에선 오지 않고 우리가 죽고 난 다음 천국에서 온다. 그곳에서 신의 순종하는 자녀들은 이 세상에서 사는 동안 그들이 사랑했던 다른 사람들과 재회한다. 그곳에서 그들은 신의 영원한 비전을 공유한다. 어떻게 그럴 수 있는지는 모르겠다. 다만 그 비전 안에서 그들이 신에 느끼는 사랑은 그들이 이 세상에 사는 동안 그렇게 아름답다고 생각한 개별적 특징을 지닌 모든 사람들을 사랑하는 마음과 매끄럽게 융합된다.[23]

그럴 경우 플라톤의 주장과 달리 인간적인 사랑은 신에게 느끼는 사랑 때문에 불타 없어지지 않고 융합된다. 어떤 방식으로 융합되는지는 모르지만 모든 신앙심 깊은 기독교인은 그렇게 되리라고 믿는다. 그런 사람은 사랑을 향한 자신의 갈망이 시간의 폭풍에 휘둘리지 않는 영원한 환희로 충분히 또 최종적으로 보상받게 된다는 사실을 안다. 플라톤이 그랬듯이 신앙심 깊은 기독교인 역시 그의 목표에 영원히 닿지 못한다고는 상상도 할 수 없다.

플라톤의《향연》과 함께 단테의《신곡(Commedia)》도 이러한 사랑의 이상을 문학적으로 표현한 최고봉이다. 이 두 가지의 이상은 심원하게 다르다. 그러나 그들은 핵심적인 전제를 공유한다. 그 두 이상 모두 모든 인간의 사랑은 궁극적으로 영원성을 지향하며 영원성을 지향하는 우리의 갈망은 충족될 수 있고 꼭 충족된다는 믿음에 뿌리를 두었다.

오늘날 지배적인 사랑의 이상은 위의 두 경우와 다르다. 나는 그 것을 사랑의 "낭만적" 이상이라고 부르겠다. 그것은 우리가 사랑을 말하고 생각하는 방식과, 사랑에 부수되는 도취, 희망, 외로움의 감정들을 규정한다. 사랑의 낭만적 이상은 기본적인 인간 갈망의 모든 측면에 대한 현대적 이해에 다 스며있으며 헨리 제임스(Henry James)의 《황금 잔 (The Golden Bowl)》[18]에서 윌리 넬슨(Willie Nelson)의 노래 〈당신을 언제나 잊지 않았어(You Were Always On My Mind)》[19]에 이르기까지 다양한 예술 작품에 영감을 준다.

사랑의 낭만적 이상은 우리가 도달하지 못할 목표를 설정한다. 그러나 결심이 굳고 운이 좋다면 점점 더 가까이 다가갈 수는 있다. 이런 종류의 모든 이상이 그러하듯 사랑의 낭만적 이상은 아무리 시간이 많아도 성취가 불가능한 목적으로 나아가도록 우리를 이끈다. 그 의미는 영원성이란 단어의 첫 번째 개념과 분리하기 어렵다. 아마도 두 번째 의미로도 그럴지 모른다(이는 더 불투명하다).[24]

낭만적이란 단어는 특별한 종류의 친밀감을 의미한다. 일반적으로 섹스를 포함하는 강렬하게 열정적인 종류다. 그러나 이는 보다 일반적인 현상의 유달리 두드러진 사례일 뿐이다. 넓은 의미에서 낭만적 이상은 교우 관계를 보는 우리의 관점을 형성하기도 하고 심지어 부모와 자식의 관계에도 적용된다. 유사한 연장선상

---

18 1904년 발표된 소설로 영국을 배경으로 벌어진 결혼과 간통에 얽힌 복잡하고 강렬한 이야기를 다루었다.

19 1982년에 발매된 노래로 최우수 남성 컨트리 보컬로 1983 그래미상을 받았다. 넬슨의 첫 번째 앨범에 수록된 곡이다.

에서 낭만적 사랑의 이상은 시민과 국가의 관계에도 또한 적용된다. 낭만적 민족주의는 소설에서 묘사되는 연인 사이의 낭만적인 사랑과 마찬가지로 사랑의 형태에서 두드러지게 현대적이다.[25]

낭만적 이상은 겉모습이 다양하게 나타나는 그 모든 사랑의 의미를 보는 하나의 방식이다. 그 외양들 사이의 차이는 과학의 여러 분야에서 나타나는 차이와 마찬가지로 중요하다. 생물학은 물리학이 아니다. 그 둘은 또 경제학과 다르다. 연인과 친구와 가족 구성원들 사이의 관계도 다 다르다. 이들은 각각 서로 다른 목표와 가치를 지닌다. 그러나 현대적 사랑의 전부는 현대 과학이 그러하듯 단 하나의 매우 중요한 이상을 지닌다.

낭만적 사랑이란 이상은 기독교적 이상의 연장선에 놓여 있다. 기독교처럼 낭만적 사랑이란 이상은 사랑받는 인간 존재의 개별성에 엄청난 중요성을 부여한다. 사랑받는 대상은 단어의 평범한 의미로 연인이거나, 혹은 아이, 친구 심지어 그 연장선상에서 국가일 수도 있다. 연인은 섹스를 내포하지만 다른 경우는 그렇지 않다. 국가일 때 사랑받는 대상은 공유하는 문화와 역사로 규정되는 공동체 전체. 그러나 각각의 경우 우리는 디오티마의 관점처럼 사랑받는 대상이 나타내는 보편적 우수함이나 미덕 때문에 사랑하지 않는다. 만약 디오티마가 옳다면 사랑하는 사람은 자신이 왜 사랑하는지 질문을 받을 경우 긍정적인 특징의 목록을 제시하며 대답할 수 있다("그는 아름답고, 똑똑하며, 친절하고, 영민하며, 겸손하다.") 그것으로 충분하다. 그러나 낭만적 사랑은, 그 모든 형태와 빛깔에서 제일 깊고 가장 진정한 사랑이란 그런 종류의 목록이 끝나는 지점에서 시작한다는 믿음을 바탕으로 한다.

낭만적 사랑을 하는 사람은 그 대상이(동반자, 아이, 친구, 국가) 이 세상에서 유일무이하기 **때문에** 사랑한다. 이것이 진정한 로맨스와 욕정을 구분하고 아들과 딸을 향한 사랑과 자신의 유전자를 대물림하려는 욕구를 구분하며, 애국심과 인도주의를 구분하는 잣대다. 낭만적 사랑의 정수는 사랑하는 대상이 아름답고 가치 있으며, 그나 그녀를 다른 모든 사람과 달리 만들어주는 특징의 연결 **때문에** 헌신적 관심을 마땅히 받아야 한다는 확신이다.

개별성이 중요하다는 믿음은 사랑의 기독교적 개념을 규정하는 결정적 특징이기도 하다. 그러나 정통 기독교인에게 사랑하는 사람의 특별함은 그 자체론 가치가 없다. 그 가치는 신에게서 온다. 그것은 전적으로 파생적이다. 사랑하는 대상의 모습, 목소리, 감정, 성격, 혹은 역사에서 내재적 가치를 찾는 일은 일종의 **우상숭배**다.

그러나 사랑의 낭만적 이상은 이 판단을 뒤집는다. 그것은 기독교적 이상이 폄하하는 대목을 상찬한다. 그것은 개별성을 **당연히(in its own right)** 소중한 그 무엇처럼, **그 자체로(for its own sake)** 사랑하는 걸 높이 평가한다. 그것은 이 세상 사랑의 의미와 가치를 저세상 천국에서 이뤄질 사랑의 완성에서 분리해 낸다. 낭만적 이상은 사랑의 기독교적 이상 중에서 각성과 계몽의 시대에도 여전히 남아 있는 잔유물이다.

기독교적 이상은 사랑의 최종적 표적을 직접적으로 인간적인 대상에서 신으로 바꾼다. 사랑의 플라톤적 개념도 그와 비슷하게 작용한다. 어느 경우든 우리가 다른 사람에게 느끼는 사랑의 진정한 목적은 다른 곳에 있다. 사람들을 개인이 존재하는 그 모습 자체로 사랑하는 일은 잘못(혹은 죄)이다. 그렇게 사랑하는 사람들은 바보라고 디오티마는 말한다. 그들은 외양에 눈이 멀었다. 기독교적 관점에서 보자면 그들은 신의 인간적 모습과 그 신성한 근원을 혼동하는 죄인들이다. 이처럼 기독교와 플라톤적 개념의 이상들은 우리가 무엇을 사랑할 때 어떤 다른 그 무엇의 표현으로서만 사랑해야 한다고 말한다. 그러나 낭만적 연인은 그것을 직접적으로 사랑해버린다. 낭만적 이상의 지배를 받는 한 배우자간의, 부모자식의, 친구 사이의 또는 국민과 국가 간의 사랑이라는 그 모든 형태의 사랑은 바로 그런 인본주의적 판단을 반영한다.

모든 종류의 사랑엔 저마다 충실히 지켜야할 규칙이 있다. 자식을 사랑하는 부모는 그들을 먹이고 교육시켜야 할 특별한 의무를 느낀다. 자식이 책임 있는 성인으로 자라도록 말이다. 친구들도 서로에게 신의를 지켜야 한다. 어느 정도까지 그들은 서로의 필요와 관심을 중시한다. 애국자들은 다른 어떤 나라에도 바치지 않는 충성을 조국에만 바친다. 애정이 있는 동반자들은 결혼을 했든 안했든 서로의 관계를 배타적으로 유지해야 하는 특별히 엄격한 신의의 규칙으로 묶여 있다(적어도 성적인 부분에서 그렇고, 때때로 감정적인 부분에서도 마찬가지다).

각각의 신의(loyalty)는 특정한 의무를 수반한다. 그것을 지키지 않는다면 사랑은 실패하고 만다. 만약 다른 아이들과 똑같이 자기 자식을 처우하는 아비가 있다면 그는 자기 자식을 사랑하는 부모가 아니다.[26] 다른 사람 이상으로 나와 같이 있고 싶어 하지 않는 누군가는 결코 내 친구가 아니다. 바람피우는 연인과 간통하는 배우자는 극적인 배신을 저지르는 경우다. 그들이 공개적으로 말하는 사랑은 겉보기보다는 하찮다. 전적으로 사기이거나 거짓말일지도 모른다.

이러한 종류의 사랑엔 특별히 "낭만적"일 게 없다. 신의와 배신은 아주 오래된 현상이다. 그것은 부모나, 친구나, 성적인 관계를 맺는 사람들 사이 어디에서도, 사랑의 지배적 이상이 어떤 형태라 해도 모두 존재한다.

그러나 낭만적 사랑이 그 이상(ideal)일 때, 신의는 이 모든 관계들에서 추가적인 의미를 갖게 된다. 다른 모두에 더해 그것은 우리가 사랑하는 사람의 개별성에도 관심을 갖는다는 의미다. 그들의 고유한 특성들을 눈여겨보고 존중하려고 노력한다. 그리고 이러한 특성들이 긍정적으로 드러나도록 도움을 주려한다.

이러한 관점에서 충실한 부모가 되려면 자식이 특별한 열정을 발견하도록 격려하는 한편 그들이 그 열정을 추구하는데 필요한 일반적 기술을 습득하도록 도와야 한다. 그들이 그 가치를 추구하려고 멀리 집을 떠난다 해도 독립해 가는 그들을 포용해야 한다. 나는 열아홉 살 때 부모에게 대학을 그만두고 정치 활동가가 되고 싶다고 말했다. 두 분은 힘들어했지만 내 결정을 받아들이고 그 이후 어려웠던 시절 나를 지지해주었다. 그것은 부모의 자식 사랑에서 오는 행위였다.

그와 비슷하게 사랑의 낭만적 견해에서 성실한 동반자가 된다는 의미의 주요 일면은 직업적으로, 감정적으로, 재정적으로 기꺼이 양보해서 사랑하는 사람이나 배우자 자신이 원하는 사람이 되려면 반드시 따라야 한다고 느끼는 그 계획을 밟아 가도록 해주고 또 협조적인 온정으로 비록 아직은 애매하고 잠정적일지라도 그 사람의 계획을 도와주는 일이다. 이런 일이 벌어질 때 우리는 알아챈다. 아마도 그런 일이 벌어지지 않을 때를 더 자주 보게 되는지도 모른다. 이런 일들이 불러일으키는 기쁨과 슬픔은 낭만적이다.

영화 〈제리 맥과이어(Jerry Maguire)〉에서 성공적인 스포츠 에이전트인 주인공은 양심의 위기를 맞는다. 그는 회사에서 열정적인 연설로 돈보다는 고객의 복리를 앞세워야 한다고 강조한다. 그는 박수를 받았지만 해고된다.

제리가 사무실을 나서면서 묻는다. "나를 따라올 사람 누구 없어?"(그가 딱 한번 만났던 경리직원) 도로시(Dorothy)만 그의 뒤를 따른다. 탐욕스러운 약혼자는 제리를 차버린다. 그러나 도로시는 제리의 계획을 믿어준다. 그녀는 제리를 신뢰하며, 제리가 스스로 되기를 원하는 사람이 되길 바랐다. 그녀는 부드러우면서도 그만큼 철저히 제리를 돕는다.

결과적으로는 모두 잘 된다. 제리의 삶은 올바른 방향으로 나아간다. 그러나 제리는 도로시를 무시하고 그녀의 사랑도 거부했지만 뒤늦게 그것이 얼마나 귀한지 깨닫는다. 그는 돌아와 그녀에게 용서해준다면 끝까지 사랑하겠노라고 다짐한다. 그녀는 아무

문제없다고 말한다. "안녕이란 말에 이미 당신을 용서했어요.(You had me at hello)"[20] 이 영화의 가장 낭만적인 대사 중 하나다. 우리는 그 말의 뜻이 무엇인지 바로 알아듣고 두 사람이 (그녀의 어린 아들과 함께) 여생을 함께 하리란 사실을 안다.[27]

　　이런 일은 결코 쉽지 않다. 우리는 성공하기보다 실패하는 경우가 더 잦다. 사랑의 낭만적 이상은 우리가 동경하는 목표로서 우리가 그것에 얼마나 가깝게 다가가느냐로 우리의 행동과 감정을 평가한다. 사랑의 다른 이상들도 마찬가지다. 그러나 낭만적 이상엔 기독교와 플라톤의 이상에 없는 요소가 있다. 낭만적 이상은 적어도 부분적으론, 사랑의 대상이 갖는 개별성에 그 자체로 충분한 가치가 있다고 보고 우리가 그것을 진작하는 능력으로 그 사랑의 성공 여부를 규정한다.

　　이런 이상의 영향을 받는 인간 사랑의 모든 측면에서, 신의 (loyalty)의 의미엔 이 새로운 목표가 담기도록 조정되어야 한다. 그것은 신의의 다른 요소들을 대체하기 보다는 오히려 보완한다. 일종의 주춧돌로 말이다. 상대방이 자신의 개별성으로 최상의 개인이 되기를 우리가 바라고 또 그렇게 되도록 지원해주는 게 낭만적 이상의 세계에선 최상으로 표현된 인간적 사랑이다.

---

20 미국 100대 영화 명대사의 하나다. 제리가 뒤늦게 자신의 잘못을 깨닫고 도로시의 집에 찾아 와서 한 첫마디가 hello였다. 이후 제리는 I love you. You... complete me.(사랑해. 당신이 나를 완전하게 만들어주어)라 웅얼거리며 자신의 감정을 전하려 했을 때 도로시는 shut up. shut up(그만 얘기해, 그만해) 네가 돌아와서 내게 hello(안녕)이라고 이야기했을 때 난 널 이미 용서했어라는 의미로 한 말이다.

이 새로운 목표는 하나의 특별한 도전을 제기한다.

우리는 다른 사람에 관해 많이 안다. 그들의 습관과 특징들을 많이 알아챈다. 우리는 사람들의 바람과 후회 그리고 욕망이 무엇인지 꽤 분명하게 그려내기도 한다. 성(性)적으로 친밀한 사람들은 상대의 육체와 열정(종종 그들의 생각보다는 적게)을 많이 알게 된다. 이 모두가 더해져 상대가 어떤 사람인지 그 모습이 어느 정도 신빙성 있게 그려진다. 시간을 두고 조각이 하나 둘 더 채워지면서 그 그림은 보다 더 일관성을 갖게 된다.

그러나 어느 누구의 개별성도 이런 종류의 그림에 충분히 다 담아지지 않는다. 그 그림은 고작해야 요약이거나 대강이다. 앞으로 더 다듬어져야 하며 때로는 전면적인 수정도 필요하다. 우리는 다른 사람들의 행동 때문에 끊임없이 놀란다. 심지어 우리가 매우 잘 알았다고 생각한 사람들의 경우에도 그렇다. 오히려 그럴 때가 가장 놀랍다. 어떤 사람을 우리가 잘 안다고 생각할수록 그가 보여주는 뜻밖의 정서나, 행동이나, 판단이 더 충격적일 가능성이 크다.

한 사람의 개별성은 놀라움과 새로움의 마르지 않는 원천이다. 그것은 바닥이 없는 우물이다. 우리는 결코 타인의 개별성을 완벽하게 이해하지 못한다.

물론 개인의 특성이 완전히 원칙없이 제멋대로라는 뜻은 아니다. 사람은 어느 날 갑자기 신비스럽게도 아무런 이유 없이 전혀 다른 사람이 되지 않는다. 마치 카프카의 소설에 나오는 그레고르 잠자(Gregor Samsa)가 눈을 떠 보니 곤충으로 변했다는 이야기처럼 말이다.[28] 개인의 특성은 나름 구분이 가능한 질서 속에 펼쳐진다. 심지어 가장 단절이 심한 삶들도 어느 정도는 부분적 연속성을 보인다. 그래서 우리는 그에 관해 이렇다 저렇다 이야기 할 수 있다. 그러나 한 사람의 일대기가 매우 완벽해서 그 개인의 삶을 드러내는 특성들을 충분히 담아냈다 해도 그 특성이 샘솟는 근원 자체를 모두 드러내지는 못한다. 모든 인간에겐 가장 주의 깊은 관찰자도 몰랐거나 가장 재주 있는 전기 작가도 전달하지 못한 측면이 언제나 발견된다.

사랑의 낭만적 이상이 의미하는 바는 대단히 중요하다.

그 이상은 우리가 사랑하는 사람의 모습 그대로 사랑하도록 촉구한다. 그 이상은 개인의 특성이 그 자체로 소중하다고 가정한다. 그러나 관계가 지속될수록 조금 더 분명하게 알게 되긴 하겠지만 사랑하는 사람의 독특함을 완전히 이해하는 날이 영영 오지 않는다면 우리는 어떻게 그 낭만적 사랑의 이상에 걸맞게 살아갈 수 있을까? 만약 우리가 완벽하게 **알** 방법이 없다면 우리가 어찌 그것을 **사랑할** 가능성이 있을까?

우리의 인식과 감성 능력이 유한하다면 사랑의 낭만적 이상은 우리가 부응하지 못할 능력을 요구하는 셈이다. 그것은 노력과 성취 사이의 조화와 균형을 상정하는 기독교와 플라톤의 사랑과는 대조적으로 우리가 결코 도달할 수 없는 이상이다.

그러나 우리는 모두 지금의 우리보다 더 나은 연인이 될 가능성이 있다고 믿는다. 사랑의 모험에서 우리가 얼마나 자주 장애물을 만나고 좌절한다고 해도 그 믿음은 파기되지 않는다. 우리는 그런 어려움을 너무나 자주 겪는다. 그러나 사랑의 낭만적 이상으로 규정되는 모든 관계가 더 발전한다는 희망은 결국엔 목표에 도달하지 못한다는 불가피성만큼이나 사랑의 진정한 모습이다.

우리가 목표에 도달하려면 과학에서도 그렇듯이 끝이 없는 시간이 필요하다. 물론 과학에선 우리가 죽고 나서도 우리를 대신해 누군가 계속 이어가리라 상상할 수 있다. 반면에 우리가 바라는 연인이 되기에 필요한 끝이 없는 시간과, 우리에게 주어진 제한된 시간 사이의 간극은 인간의 다른 어떤 경험에서보다 낭만적 사랑의 이상에서 더 고통스럽게 명백하다.

이는 우리가 사랑하는 사람과 하루를 더 보내지 못하는데서 오는 고통만이 아니다. 그 고통 너머에 더 큰 괴로움이 있다. 그것은 그 관계가 아직 끝까지 발전하지 못했으며, 더 자랄 여지가 언제나 있고, 시간이 갈수록 더 위대한 사랑이 가능하다는 지식에서 온다. 사랑이 완벽해지는 순간은 오지 않는다. 파우스트가 그렇게 말할 수 있길 원한다고 생각했듯이 한 인간이 "그대로 머물라, 당신은 매우 아름답다"고 말할 수 있는 순간은 없다.[29] 그렇게 말할 수 있길 갈망하지만 결코 그렇게 말할 만한 순간이 오지 않는다는 사실이 바로 낭만적 사랑의 페이소스(비애감)다.

때때로 우리가 실제 그러하듯이 전보다 더 사랑한다거나 사랑받는다는 기쁨에 겨워하면서도 이 페이소스를 느낀다는 사실은 세상에서 시간에 구속되는 모든 존재 중에 유일하게 우리 인간만이 끝이 없는 시간, 혹은 그 단어의 첫 번째 의미로 영원이라는 개념을 보유했기 때문이다. 낭만적 사랑은 곧 영원이라는 개념이 되어버린다. 그 사랑에 도달하려는 갈망은 남아 있지만 그렇게 하지 못하는 우리의 무력함을 불가피한 운명으로 동시에 받아들일 때 말이다. 사랑의 낭만적 이상은 현대 과학처럼, 비록 우리는 일정한 시간에 속박되지만 그 너머를 생각할 능력이 있기에 포부, 고뇌, 단속적 환희를 느끼며 살아간다는 상황을 반영한다.

과학자들은 오늘날 그 단어의 두 가지 의미에서 영원이라는 개념에 의지해 살아간다. 그들의 목표는 시간에 제약되지 않는 필연적 진실을 발견하는 일이다. 그런 진실들을 발견하려면 그들에겐 끝없는 시간이 필요하다.

사랑은 다르다. 낭만적 사랑꾼은 그들이 사랑하는 사람들의 개별적 특성을 알고 또 끌어안길 갈망한다. 이 역시 끝없는 모험이다. 그러나 그들의 목표는 필연적으로 존재하는 무엇의 발견이 아니다. 그들은 시간을 초월한 무언가를 발견하려 애쓰지 않는다.

오히려 그와 정반대다. 친구를 만들거나 연인을 발견하기보다 더 우연한 일이 있겠는가? **바로 이 사람을** 만날 기회는 상상하기 힘들 정도로 적다. 세상의 모든 사람들 중에 우리 둘이 마주쳐서 친구가 되고 연인이 되는 일은 믿기 힘들 정도의 행운이다.

부모와 자식의 사이도 마찬가지다. 우리 부모 아래 내가 태어난 건 우연이다. 아들 둘 딸 둘이 내게서 태어난 일도 마찬가지다. 전혀 태어나지 않았거나 더 많이도 더 적게도 아닌 그 딱 네 명은 서로 다른 성격을 지닌 아이들이다. 사랑은 우연(accidents)들의 왕국이다. 이러한 우연들이 그럭저럭 어떤 필연으로 바뀔 수 있다는 개념은 터무니없다. 과학자들은 그리하도록 노력하지만 말이다.

그러나 이것이 절대로 다는 아니다. 낭만적 사랑은 또 다른 보다 신비스러운 측면이 있다.

친구, 동반자, 부모, 자식들은 서로간의 사랑이 오래 지속될수록 다른 사람들까지 같은 방식으로 사랑하는 일을 상상하기는 더 어려워진다. 또 그들이 없는 삶은 생각하기도 더 힘들어진다. 어떤 특정한 지점을 넘어서면 인간의 삶 전반은 이런 특별한 사람들과 너무 친밀하게 엮여서 자기 삶 자체의 경험이나 의미를 그들과 분리해선 생각하기가 불가능하다. 이런 측면은 때때로 이런 관계들밖에 생각하지 못하겠다는, 그들이 없는 삶은 생각조차 못한다는, 그 친구를 발견하고 그이와 사랑에 빠진 일은 우연이아니라 일종의 운명이었다는 말로 표현된다.

우리의 존재에 관해 생각할 때 우리는 종종 모순되는 두 생각에 빠진다. 하나는 내가 존재한다는 사실이 완전히 우연이라는 생각이다. 내가 없는 세상을 상상하는 일은 침울하게도 너무나 쉽다. 다른 하나는 내가 존재하지 않는 상황을 생각하기가 전혀 불가능하다는 점이다. 세상이 완벽해지려면 내가 필요하다. 내가 없이 어떻게 세상이 굴러간단 말인가?

우리가 사랑하는 특정인과의 관계에서도 비슷한 일이 벌어진다. 이보다 더 우연한 일이 있을 수 있는가? 그러나 또 이런 관계들이 아니라 다른 관계가 지금의 관계들을 대체하리라 상상하기보다 더 어려운 일이 있겠는가?

가장 깊이 사랑에 빠진 사람은 이 두 가지 느낌과 생각을 동시에 갖는다. 그들과 함께 산다는 경험, 그들 사이의 긴장감은 낭만적 사랑의 이상을 과학 연구의 목표와 조금 더 가깝게 만든다. 과학적 연구는 영원성이라는 단어에 있는 두 가지 의미의 개념에 의지한다. 어느 면에선 낭만적 사랑의 이상도 마찬가지다. 유사성엔 조금 거리가 있긴 있다. 그러나 내 생각에 그 유사성이 완전히 부질없지는 않다. 영원성의 그 두 가지 의미가 낭만적 믿음으로 형성된 사랑이라는 경험의 놀라운 모습을 잡아내기 때문이다.

낭만적 사랑은 도달하지 못할 목표를 세운다. 우리는 그저 그에 가까이 다가갈 수 있을 뿐이다. 그러나 더 가까이 접근해간다는 의미는 더 큰 생동감과 애정으로 우리가 사랑하는 사람의 개별적 특성을 보는 데서 그치지 않는다. 그것은 다름 아니라 우리가 아는 세계가 우리의 사랑 없이는 완벽하지 않고, 한 사람의 부재는 다른 사람의 부재만큼이나 생각할 수 없으며, 반드시 이뤄져야 할 일이 있다면 그것은 우리가 서로 사랑하는 일이라고 점점 더 열정적으로 믿게 된다는 점이다. 깊어가는 사랑의 이 끝없는 과정의 최종 목적지에 우리가 만약 도달할 수 있다면 우리가 특정인을 사랑하는 우연은 연인들이 그리 부르듯 운명으로 바뀌게 된다. 비유하자면 만약 우리가 알고자하는 욕구가 전적으로 충족될 경우 모든 상관관계가 원인으로 바뀌는 것과 같다.

과학 연구에 종사하는 모든 사람에게 상관관계가 원인으로 바뀌는 전환의 완성은 명백히 불가능하다. 그러나 여기서 그 목표

만큼은 이해할 수 있다. 물론 사랑의 경우 사랑의 우연을 운명으로 바꾼다는 게 무엇을 의미하는지 말하기조차 힘들다. 그러나 그 완성의 희망이 사라지고 나서도 완벽한 사랑이라는 갈망이 여전히 남아 있을 때 그 전환을 향한 이 야망의 일부도 이곳에 실재한다. 아마도 그것은 더 강력한 과학적 표현의 그림자일 뿐이겠지만 여전히 사랑이라는 의미의 일부임은 분명하다.

사랑의 우연을 필연으로 보려는 갈망의 문학적 표현들은 천국의 이미지에 의존한다. 그 기독교적 연상은 낭만적 사랑이 배제해버리는 충족의 상태를 암시한다. 그럼에도 이는 우리의 문화적 표현 목록에 있는 가장 최선의 이미지다. 우리가 그 한계를 명심한다면 그 이미지는 낭만적 사랑의 도달하지 못할 이상(ideal)에서 가장 불가능한 측면을 표현하는데 도움을 준다.

토마스 만(Thomas Mann)의 소설 《부덴브로크가의 사람들(Buddenbrooks)》[21]의 대단원에서 독자들은 4대에 걸쳐 그 흥망성쇠를 걸어온 가족의 몰락을 마주한다. 그들은 죽음, 정신병, 절망으로 파국을 맞는다. 그럼에도 소설의 마지막 말들은 결연한 희망을 표현한다.

"톰, 아버지, 할아버지 그리고 다른 모든 사람들. 그들은 모두 어디로 갔지?"라고 페르마네데 부인은 묻는다. "그들이 더 이상 보이지 않아. 오, 이 모두는 얼마나 힘들고 슬픈가." "그들을 다시 보게 될 거야." 프리드릭 부덴브로크가 답한다. "그래, 사람들은 그

---

21 1901년 발표한 장편소설로 노벨상 수상작이다. 곡물도매상 뤼베크시 고향집의 백년간 4대에 걸친 가문의 몰락을 다루었다.

렇다고 말하지 …그렇게만 된다면."

그 다음 살아남은 가족 중에 가장 나이 많은 테레사 바이크 브로트(Theresa Weichbrodt)는 "탁자로 자신의 몸을 끌고 갔다, 가능한 한 가장 높게. 그녀는 발꿈치를 들고 일어나 목을 학처럼 구부린 다음 탁자를 툭툭 쳤다. 끈으로 묶인 그녀의 모자(bonnet)가 머리에서 흔들렸다. '그렇다니까(It is so)!' 그녀는 있는 힘을 다해 그리 말하곤 그들을 두 눈으로 똑바로 쳐다봤다."[30]

테레사의 말은 가족이 반드시(will) 다시 만나게 된다는 뜻이다. 왜냐하면 그래야 하니까(must). 왜냐하면 그들처럼 고통과 사랑으로 뭉친 독특한 관계는 세상 어디에도 없으니까. 그러니 그들은 다시 만나지 않을 수 없다.

1984년의 영화 〈마음의 고향(Places in the Heart)〉은 대공황시절 텍사스의 작은 마을에서 벌어지는 사랑스럽고 쓸쓸하며 신의와 배신을 거듭하는 일련의 관계들을 담았다. 살인과 간통 그리고 보기 드문 관대함이 있다. 영화의 마지막 장면에서 죽은 자와 살아남은 자, 범죄자와 피해자, 사랑에 어느 정도 성공한 사람들과 사랑에 좌절하고 실패한 사람들 등 모든 등장인물이 다함께 모여 작은 시골 교회의 예배에 참석한다. 그들이 모두 모이는 건 영화에서 이 장면뿐이다.

이 장면의 의미는 비록 애매하지만 감동적이다. 아마도 테레사처럼 영화 속의 등장인물들은 자신들의 삶이 가장 밀접하게 얽힌 사람들과 떨어져 존재하지 못한다는 의미 같다. 서로 연결된 자신들의 운명을 이해하는 데 필요한, 끝없는 시간을 천국에서 갖게

된다는 의미일지도 모른다.[31]

　　그 장면은 교회에서 벌어진다. 기독교적 구원의 희망을 암시한다. 그럼에도 그 장면은 사랑의 기독교적 이상(ideal)이 지상으로 끌려 내려올 때, 우리가 도달하지도 못하고 그렇다고 포기할 수도 없는 천국의 영원함이 목표가 될 때, 가장 애매하지만 전적으로 낯설지 않은 사랑의 갈망을 효과적으로 표현한다.

3장

아테네와 예루살렘의 미몽

(Illusions of Fulfillment)

인간은 다른 동물들과 유대감을 느낀다. 또한 그들처럼 쾌락과 고통을 경험한다. 성장하며 늙어가고 죽는다. 생식 활동을 하고 후손을 남긴다. 우리는 살아있는 모든 유기체처럼 시간이라는 음악의 포로다.

그러나 인간만이 우리의 삶에 끝이 있음을 안다. 이 때문에 우리는 또한 끝없는 시간의 존재를 안다. 무한한 시간이라는 개념은 어떤 제한된 시간 안에 달성되지 않는 목표를 상상하게 해준다. 아무리 오랜 시간 인간의 모험이 계속된다 해도 결코 충족되지 않을 욕망을 일깨운다. 우리 삶의 조건이 어떤 깊은 절망이라는 의미다.

누군가에게는 받아들이기 힘든 결론이다. 그들은 인간이 설정하는 지상(至上)의 목표를 결코 달성하지 못한다는 사실을 절대로 믿으려 하지 않는다. 그들은 인간 스스로 부과하는 이 패배의 영원함을 수용하길 거부한다.

모든 삶은 평범한 종류의 실망들로 점철돼 있다. 승진에 실패하거나 사전에 상대를 모르고 나간 자리에서 만난 여성을 사로잡지 못하기도 한다. 비 때문에 망치는 야유회가 있다. 경기침체로 개인 퇴직 연금이 바닥나기도 한다. 우리는 이런 종류의 실망을 삶의 정상적인 일부로 받아들인다. 그런 실망이 가져오는 고통이 아무리 크다 해도 다음엔 더 잘 해내리란 생각으로 견딜만해진다. 성공 가능성이 큰 곳에서 새로 일자리를 찾아보면 된다. 다른 중매업체를 활용해볼 수도 있다. 날씨의 변화를 조금 더 주의 깊게 관찰하거나 투자를 주식에서 채권으로 돌리면 된다. 사정이 달라질지도 모르고, 미래의 실패를 피할 조치를 언제든지 취할 기회가 있다는 사실이 정신적이고 실체적인 위안의 근원이 된다.

깊은 절망은 다르다. 그 절망을 면할 방도가 없다. 좌절은 그 절망을 만들어내는 목표의 본질에 깊이 새겨져 있다. 이는 특별한 측면에서 견디기 힘들다. 우리가 막무가내로 도달하려 갈망하는 목표지만 끝내 손에 넣을 가능성이 없다면 차원이 다른 불행을 느낀다. 부분적이나마 치유가 가능한 일상적인 종류와는 전혀 다른 불행이다. 불가피하고 스스로 초래한다는 의미에서 "비극적"이라고 부를 만하다. 이런 종류의 불행은 실천적인 대응을 요구하는 도전이 아니다. 그것은 운명이자 숙명이다.

그런 숙명에 맞닥뜨리면 회피 본능이 작동하기 마련이다. 이론적으로 그것을 회피하는 방법은 두 가지다. 하나는 달성가능하지 않은 목표를 향한 갈망을 억누르는 일이다. 그러나 이는 가능하지 않다. 그 갈망은 곧 우리의 가장 두드러지게 인간적인 삶의 추구 그 자체와 다르지 않기 때문이다. 그 갈망이 없다면 과학과 사랑은 생각조차 하기 어렵다. 철학과 예술도 마찬가지다. 반드시 죽고 마는 인간의 능력을 넘어 존재하는 목표에 도달해보려는 욕망은 수많은 갈래의 경험과 문화에 엮여져 있어서 그것을 억누르려는 행위는―설사 그러한 일이 가능하다 해도―우리가 아는 인간의 삶 자체를 모두 지워버리려는 시도와 같다.

두 번째는 우리가 추구하는 목표가 사실은 달성 불가능하지 않다는 점을 우리 자신에게 설득하는 일이다. 어린 시절의 내 어머니에게 교육된 복음주의적 기독교 신앙이 바로 이를 그 신자들에게 약속해주었다. 신의 명령을 충실히 따른다면 영생을 갖게 된다는 말이다. 내 어머니는 이런 약속의 반인본주의적 의미를 깨달았다. 그녀는 인간적 조건을 우리의 숙명으로 수용할 때 이런 약속이 병립가능하지 않음을 보았다. 그 육감 때문에 어머니는 성인이 되어 받아들인 실존주의에 이끌리게 되었다. 어머니는 사르트르나 카뮈의 생각을 알기 전에 이미 오래 동안 그렇게 느껴왔다.

깊은 절망에서 구원해주겠다는 약속은 내 할머니가 독립적 정신의 소유자인 딸에게 강요하려했던 미신적 종교에만 있던 특징이 아니었다. 그것은 무지나 게으름의 징후도 아니다. 그 약속은 고도로 진화되고 지적으로 매우 세련된 사상적 전통들의 중심에도 여전히 있었다. 서구 세계의 철학 전반은 수세기에 걸쳐 복잡하게 얽힌 이 전통들로 형성됐다.

우선 기독교, 유대교, 이슬람에 속하지 않은 이교도의 합리주의라는 전통이 그 하나다. 다른 하나는 성경의 창조론(creationism)이라는 전통이다. 이 전통들은 서로 매우 다르지만 동시에 영원을 향한 우리의 갈망이 진실로 충족된다는 희망적인 가르침을 공유한다. 서구 철학이 제공하는 가장 발달된 이 두 인생관의 핵심적인 메시지는 그 갈망이 충족된다는 믿음이다. 인간의 조건과 우주 질서 속에서 인간의 위치를 어떻게 이해해야 하느냐는 질문에 만족스러운 답을 발견하려고 서구 철학의 보고를 탐색하는 사람들은 바로 그런 믿음을 받아들었다.

위안을 주는 환상들을 좇아 인간성을 포기하기보다는 숙명적인 불안감을 안고서도 인간성을 지키겠다는 결심이 확고했던 내 어머니 같은 사람들은 그 두 가지 견해를 모두 거부할 근거가 있다. 고학력자로 신앙이 없는 대부분의 내 친구들도 이 집단에 속한다. 그들은 아테네와 예루살렘의 유혹적인 초대와, 또 그 양대 전통이 대변하는 상반되지만 똑같이 위안을 주는 신들을 모두 거절해버린 용기의 소유자들이다.

그러나 신이 전혀 필요 없다는 인본주의자들의 결론은 과연 정당한가? 이 대목에서 그들과 나는 서로 갈라선다.

환희에 찬 전진과 함께 깊은 좌절의 경험을 설명하려면 우주 만물은 내재적으로 또 무한하게 신의 지배를 받는다고 가정해야 한다고 나는 생각한다. 이 가장 두드러지게 인간적인 경험의 가능성을 설명하려면 우리는 신이라는 개념이 필요하다. 이 신은 아테네와 예루살렘의 신들과는 다르다. 이 신은 그들의 신보다는 더 낯설고 이해하기도 더 어렵다. 그러나 인간의 조건을 이해하려면 다르고 더 낯선 이 신이 필요하다. 우리가 누구인지 설명하려면 그런 신이 필요하다. 그러나 우리는 우선 반인본주의적인 신들이 부리는 마법에서 벗어나야 한다. 그 신들은 갈망의 충족이라는 신기루 같은 약속으로 서구의 철학적 상상력을 처음부터 속박해왔다.

종교적 믿음이 있다고 말하는 세상 사람의 절반은 아브라함의 종교 세 가지 중 하나에 속한다. 그런 사람들의 비중은 서구와 중동에서 훨씬 높다. 그 지역에 사는 대부분의 사람들에게 신이라는 단어는 아브라함의 신을 일컫는다. 그들은 신의 존재를 인정하거나 부인할 때 마음속에 바로 그런 신을 상정한다.

　　기독교, 유대교, 무슬림 신자 중 다수는 명목상으로만 자신들의 종교를 믿는다. 물론 더 독실한 사람도 많다. 각 전통 안에서도 더 세분화된다. 가톨릭과 개신교, 수니파와 시아파, 개혁파 유대인과 하시드(Hasids)[22]가 있다. 그러나 이 모든 집단들은 포괄적으로 유사한 신의 개념을 공유한다. 비유하자면 그들은 단일한 한 가족 안에서 자주 다투는 구성원들이다. 그들의 다툼이 그렇게 격렬한 이유는 공통점이 너무나 많기 때문이다. 맥락이 다르긴 하지만 프로이트의 유명한 표현에 따르면 이런 현상은 "사소한 차이들의 나르시시즘(the narcissism of small differences)"이다.[1]

　　아브라함의 신은 전지전능한 창조주다. 그 자신이 선택하면

---

22 일상의 윤리나 제례적인 측면에서 유대인 율법을 보다 더 엄격하게 지키며, 검은 옷에 모자를 쓰고 공동체를 이루며 사는 사람들을 지칭한다. 기독교의 아미쉬 공동체와 비슷하다.

무엇이라도 무에서 창조해낼 능력이 있다. 그는 또한 완벽하게 자족적이다. 그는 자신을 앞서거나 넘어서거나 또는 자신의 외부에 있는 그 무엇에도 자신의 존재를 의존하지 않는다. 그는 자기 존재의 "원천(source)"이자 "바탕(ground)"이자 "원인(cause)"이다. 아브라함의 신은 그가 **신이기에** 존재한다. 그렇게 존재하는 양식이 그의 본질이다.

이는 오직 신에게만 적용된다. 신 이외에 다른 그 무엇도 정의만으로는 존재하지 않는다. 자연 생명체나 행성과 항성의 리듬 등 우주 전체에서 가장 오래 지속되는 그 무엇도 예외가 아니다. 아니면 그것들은 적어도 현재의 모습과 달리 존재하게 된다.

우주 전체도 마찬가지다. 그 존재는 조건적이거나 종속적이다. 우주의 삼라만상은 애당초 신이 자유의지로 만들어 내겠다고 선택했기 때문에 존재한다. 창세기의 첫 몇 장들은 이런 개념을 시적인 장엄함으로 표현했다.

신의 창조라는 개념은 신과 세상 사이, 다시 말해 창조주와 피조물 사이를 벌려 놓는다. 그것은 모든 실재를 서로 대립되는 영역으로 나눈다. 하나는 시간의 부재로 정의되는 영역이며 다른 하나는 시간이 어디에나 존재하는 영역이다. 신의 피조물 가운데 유일하게 인간만이 그 두 영역에 어색하게 걸쳐져 있다.

첫 번째 영역은 신의 왕국이다. 신은 필연적으로 존재한다. 그의 존재는 따라서 시간의 제약을 받지 않는다. 신의 왕국에는 "전(before)"도 "후(after)"도 없다. 이런 상황을 그려내는 일은 어렵거나 불가능하다. 시간 안에서 펼쳐지는 어떤 이야기도, 혹은 일련의 연속적 단계로 진행되는 철학적 논증도, 혹은 붓의 움직임과 열정으로 그 주제를 전하려는 그림도 신의 왕국을 정의하는 초시간성을 담아내지 못한다.

두 번째 영역은 이 세상 사물의 세계다. 그것은 신이 창조한 전부를 포함한다. 우주를 보는 우리의 관점이 넓어지면서 그 경계도 확장된다. 지구와 그 위의 모든 존재는 신의 창조물에 속한다. 전파 망원경 덕에 관찰이 가능해진 저 멀리 있는 은하계도 마찬가지다.

창조된 모든 사물은 그것이 존재 하려면 그에 앞서는 무엇에 의존한다. 인간의 창조 또한 마찬가지다. 제빵사가 없다면 그가 요리법에 따라 다양한 재료를 섞어서 만드는 케이크는 존재하지 않는다.

신의 창조는 어떤 면에서 제빵사가 케이크를 만드는 행위와 마찬가지다. 제빵사가 있어야 케이크를 만들 듯 창조물에 "앞서 창조주가 있어야" 한다. 그러나 시각을 달리하면 신의 창조는 제빵사의 케이크 만들기보다 훨씬 더 위대하다. 언제나 손에 든 재료들로 시작한다는 인간적인 한계에 묶인 장인들과 달리 신은 무에서 세상을 창조한다. 더욱이 신 그 자신은 창조되지 않았다. 무언가로부터 "생겨나지(comes to be)"않았다는 뜻이다. 제빵사와 달리 신은 스스로가 자기 존재의 근원이다. 제빵사는 부모에게서 왔다. 그는 자기가 만드는 케이크처럼 자기 자신이 아닌 다른 무언가로부터 생겨나 존재한다.

이 세상의 영역에 속한 전부가 그렇다. 모든 사물과 사건은 다른 무언가로부터 "생겨난다(comes to be)." 그러려면 시간이 걸린다. 케이크를 구우려면 한 시간이 걸린다. 어머니의 자궁에서 태아가 다 자라나려면 9개월이 걸린다. 수학자가 시간에 구애받지 않는 진실을 배우는데도 시간이 걸린다.

　　세상 전체도 무언가로부터 "생겨나 존재" 한다. 신이 세상을 창조하기 전에는 아무것도 없었다. 신이 있으라고 말하자 세상은 생겨났다. 창세기의 표현은 아기의 탄생이나 케이크 굽기처럼 이 세상의 시작을 시간 속의 사건처럼 생각하게 한다. 이는 엄청난 철학적 어려움을 가져 온다. 만약 세상이 시간 속에서 창조됐다면 세상이 존재하기 이전에도 시간이 있었는가? 만약 그렇다면 그때는 어떤 일이 벌어졌는가? 어떤 신학자들은 신이 시간도 만들었다는 논리로 그 문제를 해결했다.[2] 시간과 세상은 동시에 창조됐다는 말이다. 신은 그 자신이 존재하기 시작한 "순간"에 세상을 창조하기로 선택했다고 말하는 사람들도 있다. 만약 그게 사실이라면 신이 어떤 시간 위에서 시작되지 않은 만큼 세상의 출발도 시간과는 무관해야 한다.[3]

　　그런 관점에서 조차 세상은 신의 도움 없이는 존재하지 못한다. 세상의 존재는 여전히 신의 창조 행위에 의존한다. 그리고 신은 자신이 그렇게 하고 싶으면 언제나 자신의 지지를 철회할 자유가 있기에 세상의 존재는 늘 변화와 종말에 취약하다.

　　세상이 특정한 순간에 창조됐든, 혹은 언제나 존재해왔든 간에 신은 그 정의로 보자면 영원히 존재해야 한다. 그러나 세상이 영원히 존재할지는 둘째 치고 앞으로 1분 후에도 계속 존재하리라는 어떤 보장도 없다. 사람들이 어떻게 생각하든 세상은 시간의 망령에 시달린다. 신이 창조한 전부는 "생겨나서 존재하다가 소멸할 (coming to be and passing away)" 뿐이다. 이것이 세속적 사물의 영역이 지닌 결정적인 특징이다.

인간 역시 예외가 아니다. 신의 다른 모든 피조물처럼 인간도 시간에 따라 스러져가고마는 무기력한 존재일 뿐이다. 우리는 무대 위를 휙 스쳐 지나간다. 우리 주위에 있는 동식물처럼, 발밑에 있는 땅처럼, 머리 위 하늘에 떠 있는 별들처럼 말이다.

그럼에도 우리는 시간의 무대 위에서 특별한 지위를 차지한다. 신은 세상의 전부를 창조했지만 유일하게 인간만 그의 "형상 (image)"으로 만들었다.

우리는 세상의 그 무엇과도 다르게 일견 신의 모습을 닮았다. 신은 인간에게 불멸의 영혼과 우리가 그것을 보유했다는 지식을 주었다. 신은 자신의 율법에 복종하도록 우리에게 명령하지만 그 자신이 향유하는 자유의 일부를 우리에게 주어서 신에게 복종할지 말지 자유롭게 선택하도록 한다. 그러나 우리가 복종하면 그에 상응하는 보상을 해주겠다고 약속한다. 우리가 이 세상을 살아가면서 겪는 노고를 극복하도록 도와주겠다는 확약이다. 신은 우리를 특별한 의무들에 복속시키면서 그 대가로 어떤 형태의 구원을 제시한다. 모든 피조물 중 유일하게 인간만이 그 구원을 바랄 이유가 있다.

인간은 두 개의 영역에 속하는 이중 시민권자다. 하나는 세상의 영역이다. 이 세상은 절망으로 가득 찼다. 물론 쾌락도 준다. 그러나 영원히 지속되는 쾌락은 없다. 최대의 절망은 죽음이다. 우리가 어떤 사랑을 발견하든, 어떤 환희를 경험하든 그 모두는 극히 한 순간이다. 다른 생명체들도 마찬가지다. 그러나 오직 우리 인간만이 그 사실을 안다. 우리가 필멸의 존재라는 지식은 우리의 모든 경험과 행위에 짙은 먹구름을 드리운다.

우리가 필멸의 존재라는 지식을 갖게 된 이유는 비록 우리가 세상에 속하지만 그곳에 온전히 속하진 않기 때문이다. 우리는 신의 왕국에 속한 신민이기도 하다. 아마도 추방됐고, 보호 관찰대상이지만 이 두 번째 영역에 속했다는 시민권 덕분에 다른 어떤 피조물도 누리지 못하는 관점을 지닌다. 세상 속에 있지만 그러나 전적으로 세상에 속하지는 않았기에 우리는 시간의 영역 안에서 이뤄지는 행위와 고통을 시간의 구속을 받지 않는 관점에서 보고 판단할 수 있다.

이처럼 시간으로 제한되지 않은 관점에서 보고 판단할 때 우리의 삶은 무언가 결핍돼 보이기 마련이다. 이는 인간만이 유일하게 경험하는 특별한 형태의 고통이다. 그러나 우리가 살아가는 필멸의 삶을 매우 미미하게 만들어버리는 바로 그와 같은 관점은 무언가 무한하게 더 위대한 희망의 빛을 준다. 우리가 비록 어떻게 생겼는지 그려보이진 못한다 해도 영원이라는 개념을 형성할 수 있기 때문에 지구상의 삶은 뭔가 크게 결핍되어 보인다. 그렇다면 그 영원이란 개념을 우리는 어떻게 갖게 되었을까. 비록 불완전하고 잠정적이지만 영원한 신의 왕국에 우리가 이미 받아들여졌기 때문이다.

이것이 신의 형상으로 인간이 만들어졌다는 의미다. 원본과 그 형상(image)의 관계는 비대칭적이다. 원본은 형상이 없어도 존재하지만 그 반대는 불가능하다. 그럼에도 형상은 원본의 무언가를 갖고 있어야 한다. 그렇지 않다면 아예 형상이라 말할 수 없다.

이것이 바로 인간과 신의 관계다. 우리 안에 신과 유사한 무엇이 있다. 그러나 그것은 신의 전부도 아니고 신 자체도 아니다. 신은 존재하지 아니할 수 없다. 이와 대조적으로 우리의 무존재는 완벽하게 가능하다. 우리가 만끽하는 우리의 존재는 그것이 이 세상의 영역에 속하는 한 충격적으로 짧다. 그럼에도 우리는 신의 영원한 존재라는 개념을 보유한다. 그것을 우리의 정신으로 이해한다. 이 불완전하지만 중요한 관점에서 인간은 창조주의 모습을 닮았다. 아무리 못 그린 초상화라도 그 대상을 조금은 닮게 마련이듯 말이다.

우리가 창조주에 비해 얼마나 결함이 많은 존재인지 알게 되면 우리는 지금 이 세상에서 누리는 상태 이상의 더 나은 무언가를 갈망하게 된다. 우리는 더 신과 같아지기를, 부패와 죽음을 넘어, 우리의 모든 고통의 근원이 되는 시간 그 자체를 초월해 신의 왕국에서 신과 함께 하길 갈망한다.

현재 우리는 순례자이거나 망명자의 처지다. 바라는 바를 얻지 못하는 만큼 우리는 결코 이 세상에서 전적으로 편안해 질 수 없다. 우리는 무언가 더 나은 곳으로 나아가는 과도기적 존재다. 신을 사랑하고 신에 복종하는 사람들에게 신은 그런 귀향을 약속했다. 신의 약속은 그런 귀향을 믿는 사람들을 인생 항로의 모든 단계에서 안내하고 그들에 영감을 준다. 화 있을 진저, 세상이 제공한다는 공허한 만족에서 자신들이 원하는 무언가가 찾아진다고 생각하는 사람들이여! 화 있을 진저, 신의 약속을 거부하고 마치 그들의 고향인 듯 세상에 안주하는 사람들이여!

신의 약속을 확고히 믿으면 이 세상의 전부가 모두 하찮아진다. 그러나 극소수의 사람들만이 그 경지에 도달할 뿐이다. 게다가 그런 상태를 유지하기는 더 어렵다. 그러나 세상의 절반이 받아들인 창조의 신학은 그러한 태도를 이상으로 설정한다. 그 이상은 현실을 두 개의 서로 다른 영역으로 나눈다. 하나는 한시적 영역이고 다른 하나는 영원의 영역이다. 그리고 신자들에게 두 번째의 영역에서 신과 함께 하게 된다는 약속을 온 힘을 다해 굳게 끌어안으라고 가르친다. 한시적 영역과 영원한 영역의 구분은 특히 기독교와 이슬람교에서 선명하다. 유대교에서도 제2 성전[23]의 파괴 이후 그 두 세계는 더 뚜렷하게 나뉘었다. 성전의 붕괴에 따라 유대인들은 저 세상을 지향하는 메시아적 희망을 좇아 그들의 세속적 열망을 무한히 뒤로 미뤄야만 했다.[4]

아브라함의 종교들은 인간 경험의 익숙한 모습을 그려낸다. 우리는 시간에 붙잡혀 있지만 그렇지 않은 무언가를 생각해 낼 수 있다. 인간을 다른 동물들과 구분해주는 죽음이라는 지식은 이미 영

---

23 기원전 516년에서 기원후 70년까지 예루살렘의 유대교 성전이다. 1차 유대-로마 전쟁 당시 로마 제국이 예루살렘 공방전에서 보복 삼아 파괴했다.

원이라는 개념을 담고 있으며 영원에 도달하려는 갈망을 불러일으
킨다.

그러나 유대교, 기독교, 이슬람교는 인간 조건의 이런 일반
적인 모습을 단순히 받아들이는데서 그치지 않는다. 그들은 깊은
절망의 가능성을 제거하는 결과로 이어지는 설명의 틀 위에 그런
인간의 조건을 둔다.

"우리는 왜 그러한 절망의 위험에 노출되는가?"라는 질문에
아브라함의 종교들은 답한다. "우리 자신의 행동 때문이다." 그들
은 그 위험을 **우리의** 책임으로 돌리며 **도덕적인 문제로 만든다.**

우리가 반드시 죽고 만다는 조건과 우리가 지닌 불멸의 꿈들
사이에 간극이 있다고 해서 이를 숙명으로 받아들이고 그냥 감내
할 필요는 없다고 그들은 주장한다. 그 간극은 우리가 잘못된 행동
에 따라 지불해야 할 대가일 뿐이다. 그 문제에서 가장 엄격한 기
독교의 설명에 따르면 이런 잘못된 행동들은 범죄다. 보다 온건한
이슬람에선 태만이란 행위다. 유대교에선 약속의 저버림이다. 각
각의 경우 신의 왕국이 주는 영원과 단절되는 우리의 불행은 우리
가 행한 어떤 무언가의, 혹은 우리가 하지 않거나 아니면 현재 하
고 있는 행위의 결과다. 그것은 우리의 **잘못(fault)**이다.

어떻게 보면 이는 인간의 조건을 더 나쁘게 만든다. 그 조건
에 놓여있는 그 자체로 충분히 나쁜데도 고통의 원인이 바로 우리
자신이라는 사실을 더하기 때문이다. 그러나 달리 보면 이는 희망
의 한 줄기 빛을 제공한다. 이 질곡에 처한 이유를 우리 자신이 야
기했다면 우리는 그곳에서 벗어날 무언가도 할 수 있다는 얘기인

셈이다. 비록 우리 혼자만의 힘으로 해내지는 못할지 몰라도 우리가 깊은 좌절을 극복하는데 인간의 의지가 담당해야 할 역할이 있을지 모르기 때문이다.

우리의 도덕적 능력은 사실 깊은 절망에 내재한 특별한 불행을 피할 수 있을지 모른다는 얄팍한 희망을 주는데서 그치지 않는다. 우리가 올바른 방향으로 우리의 자유를 행사하기만 하면 그 절망에서 벗어**나리란(shall)** 확실한 기대가 있다. 이 기대의 확실성은 신의 자비에 그 근거가 있다.

신은 전능하다. 신이 못할 일은 없다. 다른 한편으로 신은 전적으로 선하다. 악행이나 기만은 생각조차 하기 어렵다. 따라서 우리는 신이 그 무한한 능력을 선의의 목적으로 사용하리라는 사실을 확신할 수 있다.

이는 특히 신의 피조물인 인간에 확실하게 적용된다. 인간에게 보이는 신의 관심은 각별하다. 따라서 우리는 지난날 어떤 잘못을 저질렀더라도 신에 복종하고 온 마음을 다해 그를 사랑하겠다는 새로운 각오를 분명히 세우면 신의 배려가 주어지리라고 확신할 만한 이유가 있다. (루터가 열정적으로 받아들였던 아우구스티누스의 예정설은 신의 자비 대신 그의 권능을 고양시켜 이런 추론의 고리를 끊어버린다. 이는 오늘날 서구 기독교 신앙이 처한 현실에 중요한 영향을 미쳤다.)[5]

신은 인간을 사랑하기 때문에 깊은 절망의 위협을 면하게 해줄 마음이 있다. 신의 무한한 권능을 생각하면 얼마든지 가능한 일이다. 자신이 가장 사랑하는 피조물이 이 끔찍한 운명에 시달리기를 신이 원한다거나 또는 신이 그들을 그 운명에서 구하지 못하는 상황은 상상도 못한다. 따라서 신이 지시하는 대로 행동하는 사람들은 살아서는 결코 도달하지 못할 곳에 놓인 영원이라는 선물을 언젠가 어떻게든 받게 되리라 확신하게 된다. 그들은 어떤 방식으로 그렇게 될지, 그 경험이 어떠할지 생각해내기 어려울지 모른다. 그러나 신이 밝히는 등불을 따라가면 시간의 영역에서 결코 발견되지 않는 그 무엇을 손에 넣게 된다는 사실을 확실히 안다.

독실한 신자들은 일상의 평범한 좌절을 피해갈 계획을 세우듯이 의도적으로 이러한 목표를 향해 노력해 갈 수 있다. 이것이 아브라함의 종교들이 신자들에게 하는 약속이다. 그 종교들이 지속적인 매력을 발산하는 이유가 여기에 있다.

그러나 그 매력을 이해하는 일과 그 매력에 무릎을 꿇는 일은 전혀 다른 문제다. 깊은 절망을 인간 조건의 뿌리 깊은 특징으로 보는 사람들에게는 그 절망을 극복하게 된다는 신의 약속이 자가 당착으로 보인다. 마치 우리가 언젠가는 인간이 아닌 상황이 되기 때문에 이 가장 인간적인 형태의 고통이 더 이상 우리를 괴롭히지 않게 되리라고 말하는 셈이기 때문이다. 아브라함의 종교들은 우리가 그러한 거래를 하도록 초대한다. 수없이 많은 신자들은 그것을 더할 나위 없이 좋은 조건이라고 생각한다. 그러나 내 어머니는 받아들이길 거부했고 내 친구들도 대부분 그러했다. 그들은 인간됨(humanity)을 그런 꿈으로 헛되이 포기하지 않고 끝까지 붙들겠다는 입장이다. 나도 그러고자 한다.

그 꿈이 마음의 평안을 가져다줄지 모른다. 그러나 그것을 꿈꾸는 사람은, 심지어 꿈꾸는 중에도 여전히 인간이다. 자신들이 더 이상 인간적인 조건 속에 놓여있지 않다고 단순히 상상한다고 해서 그 조건과 함께 오는 특별한 종류의 절망에서 도망치진 못한다. 그들이 꿈을 꾸는 중이라는 그 지식 자체를 없앨 수는 없다.

꿈꾸는 사람은 그가 이미 꿈에서 깨어났을 때에만 꿈을 꾸었다는 사실을 안다. 나로선 아무리 꿈이 주는 위안이 크더라도 순간적이나마 각성의 빛을 희생하고 싶지 않다. 그것은 마약 같은 유혹이다. 나는 구원을 약속하는 신의 위안 대신 절망을 안고 살아가는 삶을 선호한다. 신은 내가 인간의 고유한 특성을 포기하는 조건 아래에서만 구원을 약속하기 때문이다. 비록 지금 당장은 아닐지라도 내 모든 갈망의 총합을 대변하는, 완성된 천국의 기쁨이라는 최종단계라면 신은 인간됨을 포기하라고 요구한다.

이러한 조건들에서 그 거래에 응하고 싶은 마음은 그 자체가 우리 인간됨의 일부다. 조금씩 더 다가가기만 가능할 뿐 시간 속에서는 결코 도달할 수 없는 그 무엇을 갈망하기 때문에 우리는 그러한 유혹을 느낀다. 그러나 그 유혹에 굴복한다면 이러한 갈망의 의미를 이해하는 길에 들어서지는 못한다. 모든 갈망 중에서 가장 인간적인 이 갈망이 도대체 어떻게 가능한지 우리는 설명하고 싶어한다. 우리가 그 설명을 얻으려면 세상 전부에 관해 무엇을 당연하게 생각해야 하느냐는 질문에 반드시 답해야 한다. 그러나 그 거래의 유혹에 굴복하는 행위는 그 답이 아니라 오히려 질문 자체를 회피하는 일이다.

창조론은 본질상 비합리적이다. 이는 신이 세상을 창조하는 이유들(reasons)이 너무나 복잡해 우리의 이해력을 뛰어넘기 때문이 아니다. 문제는 더 깊은 곳에 놓여 있다. 만약 신의 의지가 진정으로 자유롭다면 신의 천지 창조는 **반드시(must)** 이해가 불가능해야 한다.

인간의 정신은 너무나 제한적이라 이해가 불가하지만 신이 세상을 그 시점에 그렇게 창조한 이유가 있었다고 가정해보자. 그럴 경우 신의 창조행위는 적어도 원칙상으론 이해가 가능하다. 그러나 이 역시 문제가 있다. 그러한 신의 창조행위는 그것을 인도하는 이유에 따라 형성되고 이끌어진다. 그 창조행위가 이런 식으로 제약된다면 신의 의지는 어찌 자유로울 수 있겠는가?

하나의 대답은 비록 신의 천지 창조에 어떤 이유가 있었다 해도 그는 그 이유를 따를지 따르지 않을지 자유로웠다는 관점이다. 신은 다른 이유를 따르거나 아무런 이유도 따르지 않겠다고 선택할 수도 있었다는 주장이다. 세상을 창조하겠다는 선택을 전혀 하지 않아도 그만이었다는 설명이다.

그러나 어떤 선택을 했다면 신에겐 일군의 이유를 다른 이유보다 더 선호할 까닭이 있었단 얘긴가? 불합리한 경로가 아니라 합리적 경로를 선택하게 해준 이유가 있었는가? 신에겐 형체가 없는 허공을 있는 그대로 남겨두는 대신 세상을 창조하겠다고 결정할 이유가 있었는가?

만약 신에게 이유가 있었다면 그의 결정은 또 다시 이해할 만하다. 그러나 다시 이성에 의존해야 한다. 이런 의존은 이해 능성에 반드시 지불해야할 대가다. 창조의 신비에 관한 우리의 질문을 얼마나 더 뒤로 되짚어 간다 해도 그 패턴은 반드시 반복된다.

결론은 이렇다. 신의 의지가 완벽하게 자유로우려면 이성을 포함해 어떤 제약 아래에도 놓이지 말아야 한다. 신의 의지는 그 자신 말고는 그 무엇도, 심지어 신의 의지를 안내하고 설명해주는 이유도 그 앞에 선행하지 못한다. 신의 의지는 완벽하게 즉흥적이어야 한다. 그러나 이는 동시에 신의 의지는 절대 이해될 수 없다는 뜻이다. 신의 창조라는 개념을 이해하는 방법을 우리는 결코 **생각**해낼 수 없다. 우리는 그것을 **신앙**으로 받아들여만 한다.

이는 아테네와 예루살렘 사이에 분쟁이 있다는 말이 의미하는 핵심이다.

철학자는 세상을 이성(reason)의 관점에만 의지해서 이해하려고 한다. 그는 신앙이 요구하는 지성의 희생을 거부한다. 아브라함의 종교적 관점에서 보면 철학자의 그런 거부는 신의 도움을 받지 않고도 무엇이든 해낼 수 있다는 인간적 능력에 대한 충격적 과신을 반영한다. 아우구스티누스는 이성만으로 충분하다는 그리스와 로마 철학자들의 믿음을 비난했다. 아우구스티누스는 그들이 착각에 빠진 자부심의 희생자들이라고 말했다.[6]

기독교, 유대교, 그리고 이슬람에도 위대한 철학자들이 많다. 아우구스티누스, 아퀴나스, 마이모니데스(Maimonides)[24], 크레

---

24 1138~1204, 랍비 모세 벤 마이몬은 스페인 태생이나 유대인 철학자이자 의사로 중세에 가장 영향력이 컸던 토라 연구자이다.

스카스(Crescas)[25], 이븐시나 (Avicenna)[26], 알 가잘리(Al-Ghazali)[27] 등이 대표적이다. 그러나 그들 모두는 신앙의 틀 안에서 사고했다. 어떤 이들은 다른 이보다 이성에 더 많은 힘을 부여했다. 그러나 그들은 모두 다 창조 교리 때문에 자신들의 합리적 설명들이 어떤 한계에 구속되는 제약을 받았다. 그들에게 주어진 도전이란, 이성이 수립하거나 반박하지 못할 진실로 신의 천지 창조를 받아들이는 한편 이성이 허용하는 한 가장 멀리 나아가는 일이었다.

이런 틀 밖에서 사고하는 철학자들은 그러한 제약을 전혀 느끼지 않았다. 이는 특히 아브라함의 종교들이 철학자들과 보통사람들의 상상력을 모두 사로잡고, 그 종교들이 강한 영향력을 휘두른 지역에서 철학적 탐구의 조건을 지배하게 된 시대 이전에 살았던 사람들에게 가장 확실히 적용된다.

그리스와 로마의 철학자들은 그들의 가르침을 창조론과 일치시켜야 한다는 걱정이 없었다. 아브라함의 종교에서 말하는 창조교리는 그들 사고와 경험의 지평 밖에 놓여 있었기 때문이다. 그러나 플라톤이나 아리스토텔레스 같은 철학자들이 보여주듯 아테네의 정신은 예루살렘과 마찬가지로 깊은 절망이라는 인간의 경험을 설명해내려는 세계관으로 이어졌다.

---

25 1340~1410, 카탈로니아계 유대인 철학자이자 마이모니데스와 함께 유대철학의 합리주의적 접근의 주요 실천가였다.

26 980~1037, 페르시아 제국의 철학자이자 의학자. 그리스와 아라비아의 의학과 철학을 집대성했다.

27 1058~1111, 페르시아에서 태어났으며 무함마드 이후 가장 위대한 무슬림이라고 일컬어져온 신학자로 철학이나 수피즘에서도 중요한 인물이다.

플라톤과 아리스토텔레스의 세계관은 깊은 절망이라는 경험을 인간 조건의 숙명적 특징으로 보지 않는다. 고대의 위대한 이교도 철학자들은 이성에 가해진 모욕으로 보였던 바로 그 현상의 존재를 제거할 필요를 느꼈다. 그래서 깊은 절망이 최종적이고 절대적인 의미로 존재하지 않거나 할 수도 없는 실재를 그려냈다. 이처럼 그들이 이성에 보냈던 무한한 신뢰에도 불구하고, 혹은 바로 그 이유 때문에 서구 철학의 전통 전반을 출범시킨 사상가들은 오히려 아브라함의 종교에 속한 학자들과 똑같은 결론에 도달했다. 다만 종교학자들은 철학자들과 마찬가지로 깊은 절망을 제외시켰으나 신앙의 이름으로 이성을 제한했다.

아브라함의 종교들은 신자 수가 엄청나다. 그에 비해 철학은 언제나 소수만이 참여하는 추구였다. 그러나 철학의 협소한 경로도 그 길을 가는 소수에게는 깊은 절망이 우리가 회피하지 못할 운명이 아니라는 위안을 주는 사상으로 이어질 수 있다.

모든 철학자가 이 결론에 도달하지는 않았다. 철학의 본질 그 자체는 우리 모두 그래야 한다고 강요하지도 않는다. 그러나 그 유혹은 늘 그곳에 있고 언제나 대단히 강력하다. 얼마나 강한지는 두 그리스 사상가들의 가르침이 말해준다. 서구 철학은 상당 부분은 그 두 사상가들이 등장한 이후 그 둘의 견해 사이를 오고갔다.

플라톤의 글에서 가장 주목할 만한 문장들은 《공화국(Republic)》의 중간쯤에 등장한다.[7]

소크라테스와 일군의 젊은이들은 정치 체제들의 속성이나

그 특징의 하나로 정의의 본질을 논의했었다. 이 논의는 그들을 실재(reality)의 본질에 관한 철학적 질문으로 이끌었다. 무엇이 진정으로 실재(實在)이며, 무엇이 그렇게 보이기만 할 뿐인가? 소크라테스는 일련의 탁월한 비유들로 그의 답을 설명해갔다. 그 중에 가장 유명한 예가 이른바 동굴의 우화다.

깊숙한 동굴 속에 놓인 의자에 앉아 있는 사람들을 상상해보라고 소크라테스는 시작한다. 그들은 쇠사슬에 묶여서 등 뒤의 막대기에 묶인 인형들이 만들어내는 그림자만 쳐다보며, 얼굴이 앞쪽을 향하도록 고정돼 있기 때문에 자신들의 뒤에 놓인 불빛을 보지 못한다고 가정해보자. "와 정말 이상한 모습일세."라고 소크라테스와 함께 이야기하던 한 사람이 말했다. "맞아."소크라테스는 말했다. "놀랍도록 우리와 비슷한 모습이지."

소크라테스의 동굴에 앉아있는 죄수들은 너무나 인간적인 모습이다. 그들은 동물보다는 나은 존재다. 그들은 앞에 나타나는 형상(image)들의 순서를 누가 더 잘 기억하는지 내기를 한다. 잘 하는 사람에게 상이 주어진다.

승자들은 뛰어난 기억력을 가졌다. "전"과 "후"에 등장하는 형상을 구분하고 그들의 관계를 파악하는 능력은 발군이었다. 이것이 나름 과학의 시작이다. 인과 관계 추론의 출발로, 연속되는 사건들에서 규칙적인 질서를 발견해, 시간의 순차 속에 무슨 일이 일어나는지 설명하려 한다.

이런 시도는 아무리 원시적일지라도 이미 시간의 자의식적인 인식을 상정한다. 모든 동물은 사건에 민감하고 그 사건들에 대응해 습관을 형성할 이런 저런 정도의 능력이 있다. 그러나 오직 인간만이 소크라테스 동굴에서 죄수들의 관심을 집중시킨 그런 종류의 상황을 설명하려는 경쟁을 기획해 낸다.

그럼에도 그들은 완성된 인간들이라 불리지 못한다. 그들은 무지와 제약의 조건에 놓여있다. 그들은 하나의 환상아래 안간힘을 쓰고 있다. 자신들 앞의 벽에 비치는 그림자들이 실재라고 생각한다. 그러나 소크라테스의 이야기를 듣는 사람들은 그리고 우리 독자들은 이것이 웃음거리에 지나지 않는 잘못임을 잘 안다.

그 죄수들은 꿈을 꾸면서도 자신들은 깨어난 삶을 산다고 착각하는 몽상가들과 같다. 내가 키우는 개 메이지(Maisie)도 삶을 꿈꾸듯 보낸다. 메이지는 주변 세계가 자기의 경험과 무관하게 독립적으로 실재한다는 사실을 알지 못한 채 살아간다. 이러한 관점에서 메이지도 일종의 동굴에서 살아가는 셈이다. 차이점은 있다. 메이지는 자기가 살아가는 동굴에서 벗어나지 못한다. 그러나 소크라테스의 동굴에서 살아가는 사람들은 마법에서 깨어나 꿈을 떨쳐버리고 깨어있는 삶으로 일어서서 나갈 힘이 있다. 이 힘은 이미 벽에 비친 형상의 순서를 두고 그들이 가볍게 주고받는 말에 분명하게 드러난다. 그들의 그런 능력은 "전"과 "후"의 관계들을 구분하고 기억하며 묘사하는 역량에 달려 있다. 그들의 해방가능성은 처음부터 거기에 있다. 그것은 그들의 지극히 인간적인 시간 의식 속에 들어 있다.

죄수들은 그러나 스스로 해방되지 못한다. 도움은 밖에서 온다. 누군가 죄수들 중 한명을 쇠사슬에서 풀어준다. 우리는 이 이야기가 끝이 날 때까지 누가 풀어주는지 모른다.

일단 그 죄수가 쇠고랑에서 풀려나면 머리를 뒤로 돌려 자신의 뒤에 있는 인형을 보게 된다. 그는 이제 동굴 벽에 비친 그림자가 단지 실체가 있는 대상들의 형상(image)이거나 반영에 지나지 않음을 인식하게 된다. 이런 결론을 이끌어내려면 그는 반드시 이미지를 이미지로 보는 능력을 가져야만 한다.[8] 이 능력은 일종의 거리두기다. 그것은 이미지의 끊임없는 흐름 속에서 느끼는 경험적 황홀감에서 자기 자신을 떼어내서 이 이미지들을 멀리서 바라보는 능력이다. 우리가 경험하는 이미지들이 실재의 전부라는 망상 같은 믿음에 더 이상 사로잡히지 않는 관점에서 바라본다는 뜻이다. 그것은 **추상화(抽象化·abstraction)**를 해내는 힘이다.

이런 힘이 행사될 때 현실의 새로운 질서가 눈에 들어온다. 쇠사슬에서 풀려난 그 죄수는 비로소 이미지들이 동굴 벽 반대편의 인형들 때문에 생기거나 혹은 거기서 비롯되어 존재함을 보게 된다. 그는 이런 이미지들에서 근원이나 원인을 **추상화해간다**. 이런 새로운 관점에서 그 이미지들을 보면서 그는 이제 전에는 하지 못했던 방식으로 이미지들을 설명해내게 된다.

심지어 그가 쇠사슬에 묶여 있을 때도 그와 다른 죄수들은 그들 앞에 나타나는 이미지들을 구분하고 그 등장 순서를 나름대로 매기면서 원시적 형태의 추상화를 시도했다. 이 순서는 이미지 그 자체와 구별된다. 다시 말해 다른 종류의 실재다. 죄수들은 그 이미지들을 관찰하는 동안 시간이 흘러간다는 지식을 이미 가졌기 때문에 순서를 파악한다. 쇠사슬에서 풀려난 죄수는 조금 더 높은 수준에서 이 추상화의 힘을 발휘할 뿐이다. 그리하면서 그는 다른 죄수들이 생각하는 그 무엇보다 더 우월한 실재의 또 다른 질서를 발견한다.

그 우월성은 인형과 그 이미지의 구별에서 비롯된다. 그 둘은 인과적이고 또 설명적 의존의 관계에 있다. 인형이 없으면 이미지도 없다. 그러나 그 역은 성립되지 않는다. 우리는 이미지가 비롯되는 인형이라는 근원을 알아야만 그 이미지가 무엇인지 말할 수 있다. 그 역은 거짓이다. 의존의 관계는 이보다 더 심오하다. 그것은 단일성(unity)과 다양성(multiplicity)의 구별에서 비롯된다. 소크라테스는 단일성을 "하나(one)"로, 다양성을 "다수(many)"로 불렀다. 가장 심오한 차원에서 의존성의 관계는 영원과 시간의 구별에 그 뿌리를 둔다.

동굴 벽에 비치는 그림자들과 비교할 때 죄수들 뒤의 인형들은 "가만히 있는다(stand still)"고 말할 수 있다. 특정 인형이 만들어내는 그림자는 먼저 나타났다가 사라지고, 나중에 다시 나타난다. 인형은 그대로 있다. 그 그림자들은 여럿이지만 인형은 하나다. 인형은 서로 다른 시기에 만들어내는 모든 그림자의 지속적이고 단일한 근원이다. 쇠사슬에서 풀려난 죄수는 이를 안다. 그는 자신 앞에서 나타났다가 사라지는 이미지들의 원인과 그 설명이 하나의 불변하는 사물에 있음을 본다.

이 발견은 조금 더 높은 차원에서 반복될 가능성이 있다.

매우 기초적인 의미에서 우리에게 익숙한 지금의 이 깨어있는 삶은 소크라테스가 묘사하는 죄수들의 꿈같은 삶과 다르지 않다. 우리의 세상은 그들의 세상과 마찬가지로 하나의 장면이 다른 장면으로 끊임없이 대체되는 일종의 극장이다. 우리 모두는 그 구경거리에 빠져든다. 마치 죄수들이 동굴 벽에서 쳐다보는 그림자보다 더 확실한 실재는 없다고 생각하듯이 우리는 주위에 있는 사람들과 사물의 움직임을 열중해 좇아가며 그것들이 가장 실질적인 존재라 믿는다.

그러나 이는 엄청난 착각이다. 바로 동굴 속 죄수들의 오해와 똑같다.

우리 주변의 "실재 세상에서" 보는 변화하는 그 모두는 동굴 속의 그림자만큼이나 이해하기가 어렵다. 깨어있는 삶의 세계를 채우는 일상적인 존재, 즉 인공적인 사물이나, 제도나 우리를 둘러싼 다른 사람들은 그런 이미지나 반영을 만들어내는 조금 더 실질적인 어떤 실재를 알아야 이해되거나 설명된다. 이 일상적인 사물들이 **무엇(what)**이고, 그들이 **어떻게(how)** 존재하게 됐는지는 실재의 한 차원 더 높은 질서에 그것들을 연결시켜야만 알 수 있다. 그런 실재의 기본 특징은 상대적으로 변화가 없거나 단일하다. 대중의 관심을 받으며 끊임없이 움직이는 다양한 사물들과는 다르다. 이는 마치 죄수들이 그들을 사로잡는 여러 흘러가는 이미지들의 단일하고 안정적인 근원을 발견할 때에만 그 이미지들이 진짜 무엇인지 이해하게 되는 이치나 마찬가지다.

그런 우리의 조건이 죄수들과 같다는 사실이 처음엔 터무니없어 보인다. 그러나 소크라테스는 우리에게 바로 그런 사실을 깨달아야 한다고 지적한다. 그의 우화가 말하는 요점은 우리 주변의 그럴듯하게 보이는 모든 실재 역시 오직 이미지나 반사물일 뿐이라는 이야기다. 또한 인간의 지혜는 움직이지 않는 그것들의 근원을 찾아가는 노력에서 시작되며 현명해지려면 우리는 족쇄에서 풀린 죄수들이 그리했듯 뒤돌아서서 그 반대 방향을 쳐다보아야 한다는 것이다. 우리에게 익숙한 세계를 뒤로하고 보다 오래 지속되는 실재를 향해 눈을 돌려야 한다는 의미다. 그런 실재만이 우리가 아무 생각 없이 실재라 여겼던 그 전부를 설명해줄 수 있기 때문이다.

일단 한 사람이 그러한 "영혼의 뒤돌아서기(turning about of soul)"를 경험하면 그의 지식 욕구는 더 이상의 이해가 불필요해지는 지점에 이르기 전까지는 절대 충족되지 않는다. 오로지 시간의 세계에 속하는 모든 사물들의 영원한 근원을 그의 정신이 최종적으로 이해할 때 그 지점에 도달하게 된다. 죄수들의 덧없고 불안정한 경험과는 전혀 다른 상황이다. 그러나 지혜를 향한 우리의 갈망이 최종적으로 도달하는 영원성이라는 지식을 손에 넣을 우리의 역량은 죄수가 가졌던 인간 고유의 시간 인식에 처음부터 존재했다. 그것은 기초적인 추상화 과정에서 이미 작동한다. 그 힘은 자유롭게 작동하도록 풀려날 필요가 있었을 뿐이다. 바로 이것이 소크라테스의 흥미로운 이야기가 전하려는 대단히 심각한 메시지다.

소크라테스는 자유로워진 영혼이 완벽한 지식을 추구하는 과정에서 밟아나갈 경로를 간략하게 설명해준다. 그 탐구는 일상적인 사물들(그의 이야기에서는 인형들)이 그 자신들의 그림자를 만들어낼 뿐 아니라 단순히 그림자 그 자체일 수도 있다는 통찰에서 시작한다. 일상적인 사물들은 동굴 벽의 그림자가 인형에 대응하듯 본체에 대응한 그 무엇과 같은 관계로 서 있다. 이는 일상적인 사물들을 이해하게 해주고 그것들이 있는 그대로 어떤 의미인지 설명해주는 불변의 원칙들을 발견하는 것으로 이어진다. 소크라테스는 이러한 원칙들을 사물의 "형상들(Forms)"이라고 부른다.

그러나 이 발견은 더 수고스러운 탐구의 시작일 뿐이다. 무엇이 사물의 형상을 설명하는가? 우리는 어떻게 형상들의 가해성(可解性, intelligibility)을 설명할 수 있을까? 그 형상들의 근원과 존재 원인은 무엇인가? 그들은 무엇이고 어떻게 지금의 모습을 하고 있는가?

그 탐구는 동굴 밖을 벗어나 보다 높은 사고의 영역으로 이어진 뒤 소크라테스가 말한 "선의 형상(the Form of the Good, 선의 이데아)"[28]과 조우하면서 마침내 끝이 난다.

여기서 언어는 소크라테스의 생각을 거의 담아내지 못한다. 무엇이 진정 선의 형상(Form of the Good)인지 불충분한 이미지들(!)로만 전달할 뿐이다. 소크라테스는 그 형상이 다른 모든 것의 필연적 조건이라는 점만 말할 수 있었다. 소크라테스는 그의 말을 들으며 놀라는 사람들에게 선의 형상은 모든 다른 형상들(Forms)과, 그에 의지하는 전부를 설명한다고 말한다. 그것이 형상(Form)의 이해를 가능하게 해주며 또한 형상들이 존재하도록 해주는 원인이다. 그 이상 더 생각하는 일은 전적으로 불가능하다. 철학의 경로를 따

---

28 선의 이데아라고도 불리며 플라톤 철학에서 가장 중요한 덕목이다. 플라톤은 선을 완벽하고 영원하며 변하지 않는 형상으로 시간과 공간 밖에 존재한다고 정의한다.

라 가려고 세상에 뒤돌아선 영혼은 이 지점에 이르러서 드디어 걸음을 멈춘다. 그의 탐구는 이제 끝났다.

탐구는 동굴의 죄수 하나가 쇠사슬에서 풀려나 자신의 등 뒤에 있는 인형을 보게 되면서 시작한다. 그 다음 인형 그 자체가 이미지라는 통찰과 함께 계속되다가 형상들(Forms)의 세계를 지나 마침내 선의 형상(Form of the Good)이라는 정점에 이르게 된다. 지혜는 각 단계에서 이질적이고 변하는 사물들의 낮은 차원에 질서와 가해성을 부여하는 불변의 실재를 발견하면서 생겨난다. 다시 말해 지혜는 변하는 "다수(many)"를 지휘하고 그 모습을 형성하는 영원한 "하나(one)"의 이해를 가리킨다.

선의 형상은 그 자체가 이 가해성의 원칙이다. 그것이 바로 모든 설명을 모든 수준에서 납득하게 만들어주는 영원성과 단일성이라는 개념이다. 선함의 형상이 비추는 빛의 원 그 밖의 무엇도 가해성(intelligibility)을 전혀 지니지 못한다. 또한 선함의 형상을 넘어서는 그 무엇도 설명되어질 필요가 없다. 선함의 형상은 그 무엇이든 설명해주고 자족적이며 통일되고 불변하며 완벽하다. 그것은 시간 속 질서의 근원이다 왜냐하면 그 자체로 시간을 **넘어서(beyond)** 있기 때문이다. 그것은 영원하고 **따라서**−근본적인 소크라테스의 등식− 완벽하고 진실로 유일한 실재이다.

동굴 바닥의 의자에 쇠사슬로 묶여 있는 죄수들에게도 인간 특유의 삶은 이미 시작됐다. 그들은 앞에 있는 벽을 스쳐지나가는 그림자들의 순서를 파악하려면 충분히 그로부터 거리를 두어야 한다.

그들에게 시간은 단순히 흘러가지 않는다. 그들은 시간과 거리를 두고 시간의 흐름을 관찰한다. 동물들은 그 시간의 굴레에서 절대 벗어나지 못하지만 그 죄수들은 이미 풀려났다.

죄수들은 그들이 지닌 고유한 인간적 자유의 활용을 기뻐한다. 그들은 자신들 중에 누가 가장 뛰어난 기억력과 예견 능력을 가졌는지 확인하려고 경쟁한다. 승자는 다른 사람들보다 더 많이 안다. 그럼에도 그의 지식은 여전히 애처로운 수준의 지식이다. 그것은 환영, 다시 말해 "실재하지 않는" 무엇을 바탕으로 한다. 그러나 그 정도라도 가능하게 했던 거리두기는 보다 높은 형태의 이해를 허락한다. 알고자하는 욕구는 이 원시적 수준에서조차 작동하기 때문에 죄수들은 모든 환영을 떨쳐낸 실재의 보다 나은 이해를 찾아 나서게 된다.

시간은 변화, 움직임, 생성과 소멸이다. 실재는 시간 속의 영구한 질서다. 의자에 묶인 죄수들에서 시작해 선의 형상이라는 최종적인 견해로 이어지는 깨달음의 진보는 이 영구한 질서의 더 세련된 이해에서 이뤄진다. 영원하고 신성한 것의 이해로 나아가는 진전이다. 이것이 인간 모험의 궤적이다. 가장 하찮은 인간이 이미 누리는 시간으로부터의 거리두기는 곧 인간 모험의 조건인 동시에 그 모험을 끝까지 추구하게 하는 동기이기도 하다.

소크라테스의 우화는 흥미로운 방향으로 결론을 맺는다.

선의 형상이 무엇인지 이해하고자 인내심을 갖고 수년간 꾸준히 연구한 끝에 마침내 그 결실을 얻은 사람들은 그곳에, 그 빛 속에, 그들이 탐구하는 최종적인 대상을 숙고하며 그대로 남아있기를 갈망한다. 그들 마음대로 한다면 그들은 아마 그리 할 게 뻔하다. 그러나 만약 그들 보다 못한 사람들이 조금이라도 더 크게 깨닫는 희망을 갖도록 하려면, 동굴로부터 빠져나와 지식의 정점으로 올라간 극소수의 사람들은 자신들이 나왔던 곳으로 되돌아가 그들이 발견한 내용을 다른 사람에게 반드시 알려줘야 한다. 우화는 누구든 그런 일을 하려는 사람의 좌절감을 다음과 같이 묘사하면서 끝난다.

그 빛에 눈이 먼 그는 자신이 하는 말에 걸려 주저앉고 넘어진다. 동굴의 어둠에 더 익숙한 사람들에게 그의 말은 바보가 하는 이야기로 들린다. 그들은 아무도 원치 않는데 혼자서 중뿔나게 나서는 사람으로 그를 조롱한다. 사람들에게 진실을 가르치는데 실패하면 그는 결과적으로 내쳐진다. 화가 난 죄수들이 그를 죽이지 않는다면 그는 선의 형상이 있는 곳으로 돌아간다. 그곳에서 그는 그 선의 형상을 궁구하면서 그의 여생을 보내게 된다.

해방 이야기의 이 종결부는 두 가지 교훈을 강조한다. 첫째는 오직 소수의 사람들만이 자유를 얻는다는 사실이다. 대다수 사람들은 환영의 포로로서 비실재의 노예로 남는다. 그들은 모든 인간이 보유한 해방의 잠재력을 결코 발휘하지 못한다. 그들의 눈에는 잠재력을 구사하는 극소수의 사람이 이상하게 보일 뿐이다. "야유하는 군중이 장악한 지구로 추방된 그는 거대한 날개에 짓눌려 걸어 다니지도 못한다."[9]

두 번째 교훈은 알기를 갈망하고, 알 때까지 포기하지 않는 몇몇 사람에게 그들의 갈망은 획득 가능한 목표라는 사실이다.

선의 형상(The Form of the Good)만이 완벽하게 실재한다. 따라서 그것은 부분적이거나, 특정한 지점까지가 아니라 철두철미하고, 또 결함이나 미진함 없는 완전한 인식의 대상이다. 이와 대조적으로 여럿이고 변화하는 그 모든 대상들은 무엇인가를 실재하게 만드는 바로 그것이 결여돼 있다. 따라서 소리와 시각의 세계에서 우리를 둘러싼 그 수많고 변화하는 대상들을 이해하지 못할까 걱정할 필요가 없다. 그것들을 이해하는 일은 끝이 없는 과업이다. 그러나 그들에 대해 알아야 할 게 전혀 없기에 우리는 이해하려 들지 않아도 된다. 그들 안에는 가해성이 전혀 없다. 우리의 정신으로 선의 형상을 둘러싸기만 하면 우리가 알아야할 모든 것을 알게 되어 이해하려는 갈망을 충족하게 된다.

《공화국》이 우리에게 영감을 주는 메시지는 노력하면 이를 이뤄낸다는 것이다.

우리들 대다수는 삶의 일상적인 실망을 염려한다. 우리는 돈과 명성 그리고 권력을 잃어버릴까 걱정한다. 그러나 이들을 두고 초조해하기엔 우스꽝스럽다. 환영의 노예인 사람만이 그것들의 상실을 피하려고 발버둥 친다.

우리를 진정으로 염려케 하는 하나의 절망은 알고자 하는 우리의 열망을 충족시키지 못할 가능성이다. 그것이야말로 진실로 끔찍한 상실이다. 그림자의 영역에서 자신의 삶을 꿈꾸듯 낭비해버리는 일이나 마찬가지다. 실재 그 자체의 상실에 상응한다.

그러나 유일하게 진정으로 문제가 되는 이 절망은 우리의 힘으로 피할 수 있다. 철학의 경로를 벗어나지 않으려고 노력하면 된다. 그리하면 우리는 결코 절망하지 않으리라 확신할 수 있다. 사소한 실망은 불가피할지 모른다. 그러나 깊은 절망은 피할 수 있다. 노력하기만 하면 우리는 깊은 절망에서 벗어난다. 소크라테스는 가장 깊은 갈망의 완벽한 충족은 우리의 손에 닿을 만한 범위 안에 있다는 점을 강조하려고 《공화국》의 결론 부분에서 **구한다(save)**는 동사를 사용했다. 우리는 그것을 손으로 붙잡기만 하면 된다.

아브라함 종교들의 가르침에서도 이에 상응하는 부분이 있다. 그 가르침 역시 깊은 절망의 가능성에서 우리를 구원해준다고 약속한다.

물론 둘 사이의 차이는 아주 크다. 소크라테스에게 구원의 길은 지적(intellectual)이다. 우리에게 사고하기만을 요구할 뿐이다. 그러나 아브라함의 종교를 믿는 신자들에게 구원은 복종과 의지의 문제다. 그것은 신앙에 달려 있다. 신의 명령에 자발적으로 복종하도록 요구한다. 자부심 가득한 사고의 독립성과는 반대다.

소크라테스의 경로는 소수에게만 열린 길이다. 오직 소수의 사람들만이 그것을 추구할 지적인 추진력을 지녔다. 아브라함의 종교들은 많은 사람들에 열린 길이다. 그들의 주요한 기능은 대중에게 구원을 제공하는데 있다. 선의 형상으로 가는 소크라테스의 고달픈 오르막길엔 대중적으로 적용 가능한 쉬운 방법이 없다.

더욱이 소크라테스가 상정하는 목표는 이승에서조차 적어도 단속적으로는 도달 가능하다. 비록 철학자가 그 최종적인 충족을 경험하려면 그 다음의 목표에 이를 때까지 기다려야 하지만 말이다. 반면 아브라함의 종교들을 따르는 사람들에겐 신과 함께하려는 그들의 갈망이 비록 잠시나마 완벽하게 충족된다는 희망은 필멸의 육체에 갇혀 있는 한 저주 일뿐이다. 창조교리가 한시적 세계와 영생하는 신의 왕국 사이에 쐐기를 박아 넣었기 때문이다. 그러나 소크라테스의 견해에서는 두 영역 사이의 분리가 덜 절대적이다. 선의 형상은 우리가 볼 수 있는 눈만 있다면 우리 주변을 둘러싼 환영의 유령들에서도 보인다. 적어도 때때로는 지상에서도 천국을 경험하는 일이 가능하다. 소크라테스 자신은 그런 경험을 한 듯하다.(적어도 플라톤의 이야기로는 그렇다).[10]

이러한 차이에도 불구하고 여전히 기본적인 유사성은 남는다. 소크라테스의 철학도, 아브라함의 종교들도 깊은 절망이라는 현상을 인정하지 않는다. 소크라테스의 철학과 아브라함의 종교들은 그 깊은 절망이 자리 잡을 가능성을 서로 다른, 심지어 정반대의 방식으로 제거한다. 그러나 그 결과는 같다. 아브라함 종교들의 경우, 우리는 스스로의 도덕적인 노력을 통해, 소크라테스 철학의 경우 지적인 노력을 통해 이 특별하게 끔찍한 형태의 고통을 면할 수 있다는 얘기를 듣는다. 아니 약속 받는다. 우리는 인간의 조건에서 우리 자신을 구해내는 방법의 가르침을 받는다.

이 조건은 아브라함의 종교에서는 "타락한 인간"의 처지로, 소크라테스의 철학에서는 "동굴 속의 죄수들"이란 처지로 묘사된다. 그 처지엔 끔찍한 무언가가 있다. 우리가 아무리 최선의 노력을 다한다 해도 성취 가능한 것과 가장 원하는 것 사이의 격차를 보여주는 듯하다. 그러나 그 격차는 영원하지 않다. 그것은 사물의 본질에 깊이 새겨져 있지 않다. 따라서 그 격차를 극복하는 일은 가능하다. 이는 아브라함의 종교들이 자신들을 구해주도록 신의 도움에 의지하는 수많은 신자들에게 전하는 복음이다. 동시에 플라톤의 철학이 자부심 강하고 오만한 소수에게 전달해주는 좋은 소식이기도 하다. 근본적으로 다른 경로가 같은 목적으로 이어진다는 사실은 그것에 도달하려는 갈망이 그만큼 강력하다는 뜻이다.

플라톤은 소크라테스의 제자이고, 아리스토텔레스는 플라톤의 제자이다. 그들은 서구 철학의 행진을 이끈 삼두마차를 형성한다.
　　아리스토텔레스가 세계를 보는 관점은 많은 대목에서 스승의 세계관과는 근본적으로 다르다. 그는 플라톤의 원칙들을 비판적으로 숙고한 끝에 자신의 세계관에 도달했다. 그러나 아리스토텔레스 역시 깊은 절망은 상상조차 불가능하다는 결론에 도달했다. 실로 아리스토텔레스의 플라톤적이지 않은 철학 전부는 이 플라톤적인 결과를 뒷받침하려 구축됐다고 말하는 사람도 있다.
　　철학자마다 영감을 얻는 대상은 다르다. 각자의 상상력은 서로 다른 방향으로 그들을 이끈다. 플라톤은 수학에 사로잡혔다. 그는 수학적 사고가 수반하는 특별한 종류의 필연성에 매료됐다. 아리스토텔레스는 유기체의 세계에서 자신의 철학을 출발시킨다. 그는 동식물에 흥미가 있었고 그들을 면밀하게 연구했다. 그는 동물들이 왜 그들 각각의 고유한 방식으로 움직이는지 알고 싶어 했다. 이런 질문들은 아리스토텔레스에겐 단순한 흥미 거리 이상이었다.

그것은 그의 사고방식 전체의 틀을 잡았고 철학의 가장 근본적인 질문에 그가 제시한 답변들을 규정했다.[11]

아리스토텔레스가 《영혼론》에서 무심코 한 말에 그의 생물학적 상상력의 결과가 가장 명료하게 드러난다.

모든 생물체는 두 가지를 한다고 아리스토텔레스는 말했다. 자양분을 빨아들이고(우리는 "신진대사"라고 말할지 모른다) 생식을 한다. 어떤 동물은 이보다 더 하는 일이 있다. 그러나 모든 동식물은 가장 단순한 형태의 유기체라고 해도 이 두 가지 활동에 종사한다.

그것이 무엇을 말해주느냐고? 여러 가지 다양한 답이 있다. 가장 중요한 답은 그들의 목적과 목표라는 관점에서 이 행동들을 설명한다. 그것은 그들이 무엇 **때문에(for)** 존재하는지 말해준다.

번식이라는 활동의 경우 아리스토텔레스는 그 목표가 분명하다고 생각했다. "생물이 하는 가장 자연스러운 일은 자기와 같은 존재를 하나 더 만드는 거다. 동물이 동물 하나를, 식물이 식물 하나를 만드는 이유는 영원하고 성스러운 세계에서 자신의 몫을 가지려 함이다."[12] 이 단순한 관찰이 아리스토텔레스 철학의 주춧돌이다.

동물과 식물들은 늘 변한다. 성장하고 죽고, 한 지역에서 다른 지역으로 이동하고, 스스로를 복제한다. 그러나 변화와 움직임은 생명체들에만 국한되지 않는다. 예컨대 물방울이나 흙덩이 같은 무생물도 흩어지고, 응고하고, 이동한다. 항성과 행성들은 우리가 보는 중에 가장 변화가 없다. 그러나 그들조차 궤도를 따라 움직인다. 우주의 삼라만상은 어떤 방식으로든 움직인다.

무엇이 이런 움직임을 야기하는가? 그런 움직임은 왜 일어나는가? 여기서 또 다시 다양한 답이 가능하다. 그러나 또한 모든 경우에서 가장 중요한 설명은 동식물에 관한 질문의 답과 매한가지다. 그 **무엇이(any)** 하는 "가장 자연스러운 일은" "영속하는 성스러운 세계(the everlasting and divine)"에서 제 몫을 차지하려는 목적의 움직이다.

이는 조금 더 장엄한 표현으로 말해질 수 있다. 《물리학》의 제 4권에서 아리스토텔레스는 시간의 본질을 세밀히 따지고 든다.[13] 시간은 무엇인가? 그는 시간이 움직임의 "척도(measure)"라고 답한다. 움직임을 떠나서 시간은 존재하지 않는다. 움직임은 그 움직임이 끝날 때까지의 시간으로 정의된다. 시간과 움직임은 개념적으로 뭉쳐져 있다. 모든 사물이 움직이는 이유가 "영원히 지속되는(everlasting)" 그래서 시간이 없는 무언가에 참여하려는 목적이라면 시간 **안에서** 벌어지는 모든 일의 목적이나 목표는 지금 없는 무엇(what is not)에서 "자기 몫(share)"을 보유하려는데 있다.

어떤 사물은 다른 사물보다 몫이 더 크다. 그러나 그 무엇도 완전히 배제되지는 않으며 움직임에 머물러 있는 한 그 무엇도 시간에서 완벽하게 벗어나지 못한다. 그 누구도 결코 보유하지 못할 초시간성(timelessness)을 갈망하지만 그들이라는 존재에 허용되는 일을 규정하는 한계들에 언제나 굴복해야 하는 것이 모든 자연적인 존재의 보편적 운명이다.

그러나 이러한 한계들을 절망의 근원으로 생각한다면 잘못이다. 오직 자신의 본질이 허락하는 행위만 할 수 있다고 해서 그게 곧 절망할 일은 아니라고 아리스토텔레스는 말한다. 이는 그저 세상의 이치일 뿐이다. 그리고 세상의 그 무엇도 결코 영원성에 도달하지 못하게 되어 있다면, 모든 사물에겐 그 본질이 허용하는 몫만큼은 충분히 얻을 능력이 있다. "자연이 하는 일은 그 무엇도 허망하지 않다."[14]

또한 모든 움직이는 존재가 도달하려 애쓰는 영원성이란 이 세상을 넘어선 세상, 다시 말해 "지구"를 넘어선 "천국"이 아니다. 아리스토텔레스에게 세상은 오직 하나이며, 이 세상이다. 우리가 보는 가장 천한 존재에서 가장 고귀한 대상까지 뻗어가는 그야말로 모두 다 아우르는 우주를 말한다. 그 우주를 넘어서선 그 무엇도 존재하지 않는다. 심지어 빈 공간도 없다. 세상을 넘어선 그 무엇이라는 개념 자체가 모순된다. 물리적으로나 논리적으로 말이 안 된다. 세상의 모든 존재가 도달하길 갈망한다는 영원성은 그 세계 자체 안에 있다. 그것은 이 세상에서의 추구에 내장된 목표다. 아리스토텔레스의 영원한 신은 시간에 내재하는 원칙이지 그 밖에 있는 창조주란 신이 아니다.

이해하기 쉽지 않은 개념이다. 아리스토텔레스는 《형이상학》에서 이를 설명하려고 최선을 다한다. 그 책 12장에서 그는 "부동의 동자(unmoved mover)"라는 개념을 설명한다.[15]

나중에 그 책을 읽은 독자들은 창조 교리의 영향을 받아 아리스토텔레스의 부동의 동자를 아브라함의 초자연적인 신을 예감하는 내용으로 해석하려는 유혹을 받을지 모른다. 플라톤의 선의 형상을 비슷한 식으로 이해하려는 유혹을 받았듯 말이다. 플라톤의 경우 그런 이해를 정당화할 만한 요소가 더 많을지 모른다. 그러나 아리스토텔레스의 경우엔 전혀 없다. 부동의 동자는 세상 그 자체의 신성(divinity)에 아리스토텔레스가 부여한 이름이다. 그 세상의 영원한 질서는 자족적이고 독립적이다.

이런 점에서 아리스토텔레스는 이교도 철학자중 탁월한 인물이다. 기독교와 무슬림 그리고 유대 전통의 가장 위대한 사상가 몇몇은 아리스토텔레스의 사상을 대폭 수용했다. 그러나 아리스토텔레스 세계관의 토대를 이루었던 근본적인 전제까지 받아들이진 못했다. 세상이 있기 전에 또 세상을 넘어 존재하며, 자유 의지로 무에서 이 세상을 만들어낸 창조주 신에 대한 믿음을 그들은 포기할 수 없었기 때문이다.

아리스토텔레스의 인간 조건 설명은 그의 이교도적 우주관에 깔끔하게 들어맞는다.

세상의 모든 존재엔 나름의 고유한 본질이 있다. 인간도 예외는 아니다. 동물이 그렇듯이 우리도 먹고 성장하고 짝짓고 죽는다. 그러나 오직 인간만이 하는 두 가지가 더 있다. 첫째 우리는 도시에 산다. 둘째 우리는 우리가 거주하는 환경의 요구에 습관적으로 부응하기 보다는 세계를 전체로 사려 깊게 이해하려고 노력한다.

이 두 활동을 하려면 지구상의 모든 동식물 가운데서 오직 인간만이 보유한 능력을 활용해야 한다. 아리스토텔레스는 이를 "이성(reason)"의 힘이라고 불렀다. 도시 건설과 과학적 탐구는 인간의 합리성을 특히 선명하게 보여준다.[16] 물론 그런 노력이 드러내는 힘은 인간 경험의 구석구석에 퍼져 있으나 그 정도의 차이는 있다.

아리스토텔레스는 소크라테스가 동굴의 우화에서 했던 것과 같은 방식으로 이성의 힘을 상상했다. 그는 이성을 거리두기에서 오는 힘으로 생각했다. 시간의 흐름에서 자기 자신을 "이탈(abstract)"시켜 시간 밖의 관점에서 사건의 경로를 보는 능력이라고 말이다.

도시 건설이 좋은 예이다. 예컨대 벌이나 흰개미 같은 동물들도 공동체를 이루며 살아가기는 마찬가지다. 그들에겐 또 지배 질서도 있다. 그러나 인간이 만드는 도시의 질서는(우리는 이를 "헌정(constitution)"이라 부른다.) 그곳에 사는 사람들의 사려 깊은 예지력으로 만들어진다. 그들은 헌정을 그냥 **갖지(have)** 않는다. 그들은 의식적으로 계획에 따라 헌정을 **건설(construct)**해간다.

칼 마르크스는 이 차이를 유명한 경구로 포착했다. 그는 이렇게 말했다. "최악의 인간 건축가도 최상의 벌 건축가와 이런 점에서 다르다. 인간 건축가는 건축을 시작하기 전에 마음속으로 미리 건설하려는 건물을 세워본다."[17] 그러려면 "앞을 내다보고(look ahead)" 아직 존재하지 않는 그 무엇을 상상하는 능력이 필요하다. 건물을 설계하는 건축가는 인간에게 있는 '추상화'라는 보편적 능력을 가졌기에 그 상상이 가능하다. 그 능력은 다른 생명체에겐 영원히 벗어날 수 없는 운명인 시간의 굴레에서 소크라테스 동굴 속의 죄수들처럼 스스로를 해방시킬 수 있게 해준다.

그런 능력을 가졌기에 우리는 그 힘을 행사하고 싶어 한다. 이런 점에서 우리는 동물들과 다르지 않다. 다람쥐에게도 그들만의 어떤 능력이 있다. 가장 중요하게는 다른 다람쥐를 만들어낼 능력이다. 그들은 그런 번식을 포함해 자신이 가진 모든 고유한 능력을 행사하길 갈망한다. 당연히 그 본성이 허락하는 그런 종류의 충족을 추구하기 마련이다. 인간도 마찬가지다. 인간은 스스로의 행위를 비판적으로 판단하는 규칙들을 다듬어가도록 해주는 예지력을 보유했기 때문에 도시에서 살아갈 수 있다. 이런 능력이 있기에 우리는 그것을 작동시키려 한다. 우리는 그것을 **가동하길**(activate) 원한다. 그렇게 하지 못한다면 타고난 욕구가 좌절되는 셈이다. 도시 밖에서 살려면 인간은 "신"이 되거나 "야수"가 되어야 한다는 아리스토텔레스의 명언이 의미하는 바다.[18]

　　우리의 이 본능적 욕구가 충족되지 못하리라 의심할 이유는 없다. 정치적 작업에 국한해서는 그 무엇도 우리의 목표 달성을 막지 못한다. 다만 어떤 도시도 영원히 지속되지 않는다. 모든 정치 공동체 역시 개인의 삶을 지배하는 해체의 힘에 종속돼 있다. 따라서 불멸의 도시를 짓겠다는 바람은 어리석다. 우리의 본성이 허락하는 그 이상을 요구하는 셈이기 때문이다. 인간의 이성엔 한계가 있다. 인간의 본질은 합리적 동물(animals)이란 그 혼성(hybrid)에 있기 때문이다. 이를 무시해선 안 된다.

　　도시 건설이라는 사업은 온갖 종류의 우연한 이유들로 궤도를 이탈하기도 한다. 헌정을 확립하고 유지하려는 시도가 실패에 이르는 수없이 많은 길이 있다. 아리스토텔레스는 헌정 붕괴의 여러 가지 익숙한 근원들을 묘사했다.[19] 그러나 이들은 일상의 좌절들이다. 깊은 절망이 아니다. 그런 일상적인 좌절들은 욕구를 충족시킬 능력이 우리에게 아예 없다는 의미가 아니다. 정치 행위의 영역에서 만큼은 인간의 본성이 허락하거나 명령하는 그 모든 일을 우리는 다 할 수 있다.

과학적 탐구도 마찬가지다.

과학은 설명을 구하는 학문이다. 왜 어떤 일이 그리 벌어지는지 그 까닭을 탐색한다. 설명은 관찰에서 시작된다. 무엇인가를 설명하기 전에 그것을 인식해야만 하기 때문이다. 동물들에게도 인식 능력이 있다. 그들은 보고 느끼는 것에 특정한 방식으로 반응하도록 되어 있다. 어떤 소수의 동물들은 이런 성향에 근거해 조금 더 정교한 습관들을 개발하기도 한다. 예컨대 가축들은 매우 정교한 습관을 따르도록 훈련되기도 한다. 그러나 오직 우리 인간만이 인식에서 설명으로, 관찰에서 과학으로 나아간다. 이 놀라운 발걸음을 떼게 해주는 추상화의 힘을 우리 인간만이 보유했기 때문이다.

우리는 특정한 사건을 일종의 일반적 규칙 아래 가져옴으로써 설명한다. 나무 위를 오르는 다람쥐를 보며 여러 가지 근거로 그 움직임을 설명한다. 포식자가 쫓기 때문에, 또는 나무 위 꼭대기에 달려 있는 견과류를 따먹으려 하기 때문이라고 설명할 수 있다. 눈으로 보는 이 특정 다람쥐의 움직임들은 인식한 사실에서부터 정신적 추상화 과정을 통해서 내가 파악한 일단의 규칙들에 들어맞기 때문에 설명이 가능하다.

아리스토텔레스에 따르면 나무 위를 오르는 다람쥐의 행위를 설명하는 일반화들은 단일한 최상의 원칙 아래 모두 모인다. 다람쥐들은 그들의 본성(nature) 때문에 그러한 특유의 행위를 한다.

각각의 종들엔 그들 고유의 본성이 있다. 다람쥐, 지빠귀, 참나무 등 모든 생물체엔 저마다의 본성이 있다. 특정한 종의 본성은 각 구성원의 행동들에서 드러난다. 각 구성원의 행동이 정확하게 같은 경우는 없다. 각 구성원의 행동들에서 나타나는 공통점이 그들의 본성이다. 그 본성이 각 구성원의 행동에 정보를 주고 지침을 준다.

우리는 특정한 본성의 수없이 많은 발현들을 "꿰뚫어 보고(look through)" 마음의 눈으로 그런 발현들을 하나로 묶는 일반적 규칙이나 원칙을 보는 능력을 가졌기 때문에 인식한 사실을 설명할 수 있다. 소크라테스가 이런 능력을 두고 이미지를 이미지로 볼 수 있는 힘이라며 문학적 미사여구로 묘사했다. 아리스토텔레스는 이 힘이 어떻게 작용하는지, 개별적 존재들의 인식에서 어떻게 그들의 일반적 본성의 이해에 다다르는지 아주 길게 설명하기까지 했다. 그러나 그는 소크라테스가 반드시 그러해야 했듯이 이 간극을 뛰어 넘는 능력은 의자에 묶인 쇠사슬을 풀어버리는 동굴 죄수들의 잠재력으로 이미 그곳에 있었다고 가정해야만 했다. 인간이 세상을 바라보는 눈에 애당초 그 능력이 있었다고 말이다.[20]

우리는 이 능력을 본성으로 타고났다. 다람쥐가 나무 위를 오르는 능력을 타고 났듯이 말이다. 그런 능력이 있기에 우리는 그 능력을 사용하고 싶다. 우리는 본성 상 눈에 보이는 일들을 설명하고 싶어 한다. 우리를 둘러싼 우주에서 관찰되어지는 다양한 움직임, 행동, 사건들을 설명하고 싶기 때문에 우리는 사물의 본질적 질서를 강박적으로 탐구한다. 설명을 갈망하는 우리의 굶주림에서 벗어나 존재하는 대상은 없다.

탐구의 첫 번째 수준으로 아리스토텔레스가 자연과학이라고 개략적으로 규정하는 연구들에서 이 굶주림은 해소된다. 우리의 정신은 주의 깊게 관찰하면 우리가 눈으로 보는 모든 사물의 본성을 이해하도록 이끌어준다. 우리는 성공하도록 돼 있다.

이 과정이 끝나면 우리는 주의 깊게 연구한 사물에 관해 이해해야 할 전부를 이해하게 된다. 언제나 인지(cognition) 보다는 인식(perception)이[29] 더 많이 작용한다. 그러나 인식이 지나치면 이해하기가 불가능해진다. 그것들은 설명되지 않는 맹목적인 사실일 뿐이기 때문이다. 일단 사물의 본성을 파악하면 우리는 그 사물들에서 더 파악해 내야할 내용이 없다고 확신한다. 알고자 하는 우리의 갈망은-거의-끝이 난다.

그러나 이 갈망이 완벽히 해소되려면 남은 질문 하나가 해소되어야 한다. 만약 추상화의 과정을 통해 파악하는 사물의 본성이 우리가 그것들에서 획득하는 인식들을 전부 다 설명해준다고 하자. 그렇다면 무엇이 그 본성 자체를 설명해주는가? 우리가 존재하는 이 세계가 전적으로 설명가능하다는 사실을 어떻게 설명할 것인가?

---

29 인지는 생각이나 경험을 통해 지식과 이해를 얻는 정신적 과정을 지칭하고 인식은 보고 듣는 감각을 통해 얻어지는 무엇을 말한다.

아리스토텔레스는 그답게 이런 질문을 한가하다거나 대답이 불가능한 질문으로 무시해버리지 않았다. 그는 이 질문이 대단히 중요하며 확실한 답이 있다고 믿었다.

그의 답은 다음과 같다. 세상의 모든 존재는 영원히 지속되는 신성함에서 자신의 몫을 획득하려고 움직인다. 특정 사물의 본성은 그 몫을 공유하는 저마다의 특별한 "양태(style)"이다. 그 모든 움직임은 이 목표에 그 초점이 맞추어져 있기 때문에 이해가 가능하다. 그러나 그러한 움직임의 궁극적 목표는 그 자체로 결정되거나, 어떤 다른 무엇에 의해 이끌어지지 않는다. 그 목표의 존재는 전적으로 자족적이다. 그것은 그 존재 자체의 근원일 뿐 세상과 별개로 존재하는 창조주가 아니다. 그러나 유대교, 기독교, 무슬림 신자들이 기도하는 보다 친숙한 신과 마찬가지로 아리스토텔레스가 말하는 부동의 동자는 그것이 존재하지 않을 수 없다는 사실로 정의된다. 만약 존재하지 않을 수 있다면 부동의 동자는 그 존재가 다른 무언가에 종속된다는 이야기고 세상의 어떤 움직임의 설명도 최종 목적지에 도달하지 못하게 되기에 아리스토텔레스의 견해로는 그 어떤 결론도 맺어지지 못한다.

만약 세상이 어느 정도 이해 가능하다고 인정한다면 – 정신 나간 자가 아니라면 누가 그 사실을 의심할까? – 필연적으로 존재하기 때문에 자명해지는 힘이나 능력에 의지해 사물의 본성 자체가 궁극적으로 설명된다고 가정해야만 한다고 아리스토텔레스는 생각했다. 다른 모든 사물을 움직이게 만드는 부동의 동자는 세상이 그저 **잠정적으로(provisionally)**나 **우연히(contingently)** 존재하지 않으며 우리가 충분히 이해할 만한 범위 안에 있다고 확신시켜 준다. 우리가 분명 그러하듯이 세상에 관해 **조금이라도(anything)** 이해한다면 부동의 동자는 세상 그 자체도 **반드시(must)** 이해 가능함을 보장한다.

이로써 지식을 향한 우리의 추구는 끝을 맺는다. 더 이상 물어봐야 할 질문은 없다. 알고자하는 인간의 갈망은 가능한 최대한으로 충족된다. 이는 단지 우리 자신뿐만이 아니라 모든 것을 해방시켜주는 이성의 빛으로 사물의 본성을 이해할 능력이 있는 모든 합리적 존재들에게도 해당된다.

물론 수많은 장애물이 우리의 알고자 하는 욕구를 꺾는다. 우리는 불구가 되거나, 가난하거나, 혹은 육체적 쾌락으로 방향을 잃거나, 우리에게 필요한 스승을 발견하지 못하기도 한다. 그러나 욕구의 본성이나, 그 대상, 혹은 그들 사이의 관계에서 실패를 불가피하게 만드는 요소는 하나도 없다. 아리스토텔레스는 이를 어디에나 보편적으로 적용되는 진실로 본다. 서로 다른 사물들의 본성을 정의하는 욕구들은 종종 우연한 원인들로 좌절되지만 결코 본성 그 자체 때문은 아니다. 다람쥐는 번개에 맞아 땅바닥으로 떨어지기도 하지만 그런 우연한 경우를 제외하면 다람쥐는 들쥐가 아니라는 바로 그 이유 때문에 언제나 나무를 오를 수 있다. 알고자하는 인간의 욕구도 마찬가지다. 얄팍한 절망이야 우리에게도 많이 일어난다. 그러나 깊은 절망은 존재하지 않는다. 우리는 인내심과 약간의 운만 있으면 갖고자 갈망하는 것은 무엇이든 얻게 된다.

물론 오직 인간 조건의 한계 안에서만 우리가 소유하길 동경했던 지식을 누리게 된다. 우리가 동물적 필요(오늘날 우리가 "경제적" 필요라 부른다)에 인질로 잡혀 있는 도시만을 건설하듯 말이다.

아리스토텔레스는 수년간의 연구 끝에 마침내 이 세상에 관해 알아야 할 모든 걸 알게 되는 인간의 경험을 신의 경험에 비유한다. 지식은 인간을 신성하게 만든다. 사고의 대상에 관해 생각하는 한 인간은 그 대상처럼 영원해진다.[21]

그러나 인간은 영원히 사고하지 못한다. 우선 그는 필멸의 존재다. 그의 삶은, 따라서 그의 사고는 언젠가 끝이 난다. 더욱이 그가 살아 있는 동안에도 그의 사고는 끊임없이 최고조로 유지되지는 못한다. 가장 위대한 사상가도 반드시 충족되어야 할 육체적 욕구가 있다. 따라서 영양 섭취와 휴식 때문에 때때로 사고를 중단해야 한다. 그는 또 다른 사람과의 어울림도 필요하다. 그는 그들의 유머와 따뜻함을 즐기고 그들의 지지를 좋아한다. 또한 정치 공동체의 일원으로서 그 책임을 다하려면 자신의 철학적 추구에만 매달릴 수 없다. 세상을 이해하길 동경하는 인간은 완벽하게 그리할 능력이 분명히 있다. 그러나 완벽한 지식의 상태는 오직 단속적으로만 혹은 잠시만 유지된다.

이런 점에서 인간의 처지는 오직 신과 "유사할(like)" 뿐이다. 인간이 고작해야 때때로 경험하는 활동을 신들은 영원히 계속할 수 있다. 인간은 비록 사고의 신성한 힘을 지녔으되 죽어가는 육체를 가졌다는 한계를 지닌 존재다.

이는 우리가 원하는 최상의 조건이 아니다. 세상에는 우리보다 나은 존재들이 있다.[22] 그러나 이것이 **우리의(our)** 조건이다.

우리가 신이 아니라 그저 신과 유사할 뿐이라는 사실에 실망해야 하는가? 신이 되고 싶다면 그것은 부자연스러운 바람이다. 우리는 다른 어떤 사물과도 다른 고유한 본성을 가졌다. 그 본성은 우리가 특별한 방식으로, 곧 인간 특유의 방식으로 영원히 계속되는 신성에서 우리의 몫을 차지하게 해준다. 그렇게 하고자하는 우리의 갈망이 완전히 충족될 수는 있지만 신진대사를 해야 하고 정치적인 존재로 속박 받아야 하는 인간적 한계를 벗어나기는 불가능하다. 이것이 세상의 질서다. 우리가 쳐다보는 어느 곳에도 깊은 절망은 없다. 물론 우리가 원하는 대로 언제나 상황이 전개되지 않는다는 사실은 명백하다. 그러나 우리의 본성이 허락하는 그 전부로 나아가는 길에 내장되어진 장애물은 없다.

　　이치가 이렇다는 지식은 일종의 만족감을 낳는다. 아리스토텔레스의 파노라마 같은 세상 묘사는 우리가 우리의 운명에 평안을 느끼도록 해준다. 깊은 절망이 곤혹스러운 인간 조건의 핵심이라는 관점은 그 묘사에 전혀 등장하지 않는다.

최고의 야망을 추구하는 과정에서 인간이 반드시 절망하고 만다는 생각은 단순한 불안감을 넘어선다. 많은 이에겐 어이없어 보이기도 한다. 어찌 이런 일이 가능하단 말인가? 오히려 **마땅히(must)** 그 반대여야 하지 않는가? 동경과 성취의 격차가 완전히 없어지는 방식으로 세상이 **이루어져야(has to)** 하지 않은가?

　　이 "마땅히(must)"는 철학 이전의 이야기로서 심리적 명령이다. 깊은 절망이 존재하지 않는다고 장담하는 세계관은 그것의 대단히 세련된 표현들이다.

이런 종류의 관점들은 많다. 불교도 그 하나를 제시한다. 윤회의 굴레와 끊임없는 고통의 순환에서 해방된다고 약속한다.[23] 서구에서는 두 개의 세계관이 깊은 절망은 우리의 영원한 운명이 아니라고 확신 시켜주는 지속적인 역할을 담당해왔다. 그 두 가지는 두 개의 도시이름과 연관돼 있다. 아테네와 예루살렘이다.

예루살렘은 아브라함의 종교에 속한 가족의 구성원들을 모두 상징한다. 그 종교들은 창조 교리와 함께 우리가 착하게 살며 신의 명령에 순종한다면 신과 함께 하려는 우리의 갈망이 마침내 충족되는 내세의 삶이 온다는 약속을 제시한다. 전지전능하고 자비로우신 신이라는 개념은 이러한 결과를 신빙성 있는 이상으로 만들 뿐 아니라 그런 결과를 보장해준다.

아테네는 플라톤과 아리스토텔레스의 저작이 잘 보여주듯이 이교도 철학의 합리주의를 상징한다. 지성의 희생을 요구하는 아브라함의 종교들과 달리 플라톤과 아리스토텔레스의 철학들은 우리가 물어볼만한 모든 질문에 답하게 해주는 정신적 능력이 우리에게 있다고 가정한다. 그들은 신앙이라는 이름의 제약에 맞서서 사고력을 가슴 벅차게 끌어안으며 시작한다. 다른 이들은 그들의 선도를 뒤따른다. 플로티누스(Plotinus)[30], 스피노자, 헤겔이 그 (복잡한) 사례들이다.

이는 모든 사람이 따라갈 만한 경로가 아니다. 스피노자가 《윤리학》의 마지막에서 말하듯이 오직 소수의 사람만이 그 길을

30 AD 270년에 사망한 그리스 철학자. 신플라톤주의의 창시자로 평가된다.

발견한다.²⁴ 그러나 플로티누스의 말에 따르면 "그 하나(the One)"로²⁵ 날아갈 날개를 가진 영혼들에게 그 결과는 깊은 절망의 가능성이 명백히 사라진 만족의 상태다.³¹ 아브라함의 자손들이 가게 될 천국이 그렇듯이 말이다.

수많은 사람들은 천국에 계신 아버지를 상상해서 시간과 영원 사이의 차이를 극복하는 소망을 달성했다. 그에 비해 소수의 사람들은 사유를 통해 신성한 지혜로 이르는 그들만의 길을 찾아내어 같은 소망을 이뤘다. 이러한 전략들은 정면으로 상반된다. 그러나 그들이 도달하려는 목적지는 같다. 그 전략들의 인기는 결코 사라지지 않는다.

아테네와 예루살렘의 의미를 숙고하면서 우리는 기본적인 선택에 직면한다. 우선 깊은 절망의 경험을 우리가 결코 벗어나지 못하는 인간 조건의 불가분한 여건으로 받아들이는 선택이 있다. 다른 하나는 기도(종교)나 사유(철학)로 그 깊은 절망에서 벗어날 수 있다는 소망을 따르는 선택이다.

후자엔 명백한 심리적 이점이 있지만 상당한 대가를 지불해야 한다. 만약 깊은 절망이 극복하지 못할 인간의 조건이라면, 인간 고유의 특성을 포기하지 않고는 그 소망을 이룰 수 없다. 그 대안은 우리의 조건을 인정하고 우주적 소망 충족의 행위를 통해 깊은 절망이 사라지게 만든다는 세상의 모든 관점들을 거부하는 것

---

31 플로티누스의 Enneads에 따르면 "그 하나는 완벽한 존재다. 왜냐하면 아무것도 추구하지 않고 아무것도 소유하지 않으며 아무런 필요도 없고 완벽하며 넘쳐나기에 그 무한한 풍성함은 다른 존재를 생산한다. 최고의 초월적인 무엇이다. 플라톤의 선의 이데아와 비슷하다.

이다. 이것이 바로 내 어머니가 한 선택이다. 이 영감으로 그녀는 무신론을 받아들였다. 내 친구들의 상당수도 이에 동조한다고 생각한다.

그러나 이것이 문제의 끝은 아니다. 아테네와 예루살렘의 신들(선의 이데아와 창조주)은 굽힐 줄 모르는 인본주의와 양립하기 불가능하다. 그렇다면 인본주의와 양립 가능한 어떤 다른 신이 있을까?

내 어머니는 없다고 생각했다. 내 친구들도 동의한다. 그러나 나는 있다고 본다. 아테네나 예루살렘의 신이 아니라 낯설고 다른 신이며, 어떤 측면에서는 그 둘의 혼종이다.

이 새로운 신은 깊은 절망의 경험과 부합한다. 그 뿐 아니라 이 새로운 신만이 그 경험을 이해할 수 있게 만들어준다. 우리를 다른 모든 동물들과 구분해주는 특이한 형태의 절망에서 우리를 구원해준다고 약속하지 않고서도 깊은 절망과 함께 또 다른 인간적 특성인 환희의 개체라는 실재를 긍정하게 해준다. 그것 없이는 참된 인본주의가 존재할 수 없다. 이제 우리는 이 낯선 신의 본질을 이해하려 노력해야만 한다. 그리할 때 우리는 신이 없다고 말하는 사람들이 왜 우리의 인간됨(humanity)에 좀 더 세심한 주의를 기울이지 않는지 알게 된다. 마치 깊은 절망의 현상은 지속되지도 않고 실재도 아니라고 말하며 우리를 안심시키는 철학자나 신학자들이 다른 측면에서 그러하듯이 말이다.

4장

삶의 환희
(Prospect of Joy)

내 어머니는 일평생을 살면서 행복 못지않게 불행도 꽤 겪었다. 첫 번째 남편과 이혼했고 두 번째와 세 번째 남편을 여의었다. 자매 한 명과는 각별했지만 다른 한명과는 소원했다. 자신의 아버지를 끔찍이 사랑했지만 아버지는 자신을 그 만큼 사랑해주지 않았다는 고통스러운 믿음에 시달렸다. 그러면서도 자신의 두 아들은 사랑했다. 내 어머니는 자신의 삶을 전체적으론 매우 살만한 가치가 있다고 여겼다. 어머니는 살아가는 게 짜릿하다고 종종 말하곤 했다.

대부분의 사람들처럼 어머니는 이 세상의 지속 가능성을 당연하게 여겼다. 자신이 죽고 나서도 가족과 조국인 미국이 계속된다는 생각에서 위안을 찾았다. 그러나 영원한 그 무엇에 연결될 필요를 느끼긴 못했다. 어머니는 영원성을 천국, 종교, 신과만 연계시켰다. 그녀에겐 그 어떤 것도 쓸모가 없었다.

가장 선한 사람일지라도 천국이란 보상을 기대할 수 없고 가장 악한 사람에게도 지옥의 고문이 기다리지 않는다고 어머니는 말했다. 이 세상은 우리가 보는 이곳이 전부다. 우리가 집이라 부르는 우주의 이 작은 구석도 언젠가는 더 이상 존재하지 않는다. 언젠가는 만유 자체도, 우주적 쇄신의 경련 속에 다시 태어나고자 차갑고 어두운 밤 속으로 사라져 간다. 그마저 아닐 수도 있다.

수없이 많은 존재가 명멸하다 사라져가면서도 우주 만물은 우리 삶의 짧음과 형언하기 힘들 정도로 사소함을 조롱하며 영원히 계속된다. 끝없는 소멸의 복마전인 이 세상엔 죽음이나 파괴의 영향을 전혀 받지 않는 영원한 질서가 없다. 덧없이 흐르는 우리 삶의 시간을 무의미와 망각에서 구해내 줄 만한 그런 질서를 품고 있지 않다. 삶에서 우리가 발견하는 어떤 의미도 우리 스스로 찾아내거나 만들어야 한다.

어머니가 돌아가신 다음 나는 어머니의 책들에서 카뮈의 《이방인》을 발견했다. 그 책의 후기에서 역자는 카뮈의 인생관을 다음과 같이 요약했다. "비록 의미와 목적이 없다 해도 인생은 인간의 손에 쥐어진 전부이고, 그가 알 수 있는 유일한 실재다. 인간이 이를 인지하고 환상을 떨쳐버린다면 그는 인생에 즐기고 기뻐할 대목이 많음을 발견하게 된다…카뮈는 삶과 죽음의 온전하고 끔찍한 짐을 모두 인간에게 지웠다. 그는 신의 도움과 영생이라는 희망을 전혀 제시하지 않았다. 카뮈는 인간 각자의 삶과 행위가 자기 자신과 동료 인간에게 미치는 영향은 온전히 개인의 책임이라고 했다. 암울하고 거의 압도적으로 무거운 짐이지만 인간은 그것을 충분히 감당할 능력이 있다고 카뮈는 믿었다."[1]

그 지면의 여백에 내게 너무도 익숙해 보이는 비스듬한 필체로 어머니는 쓰셨다. "훌륭해(Great!)"

어머니는 일찍이 이런 인생관에 도달했다. 다른 가족 구성원들이 위안으로 여겼던 종교적 만병통치약을 어머니는 젊어서부터 거부했다. 카뮈와 사르트르를 읽고 그들의 실존주의를 자신의 공식적인 인생철학으로 선언하기 오래 전에 어머니는 이미 무신론자였다. 불멸은 환상이며 그것을 찾으려는 행위는 의무의 포기일 뿐이라는 카뮈의 호기 넘친 주장은 어머니가 이미 오래 전에 내렸던 결론을 단지 더 거창한 말로 표현했을 뿐이다.

어머니는 대단히 지적인 분이었지만 훈련된 철학자가 아니었다. 그녀의 생각들은 자신의 경험에, 또 체계는 없었을지 모르지만 자신의 광적인 독서에 근거를 두었다. 그럼에도 더 나은 교육을 받은 수많은 사람들과 적지 않은 전문적 사상가들이 그녀의 인생관을 공유한다. 어머니처럼 그들은 우리에게 주어진 짧은 시간을 의미 있게 만들려는 용기를 존중한다고 말한다. 그런 우리 노력의 성공을 보장하기는커녕 그 노력을 지지하는 영원한 존재가 전혀 없다고 믿기 때문이다.

기성 종교에 욕을 퍼붓는, 신념이 굳은 무신론자들이 이에 속한다. 그들은 인생의 의미가 이 세상 삶의 어리석음과 절망에서 우리를 구원해줄 힘을 가진 영원한 존재인 신과 어떤 관계를 맺느냐에 달려 있다는 믿음에 조롱을 보낸다.

다른 이들은 보다 더 극단적인 태도를 취한다. 그들은 인생의 의미가 인격적이든 비인격적이든 어떤 영원한 존재나 힘과의 연계에 달려 있다는 사실 자체를 부정한다. 아브라함의 종교들이 말하는 신과는 물론이고 모든 영원성이라는 개념 자체와도 전쟁을 벌인다. 그들은 그런 생각에 매달리는 사람들을 겁에 질린 아이들일뿐이라고 말한다.

내 친구 중 다수가 이런 시각을 견지한다. 어떤 이들은 다른 사람들보다 더 강력하게 주장한다. 한때 우리의 삶에 영원성이 그 존재감을 뚜렷이 드러내도록 해주었던 모든 제도와 관행들이 소멸하면서 무신론이 번성할 환경이 조성됐다. 그 무신론은 필립 라킨(Philip Larkin)이 즐겨 방문했던 교회의 폐허 위에서 거세게 자라났다.[2]

그러나 이러한 관점을 옹호하는 사람들은 대단히 중요한 대목을 놓치고 있다. 그들은 우리가 추구하는 목표 중의 몇 가지는 오직 영원한 시간이 주어져야만 달성되며 시간이란 조건을 벗어난 관점에서 세계를 보아야만 달성이 가능하다는 사실을 간과한다. 영원성이라는 개념에 기형적으로 의지한다 싶은 우리의 인간성(humanity)을 구해내려는 열망으로 눈이 멀었기 때문이다. 여기서 그런 목표들이 우리의 도달 능력 밖에 존재한다는 사실은 논외의 문제다. 완전한 달성이 불가능하더라도 우리는 그런 목표들 없이 살아가지 못한다. 그 결과 우리의 삶은 깊은 절망의 상태에 놓여있지만, 반드시 죽고 마는 우리의 한계 너머에 놓여 있는 목표라도 우리가 그것을 향해 조금씩 더 가까이 다가갈 수는 있다는 역설로 위로받는다.

이것이 가장 전형적으로 인간적인 추구가 의미하는 내용이다. 그러한 추구를 설명하려면 초시간성과 무한성이라는 개념이 필요하다. 그 두 가지 개념을 우스꽝스럽다거나 그릇된 믿음이라고 무시하는 사람들은 이러한 종류의 모든 추구가 내포하는 환희와 패배의 너무나 인간적인 모습들을 설명하지 못한다.

이런 인간적 경험의 실재들을 인정한다면 더 깊은 질문과 마주하게 된다. 그것을 설명하려면 이 세상은 어떤 모습이어야 하는가? 억누를 길 없는 우리의 호기심은 그렇게 묻도록 한다. 우리가 누구냐는 지식만으로 결코 만족하지 못하기 때문이다. 우리가 우리로 존재하는 일이 **가능해지려면 세상이** 반드시 어떻게 이루어져야 하는지 알고 싶어 한다. 그것을 알고자 하는 우리의 갈망은 우리가 그 답을 얻을 때까지 채워지지 않는다.[3]

이는 아브라함의 종교들이 제공할 만한 대답이 아니다. 그들의 세계관 속에는 우리의 영원성 갈망과 그것의 궁극적 획득 사이에 메우지 못할 간극이 있지 않기 때문이다. 가장 위대한 고대 이교도 철학자들이 생각하는 세계도 그 대답을 주지 못한다, 왜냐하면 그들의 세계관에서 영원성은 도달 가능한 범위 안에 있기 때문이다. 그러나 이는 오직 소극적인 결론일 뿐이다. 그것은 영원성을 향한 우리의 갈망과 그 충족 사이의 불일치를 교정이 가능한 잘못이나 용서받을 만한 죄로 받아들이길 거부할 경우 세상이 무엇과 **같을 수 없는지**(cannot be like)만 말해준다.

그 질문에 적극적인 답이 있는가? 비록 그 정점은 여전히 우리가 도달하지 못할 곳에 있더라도 우리가 어떻게 그 목표를 갖게 됐고, 그것을 향해 어떻게 다가갈 수 있는지 설명해주는 세상의 모습은 있는가? 만약 있다면 그것은 아테네와 예루살렘의 유서 깊은 토양에 뿌리내린 문화적 전통의 익숙한 요소들이 제시하는 모습과는 어떻게 다른가?

신을 부인하는 내 어머니의 견해를 공유하며 인생의 의미가 우리의 삶과 영원성의 연관에 달려있다는 얘기를 비웃는 무신론자들과 실존주의자들은 이런 질문에 결코 이르지 못한다. 그들은 스스로 인간됨(humanity)을 앞세우는 투사들이라고 생각한다. 그러나 그들의 호전적 무신론은 다른 생명체와 인간을 구분해주는 환희에 찬 진전과 자명한 패배의 융합이라는 이 지극히 인간적인 조건을 탐구하지 못하도록 한다. 인간이 아닌 다른 생물체들은 시간을 모르는 탓에 깊은 절망이란 경험이 불가능하다. 무신론은 인류학에서 신학으로 가는 경로를 차단한다. 그러나 알고자 하는 우리의 갈망은 부득이 그 경로를 따르게 한다.

만약 이 경로를 그 끝까지 추구한다면 그들은 오직 세계가 **내재적으로 또 무한하게 신성하다는(inherently and infinitely divine)** 바로 이 전제를 받아들여야만 인간의 조건이 설명 가능해진다는 사실을 알게 된다. 그들은 우리의 인간됨을 설명하려면 우리는 반드시 세상을 스피노자가 부르는 신의 "얼굴"로 생각해야만 한다는 걸 이해하게 된다.[4]

현대 과학이 그렇게 말한다. 낭만적 사랑도 같은 이야길 한다. 인간이 규정적 이상(regulative ideal)의 지배를 받으며 추구하는 모든 일의 이해가능성 여부는 스피노자가 말하는 신의 개념에 달려있다. 스피노자의 신은 아테네와 예루살렘의 신과 달리 우리를

"구원하는" 존재가 아니다. 그 신은 우리를 운명에서 구해내지 못한다. 그러나 우리가 왜 그런 운명에 놓였는지 설명하고자 할 때는 꼭 필요하다. 인본주의자에게는 오히려 기존의 신보다 더 낫다.

"인류가 지금 철학을 하거나, 처음 철학을 하기 시작한 이유는 경이로움(wonder)"이라고 아리스토텔레스는 말했다.[5]

경이로움은 호기심을 촉발하지만 호기심 그 자체와 같지는 않다. 내가 키우는 개 메이지는 호기심이 많다. 우리가 산보할 때 메이지는 앞서서 뛰어가며 이곳저곳을 킁킁 댄다. 메이지의 호기심은 나와 마찬가지로 활발하다. 메이지는 뒤지고 살핀다. 경이로움은 그와 대조적으로 수용적이다. 그것은 기민성이 필요하지만 수동적이다. 놀라움이자 일종의 경외다. 무엇인가가 존재한다는 단순한 사실 때문에 감탄하는 경험이다.

내가 아는 한 메이지는 세상 전체의 존재 자체는 물론이고 그 어떤 것의 존재에도 경탄한 적이 결코 없다. 그런 경탄은 인간 특유의 경험으로 모든 종류의 추가적 탐구로 이어진다. 그러나 그 탐구 역시 인간 특유의 특징이다. 애초에 탐구를 촉발하는 관찰과 감탄의 태도가 그렇듯이 말이다.

만약 어떻게 우리가 경이로움을 갖는 게 가능하냐고 묻는다면, 답은 내가 전에 했던 바로 그것이다. 우리는 적어도 생각에서만큼은 세상으로부터 떨어져 있다. 그래서 멀리 떨어져 바라볼 수 있다. 우리는 단지 시간을 "견뎌내"거나 "고통스러워하는"데 그치지 않는다. 우리는 시간 밖의 어느 시점에서 사건들의 흐름을 관조한다. 이 때문에 우리는 사물의 일시적인 모습과 별도로 그것의 지속적인 존재를 상상하게 된다. 그 결과 경이로움의 토대가 만들어져, 색깔, 모양, 온도, 맛이나 냄새와 무관하게 우리가 경험으로 만나는 대상이 실제로 **존재한다(exist)**는 경이롭고 신비한 사실에 마주치고, **있는 그 대로(as such)** 그들이 존재한다는 사실에 사로잡히는 일이 가능해진다.

인간의 호기심도 동물의 그것과 마찬가지로 실질적인 동기가 있을 때가 많다. 예컨대 나는 산책길에 만나는 딸기 류(berry)의 열매들 중에 무엇을 먹어도 괜찮은지 알고 싶다. 그러나 고유하게 인간적인 형태로 국한하자면 우리의 호기심은 존재 그 자체의 신비한 사실을 이해하고 싶은 관념적 흥미 때문에 생겨난다.

왜 사물이 존재하는가? 왜 이 세상 전체는 존재하는가? 우리는 물질적 보상과 무관하게 그런 지식 자체를 소중하게 여긴다. 그런 지식을 보유하려는 욕구가 "순수"과학의 그 모든 연구를 추진해 나가는 힘이다. 이런 욕구나, 그 욕구가 추구하는 지식은 경이로움이라는 놀라운 공간 밖에서는 찾아볼 수 없다.

과학을 작동시키는 경이로움은 곧바로 동일하게 경이로운 다른 경험으로 이어진다. 놀랍게도 세상은 우리가 던지는 질문을 어쨌든 철저히 묵살하지는 않는다. 의미 있는 답을 얻으려면 질문을 신중하게 던져야 한다. 우리가 알고자 하는 걸 발견하려면 실험도 필요하다. 하지만 세상은 인간의 정신이 전혀 이해하지 못할, 불가해한 문자로 쓰인 채 덮여 있는 책이 아니다.

실험이라는 개념은 인간의 호기심만큼이나 오래됐다. 오늘

날, 그 실험은 전례 없이 정교한 수준에 도달했다. 하지만 우리의 가장 기발한 실험조차 확실한 결과를 낳지는 못한다. 그 실험들은 다른 답보다는 조금 더 그럴듯한 답이나 만들어낼 뿐이다. 추가적인 실험이 언제나 요구된다. 그러나 본질을 밝히려는 부단한 노력에도 우리가 받아드는 답들이 여전히 불완전하다고 해서 세상이 우리의 호기심을 조금씩이나마 연이어 충족해 준다는 놀라운 사실을 제대로 알지 못해선 안 된다. 사물의 존재 앞에서 우리가 느끼는 경이로움 때문에 애초에 그들이 왜 어떻게 존재하게 되었느냐는 질문을 던질 때 우리가 발견하는 불완전한 답이야 말로 가장 경이로운 일이기 때문이다.[6]

경이로움이 알고 싶다는 우리의 욕구를 일으키면 세상은 그에 기꺼이 부응한다. 그때 우리가 하는 경험은 두 가지 차원에서 이뤄진다. 첫 번째는 우리 스스로 만들어내지 않았으나 이해 가능한 질서를 경험하는 일이다. 이러한 질서를 알아내려 우리가 고안하는 실험들은 슬기로운 인간의 발명품들이다. 그 실험들은 마치 정교한 예술품과 같다. 그러나 그 실험들이 드러내는 질서는 아무리 불완전해도 우리가 만들어내지 않은 무엇이다. 우리가 어떤 식으로 꾸며낸 게 아니다. 과학이 생산하는 답들은 우리의 호기심 가득한 정신과 무관하게 어떤 질서를 보여주기 때문에 가치가 있다.

두 번째는 **저항(resistance)**의 경험이다. 세상은 덮여 있는 책이 아니다. 그렇다고 활짝 펼쳐져 있는 책도 아니다. 압력을 가해야 조금씩 파편적으로 그 비밀을 드러낸다. 이해 가능한 세상의 실재와 그 불완전한 투명성은 세상이 실재한다는 놀라움때문에 사물들의 존재 이유를 탐구해보겠다고 나선 모든 사람들의 경험을 놀랍도록 고무적이게 만들면서도 동시에 끊임없는 좌절과 고통에 몰아넣는다.

이 두 가지의 경험은 하나로 묶여 있다. 서로 분리되지 않는다. 이보다 더 명확한 사실은 없다. 그러나 그것보다 더 곤혹스러운 사실도 없다. 어떻게 세상은 우리에게 열려있으면서 동시에 그렇게 불완전하게 열려있는가? 이는 오래 동안 늘 철학적 관심을 촉발한 질문이었다. 현대과학이 그에 추가적 긴박성을 부여했다. 현대 과학 연구의 발전이 지니는 특징은 세상이 우리에게 끝없이 열려있으면서도 그것을 이해하려는 우리의 노력을 좌절시키는 불투명성을 결코 잃지 않는다는 것이다. 이 두 경험 사이의 긴장을 설명해내려면 세상에 관해 어떤 가정이 반드시 필요한가? 내가 생각할 수 있는 건 단 한 가지다.

더 실험하고 조사할수록 세상이 계속해서 더 이해 가능해져 간다는 사실을 설명하려면 우리가 세상에 관해 이해하지 못할 건 아무것도 없다고 가정해야만 한다. 다시 말해 세상엔 이해 가능한 질서가 있으며 그 질서의 어느 부분도 탐구하는 우리의 지적능력을 넘어 영원히 불가해한 범위에 남아있지 않다고 말이다. 동시에 우리가 왜 이 질서를 완벽하게 이해할 수 없는지 설명하려면 세상에 대한 이해가능성엔 한계가 없지만 우리의 지적 능력은 심하게 제한돼 있다는 점을 받아들여야 한다. 다시 말해 첫 번째는 무한하고 두 번째는 유한하다. 따라서 그 둘 사이엔 최종적인 접점이 결코 없다. 다른 말로 우리의 모든 질문엔 답이 있어서, 그 답을 담아두는 창고는 영원히 늘어가지만 대답을 얻어야 할 질문들도 끝없이 생겨나서 그 소진되지 않는 잉여분이 언제나 남아 있다고 가정해야 한다.

이러한 관점에 반대하는 견해가 많다. 오래된 이의 제기도 있었고 새롭게 등장한 경우도 있다. 나는 그들의 반대에 설득력이 없다고 생각한다.

　　회의론자들은 예를 들어 세상에 나름의 질서가 있다는 걸 어떻게 아느냐고 묻는다. 그 질서가 이해할만 하느냐는 문제는 둘째 치고라도 말이다. 아마도 우리는 그게 사실이라고 그저 꿈을 꾸는지 모른다. 아마도 천재적 악마가 그런 꿈과 함께 그것이 참이라는 믿음까지 주었을지도 모른다.

　　이것이 데카르트의 생각 실험이었다. 그는 아직도 설득력이 없다고 일각에서 비판 받는 추론의 과정을 통해 이 불편한 함의들에서 자신을 해방시켰다. 결국 그는 우리 믿음의 객관성(의지하기에는 약한 갈대다)을 보장하는 존재로 전지전능한 창조주라는 개념으로 다시 돌아갔다. 차라리 그보다는 과학의 경험 자체는 회의론자의 그런 터무니없는 의심과는 병립 불가능하며, 세상 곳곳에서 매일 반복되는 이 경험과 그것을 부인하는 철학적 이론의 주장들 사이에서는 과학적 경험이 언제나 우세하다고 말하는 편이 데카르트의 이야기보다 더 나은 답이었을지 모른다.[7]

　　사실 데카르트는 현대 과학의 건설적인 연구를 결코 의심하지 않았다. 그 자신이 현대 과학에 많은 기여를 했다. 그의 회의적 도전은 과학 연구의 실제적 수행이 아니라 그 밖의 철학적 관점에서 시작됐다. 과학 연구는 세상이 끝없이 보여주는 저항은 인정하면서도 동시에 우리 발견들의 실재도 계속 재확인했다. 데카르트의 철학적 주장은 이 과학적 실천을 굳건한 토대에 놓으려는 목적에서 나왔다. 그것은 과학에 공감하는 우호적인 도전이었다. 과학이 설명하고 증명하려는 경험의 권위를 암묵적으로 인정하는 도전이었다.

보다 최근의 도전은 과학 그 자체의 영역 안에서 나왔다.

현대 물리학의 당혹스러운 발견들과 그에 부합하는 이론들 때문에 상당수 과학자와 일반인들은 이 세상엔 관측되거나 측정되기는 하지만 결코 설명되지 못하는 불확정성의 잔유물이 포함되어 있다고 결론지어야만 했다. 가장 심층적인 차원에서 세상은 알 수 없을 정도로 제한 없이 자유롭다고 그들은 말한다. 이는 세상이 너무 복잡해서 우리의 이해범위를 넘어간다고 인정하는 차원과는 다르다. 보다 급진적인 주장이다. 세상이 본질적으로, 법칙에 따라 움직이며 그 법칙의 필연성 때문에 적어도 원칙적으로 이해가능하다는 개념 자체를 부정하는 주장이다.[8]

자연의 법칙들은 필연의 영역이나 가능한 모든 이해의 범위 밖에서 자유롭게 행동하는 신의 의지에 따른 행위에 그 근원이 있다는 옛 생각과 유사한 이야기다. 이런 생각은 많은 과학자의 지지를 잃었다. 그러나 몇몇 사람들은 양자 역학이 물리적 세계 자체의 가장 발전된 이해의 중심부로 그 비슷한 개념을 다시 끌어들였다고 본다.

그들이 만물의 근원에 있다고 상상하는 자발성은 목적이 있는 의지가 아니라 차라리 최초의 무작위성에서 비롯된다.(진화 생물학자들이 자연선택의 조건으로 가정하는 돌연변이의 과정과 다르지 않다). 성경 속에 나타난 신의 개인적 자유와는 전혀 다르다. 그러나 과학에 주는 함의는 같다.

법칙은 필연적 관계를 규정하려 든다.[9] 비록 가설적이라 해도 법칙을 법칙으로 만드는 요소다. 만약 그 관계가 우연이라 보이기만 해도 실패한 법칙이다. 그 법칙은 수정되거나 완전히 버려져야 한다.

무언가 임의로 발생한다면 그 자체로서 모든 가능한 이해의 조건인 법칙성을 결여한다. 신의 의지가 이런 식으로 이해됐다. 오늘날 "불확정성의 원리"와 "양자 중첩" 그리고 "양자결어긋남(de-coherence)"이 법칙성 결여라는 비슷한 결과로 이어진다고 말하는 사람들이 있다.[10] 그들은 초자연적인 신의 설명 불가한 자유를 자연 그 자체의 가장 내밀한 작동으로 간주한다.

이러한 주장들은 과학계 안팎에서 뜨겁게 토론된다. 기술적 세부사항은 넘보기 힘들 정도로 복잡하다. 대학 1학년생들에게 세상의 실재라는 우리의 믿음에 맞선 데카르트의 회의적 도전은 상대적으로 쉽게 이해된다. 그러나 이와 대조적으로 나 같은 초보자로선 평가는 고사하고 이해하기도 대단히 어려운 다음과 같은 주장도 있다. 예컨대 이해 가능성은 가장 기초적인 수준의 과정들에서 비롯되어야 하나, 그 과정의 자발성[32]이 과정 자체를 이해하지

---

32 기초적 과정의 자발성이란 곧 논리적 인과 관계가 없다는 이야기다. 따라서 가장 말단의 현상이 우연에 기반한다면 그 말단에 토대를 둔 세상의 모든 이치를 이해하는 정도엔 한계가 있다는 말이다.

못하게 만들기 때문에 세상의 이해 가능성엔 절대적으로 그 한계가 있다는 견해다.

그럼에도 나는 이 견해 또한 반드시 무릎을 꿇게 되리라고 확신한다. 신의 의지가 시간 속의 세상을 이해하려는 우리의 갈망에 절대적 장벽을 세웠다는 앞서의 생각이 사라져갔듯이 말이다. 그 생각은 현대 과학 자체의 양면적 경험들과 충돌했다. 인간의 탐구에 오직 단계적으로, 부분적으로, 마지못해, 그러나 한없이 스스로를 열어 준 세상과의 조우는 신앙심과 모순된다. 신의 자유는 우리의 모든 제한적인 지식이 근거로 삼는 세상의 가장 기본적인 사실을 본질적으로 절대 이해 불가능한 영역에 가둬두기 때문이다. 또한 그 현대 과학의 경험은 위에서 창조 교리가 그리하듯, 아래에서 잔여임의성(residual randomness)이[33] 우주를 이해하지 못하게 만든다는 믿음과도 배치된다.

물론 "경험에는 한계가 있다"고 말할 수 있다. 만약 이론이 경험을 부인한다면 그리고 이론에 충분한 설득력이 있다면 경험은 이론에 굴복해야 한다. 우리는 우리의 경험이 실재라고 말해주는 내용의 본질이 신기루라는 사실을 어쩔 수 없이 수용해야 한다. 세상을 보는 우리의 개념이 단지 꿈일지 모른다는 데카르트의 철학적 주장을 수용할 만한 사람은 거의 없다. 그러나 우리의 경험을

---

33 기초과정의 자발성과 같은 의미다. 창조교리가 가장 큰 틀에서 이해가능성을 제약했다면, 잔여임의성은 가장 작은 단위에서 이해가능성을 제약한다는 의미다. 그러나 이는 우리가 실제로 과학의 세계에서 경험하는 현실과는 다르지 않느냐고 저자는 반문한다. 따라서 창조교리와 마찬가지로 언젠가는 잔여임의성도 해소된다고 저자는 확신한다.

비슷한 방법으로 짓밟는 불확정성을 과학 그 자체가 만유의 뿌리에서 발견했다는 주장은 오늘날 폭넓은 호소력을 지닌다.

나는 그런 생각을 받아들일 수 없다. 현대과학 전반은 추가적인 진전이 언제나 가능하다고 기대한다. 지금은 설명이 불가능해 보이지만 나중엔 설명이 된다는 바람이다. 현재 우리의 세상에 대한 이해를 제한하는 한계들이 철폐되거나 다른 한계들로 대체되는 과정이 끝없이 계속된다는 생각이다.

이 기대는 매우 강력하다. 모든 분야에서 벌어지는 연구의 의미와 목적성에 필수적이다. 이는 과학자든 비과학자든 우리 모두에게 엄청난 압력을 가해서 세상을 보는 우리의 그림을 하나의 이론 때문에 방기하기 보다는 이 기대에 맞추도록 한다. 그 이론이 아무리 그럴듯해도 현대 과학의 생명력이 달려 있는 전제를 거부하도록 종용한다면 그것의 수용은 불가능하기 때문이다.

양자 물리학과 돌연변이의 원칙에도 불구하고 많은 사람들은 이 전제 위에서 연구를 진행한다. 그들은 뜬금없이 발생하기에 우리의 이해 범위를 넘어선다고 다른 사람들이 말해왔던 사안들의 원인을 찾아 나선다. 원인이 발견된다면 더 이상 이해의 범위를 넘어서지 않게 된다. 그들의 목적은 지난 세기의 과학이 설명 불가하다고 선언한 내용의 설명에 있다. 관찰이라는 인간의 행위보다 중력이 대안적 양자상태의 "붕괴"를 더 잘 설명하느냐는 토론이 한 예다. 분자 유전자학의 혁명은 또 다른 예다.[11]

이 결과들은 아직 확정적이지는 않다(내가 판단하기엔 그렇다). 그러나 설명을 찾는 사람들은 과학 덕분에 더 유리한 입장이다. 세상의 질서는 결코 언제까지나 완전히 이해되지는 않지만 지금보다는 언제나 더 충분히 납득 된다는 우리의 생각을 그들의 작업은 입증한다. 이것이 경이로움 그 자체의 본래적이고 양면적인 경험이다. 그 주제의 최종 결론이라고 주장하는 이론이든, 더 깊은 이해의 과정에 극복 불가능한 장애물을 놓았다고 주장하는 이론이든 그 어떤 이론도 이를 부정하거나 무시할 만큼 강력하지 않다.

어떻게 이런 경험이 가능한지 설명하려면 우리는 두 가지의 가정을 해야만 한다. 첫 번째는 세상의 이해가능성은 세상 자체에 **내재해 있을 뿐** 초월적인 신이 세상에 질서를 부여했기 때문이 아니라는 가정이다.

아리스토텔레스는 전자의 시각을 지녔고 뉴턴의 시각은 후자다. 뉴턴은 물리학이란 현대과학에 그 첫 번째 권위 있는 공식을 제공했다. 그는 운동과 관성을 설명하면서 엄격하게 수학적 용어로 자연의 새로운 이해를 표명했다. 그의 시각은 거의 2000년 동안 서구 과학을 지배해온 아리스토텔레스의 세계관을 대체했다. 그러나 물리학의 법칙들은 신의 선물이며, 그 신의 자유는 완벽하게 불가사의하다고 뉴턴은 말했다. 그 기원은 우리가 결코 이해하지 못할 신의 창조 행위에 있다는 주장이다.[12]

뉴턴의 사고방식은 세상에 관해 우리가 아는 모든 것의 뿌리를 완전히 인간의 탐구 능력 밖에 있는 초자연적인 힘의 작용에서 찾는다. 자연에서 발생하는 모든 일에 "왜?"라고 묻는 질문은 적절하다. 그러나 우리가 우리의 탐구를 엉뚱하게 계속 이어가서 왜 신은 자연이 그러한 질서를 따르도록 했느냐고 묻는다면, 그 질문으로는 더 이상 연구가 불가능 하다. 우리는 그런 질문에 답하는 걸로 의미 있는 진전을 이루지는 못한다. 그것은 질문의 형태를 띠었지만 차라리 우리가 **묻지 말아야할(should not)** 질문이다. 신성모독이거나 악의적 질문이기 때문이다.

창조의 교리를 가진 모든 신학엔 이런 답답함이 있다. 과학적 탐구의 합리화 작업을 영원히 차단해버리는 신의 자유라는 개념에 의지하기 때문이다. 그 장애물을 치우는 유일한 길이 있다. 과학이 인내심을 가지고 한 꺼풀 씩 발견하는 이해가능한 질서는 세상의 내재적 특징이지, 알아볼 방법이 없는 신의 의지가 만들어낸 창조물이 아니라고 가정하는 방법이다. 이는 아인슈타인의 관점이다.[13] 경이로움 자체의 양면적 경험을 설명하려면 우리가 꼭 해야 하는 두 개의 가정 가운데 하나다.

두 번째는 세상의 이해가능성은 내재적일 뿐만 아니라 **무한하다**는 가정이다.

뉴턴과 달리 아리스토텔레스는 세상이 내재적으로 이해가능하다고 믿었다. 그러나 그는 또한 그 이해가능성이 본질적으로 유한하다고, 어떤 점에선 마땅히 그래야 한다고 가정했다. 아리스토텔레스는 무한이라는 개념이 이성을 가로 막는 장애물이라고 간주했으며 이러한 견지에서 무한이라는 개념을 무시해버렸다.[14] 그래야만 깊은 절망을 합리적으로 생각하지 않게 해주기 때문이다.

그러나 세상의 이해가능한 질서가 제한되거나 유한하다는

아리스토텔레스의 가정은 현대과학의 내용과 일치하지 않는다. 이 질서는 세상을 모두 초월하는 신의 창조 행위에 기인한다는 뉴턴의 믿음도 마찬가지다. 뉴턴의 생각이 원칙에 입각해 알고자 하는 우리의 욕구를 좌절시키고, 완벽한 이해의 갈망을 죄악으로 변환시킨다면 아리스토텔레스의 생각은 그릇되게도 우리의 갈망이 충족된다고 말하는 셈이다.

다음의 사례를 생각해 보자.

지난 봄 나는 블록 아일랜드(Block Island) 내 서재의 창밖으로 땅바닥 가까이 낮게 나는 개구리매(harrier hawk)를 자주 보았다. 그 매는 몇 주간 매일 날아왔다. 그 매의 움직임이 매우 흥미로웠다.

저 매는 왜 저리 낮게 나는 거지? 나는 궁금했다. 그 답은 자명해 보였다. 그 매는 길 건너 풀밭에 사는 쥐나 들쥐를 찾고 있었다. 하늘 위에서 그 쥐들을 탐지해내고는 잡아먹겠다고 아래로 휙 날아 내려왔다. 그런 모습을 자주 봤다. 나는 자문했다. 그 새는 왜 그 벌판에서 함께 먹이 활동을 하는 꿩과 달리 씨나 곡식이 아니라 그 쥐들을 먹을까? 그 새는 왜 여우가 하듯이 땅에서 기어 다가가지 않고 하늘에서 기습적으로 날아들어 그 쥐들을 잡을까?

아리스토텔레스는 이 모든 질문들의 대답이 가능하다고 믿었다. 그 매가 어떤 새인지 알기만 하면, 그 본성을 이해하기만 하면 된다는 생각이었다. 물론 시간이 걸린다. 나는 그 매의 본성을 안다고 확신에 차 말하기 전에 그 새가 여러 가지 경우에 어떻게 움직이고 행동하는지 관찰할 필요가 있다. 그러나 일단 그 본성을 "내 마음에" 파악하게 되면 나는 매의 행위에서 이해 가능한 전부를 이해하고자 할 때 알아야 하는 그 모두를 알게 된다.

물론 그 매에 관해 던져야 할 다른 질문들도 있다. 그 새는 왜 3월 1일 오전 9시에 창문을 스쳐 날아가더니 한 달 뒤엔 오전 10시에 날아갔을까? 아마도 이는 낮의 길이가 길어지는 현상, 또한 하지로 향하는 과정에서 황도 위 태양의 움직임과 관계가 있었을지 모른다.

매는 왜 어떤 때는 먹이를 잡으러 서쪽에서 동쪽으로 휙 날아들고, 어떤 때는 북에서 남으로 날아들었을까? 아마도 이는 바람의 방향, 또한 날씨와 관계가 있었을지 모른다. 혹은 들판에 있는 쥐나 집쥐의 움직임 때문이었을지도 모른다.

이러한 질문들은 정당하다. 그 질문의 답들은 탐구될 수 있다. 그러나 아리스토텔레스의 관점에서는 오직 어느 지점까지만 가능하다. 조만간 질문과 답은 모두 소진된다. 답들은 사물의 서로 다른 본성, 즉 그 매, 천체, 날씨의 변화를 일으키는 요소들, 쥐나 들쥐의 본성을 아는 나의 지식에 달려 있다. 그러나 발생하는 모든 일이 이런 식으로 설명되지는 않는다. 어떤 일은 우연히 발생한다. 그런 일들은 설명이 불가능하다. 예컨대 왜 바람이 1초 뒤가 아니라 1초 전에 갑자기 불어서 매가 비행경로를 이탈하게 만들었는지, 혹은 왜 지나 가는 구름이 하필이면 바로 그 순간 먹이를 그림자로 가렸을까 하는 일은 설명하지 못한다.

아리스토텔레스의 세상엔 분별없음(mindlessness)의 요소가 있다. 인간이나 어느 누구의 정신으로도 이해 가능한 범위를 넘어선 무엇이다. 세상에 남아 있는 분별없음이란 사물의 물질적 차원,

모든 이해 가능한 본성을 깊숙이 품고 있지만 궁극적으론 이해 불가능한 "무언가(stuff)" 때문이라고 아리스토텔레스는 생각했다. 우리는 사물의 형상적 측면만 간신히 "이해할(minds around)" 뿐이다. 그들의 물질적 측면은 우리의 모든 이해를 벗어난다.

뉴턴의 무한한 우주와 달리 아리스토텔레스의 제한된 세상(cosmos)이 내재적으로 이해가능하다면 그 이해가능성은 아리스토텔레스가 당연히 받아들인 형상과 물질 사이의 구분으로 국한된다. 뉴턴의 관점에서 우주의 모든 현상은 절대적으로 신의 계획에 따라 움직인다. 이런 의미에서 세상의 질서엔 한계가 없다. 따라서 왜 우주에 원래 그런 질서가 있느냐는 물음은 정도를 벗어난 일이다. 아리스토텔레스는 이 마지막 질문에 답이 있다고 생각했다. 그러면서도 그는 우리가 세상에 관해 물어볼 만한 모든 질문에 답이 있어야 한다고 생각하는 일도 터무니없다고 믿었다.

누군가 그렇게 모든 질문에 답이 있다고 생각한다면 세상의 이해 가능성의 한계와 근원에 관해 무지함을 드러낼 뿐이다. 사물의 형태와 본질이 허락하는 범위를 넘어서는 이해를 요구하는 건 어리석다고 아리스토텔레스는 말했다.[15] 그러나 현대 과학의 노력은 바로 그와 같은 종류의 어리석음 때문에 계속된다.

현대 과학의 연구를 이끄는 규정적 이상(regulative ideal)은 어리석은 질문이란 없다고 가정한다. 이런 가정을 수용하는 사람은 "그건 그저 우연일 뿐이야. 설명할 게 없어"라는 응답에 결코 만족하지 않는다. 물론 우리는 이런 응답을 실천적 차원에서 종종 수용한다. 삶은 너무 바빠서 잠시 멈춰 우리가 제기할 만한 모든 질문을 궁리하지는 않는다. 그러나 우리 모두 당연하게 여기는 가치와 의미를 지닌 현대 과학의 끝나지 않는 연구 계획은 우리가 문제를 심도 깊고 충실하게 추구하기만 하면 대답이 발견되지 않는 질문은 없다고 가정한다. 왜냐하면 오늘날 세상을 이해하려는 끝없는 노력에 동참하는 사람들은 이 세상이 아리스토텔레스가 상정하는 방식대로 이해 가능한 본성과 이해 불가능한 물질로, 혹은 우리가 감각으로 인식하는 개체와 우리가 정신으로 인지하는 개념으로 나뉘어 있다고 생각하지 않는다.

이런 구분은 우리의 편의에 따랐을 뿐이다. 우리가 삶의 실천적 도전에 대응하려면 그 구분은 필요하다. 그러나 그것이 사물의 질서에 내장돼 있지는 않다. 세상은 끝까지 이해 가능하다. 비록 우리는 알 수 있는 대상의 표면만 긁다가 말겠지만 세상에서 벌어지는 모든 일에는 가능한 설명이 있다.

세상의 이해 가능성은 따라서 뉴턴이 생각했던 바와는 대조적으로 내재적이다. 또 그 깊이는 아리스토텔레스가 상상하지 못했을 만큼 무한하다. 따라서 인간의 경이로움이 밝혀내고 현대 과학이 끊임없이 탐구해가는 세상의 경험을 설명하려면 우리는 저 두 개의 가정이 모두 필요하다. 곧 이 세상의 질서는 우리의 지식을 일정한 한계 안에 두도록 명하는 신의 작정으로 제한되지 않지만 우리와 같이 유한한 존재가 완전히 알기도 불가능하다고 말이다.

이 경험의 가능성을 설명하려면 한 가지 가정이 더 필요하다. 다른 두 가정에 따라 오는 내용이다. 많은 사람들은 그것을 받아들이기 어렵다고 생각할 것이다. 그러나 나는 그것이 그 중에 가장 설득력이 있다고 본다. 세상 전체와 그 안의 전부는 영원하고 신성하다는 가정이다.

　　이는 비정통적 관점이다. 그러나 아테네와 예루살렘의 보다 친숙한 신학이론에 없는 장점이 있다. 그것은 아무것도 영원하지 않고 우리 삶의 의미는 시간의 용해력(solvent power)을 넘어서는 그 무엇에도 연결돼 있지 않다는 실존주의 강령에 맞설 합리적 대안을 제공한다. 이는 다른 어떤 방법으로도 설명이 불가능한 현대적 삶의 가장 특징적인 모습을 설명 가능하게 만들어준다. 우리의 깊은 절망엔, 그와 마찬가지로 인간 고유의 특징인 환희의 가능성도 수반된다는 사실을 말이다.

　　이 관점은 아브라함의 종교들이 약속했던 평화나, 몇몇 철학자들이 말한 대로 열심히 사유하다보면 환영들의 동굴에서 벗어나게 된다는 최종적인 자유를 결코 가져다주지 않는다. 그런 건 우리가 거부해야할 비인간적 꿈이다. 우리는 그런 꿈을 거부해야 한다. 세상이 무한하게 신성하다는 가정은 종교가 약속하는 평화나, 철학이 제시하는 자유를 다시 가져다주지 않는다. 그러나 대신 그런 한계를 달리 보상해주는 이점이 있다. 종교나 철학의 기만적 묘사들보다는 인간의 조건을 더 잘 설명한다. 또한 우리가 어떻게 살아가야 하느냐는 영원한 질문에 우리는 변함없거나 완벽한 그 무엇에서 단절되어 그저 스쳐지나가는 깜박임에 지나지 않는다는 사실을 수용할 용기를 내야 한다고 말하는 무신론적 실존주의자들보다 더 현명한 답을 제시한다.

나의 무한한 신, 이 세상으로 이어지는 길은 법칙이라는 소박한 개념에서 출발한다. 앞에서도 이를 다뤘지만 이제 또 다시 마지막으로 이야기 하려 한다.

내가 관찰한 매는 3월 말에 이르자 3월초 보다 매일 한 시간 더 오래 날아다녔다. 나는 낮 시간의 연장 덕에 매가 초원에서 먹이활동을 더 오래 하게 됐다고 그 행위의 변화를 설명했다. 이런 익숙한 설명 방식은 한편으론 설명되어져야 할 "사실"과 다른 한 편 그것을 설명하는 "근거"의 구분을 전제한다. 사실이란 구체적인 무엇이다. 내가 관찰하는 특정한 사건이다(이 경우 내가 서재에서 관찰하는 매의 비행이다). 그 근거는 이와 대조적으로 일반적이다. 그것은 그 사실과 예컨대 같은 종에 속하는 다른 매의 유사한 행위들을 설명한다.

내가 관찰한 사건을 설명하려고 제시하는 이유의 보편성은 내 설명이 법칙에 근거한다고 말할 때 내가 의미하는 요체다. 그러나 그것이 전부는 아니다. 어떤 법칙이라도 법칙의 개념은 그 안에 필연성이 내재돼 있다. **이유(reason)**가 있기에 어떤 현상이 다른 현상을 따른다고 법칙은 말한다. 매의 비행시간 연장과 관련해서 내가 형성한 법칙은 그 행위의 변화가 낮 길이의 변화를 따른다는 단순한 진술에서 그치지 않는다. 이 단순한 연계의 선언에서 내가 제안하는 법칙은 때문에라는 작은 단어를 삽입한다. 낮 길이의 변화 **때문에** 매의 비행시간이 연장된다고 말이다.

그 단어가 없다면 내 법칙은 아무것도 설명하지 않는다. 그냥 단순한 관찰의 기록에 그친다. 사실을 있는 그대로 말하면서 어떤 현상이 다른 현상을 단순히 뒤따른다고 하지 않고 **반드시**, 따라서 앞으로도 계속 뒤따를 것이라고 확고히 주장할 때에야 내가 보는 무엇인가를 설명하는 노력을 시작한 셈이다. 이러한 주장이 계속 유지되느냐는 별개의 문제다. 경험에서 추출된 법칙은 언젠가 부정될 가능성을 배제하지 못한다. 중요한 대목은 그 주장 자체의 **의미**다. 이는 필연성이라는 개념에 묶여 있다. 필연성이 없으면 법칙이라는 개념은 공허해진다. 그럴 경우 그 무엇이라도 설명하려는 시도는 실패하고 만다.

법칙은 추상화이고 빼기다. 특정한 사항은 불가피하게 고려 대상에서 배제해야 한다. 매의 비행 기간을 설명하려고 내가 구축한 법칙은 매의 비행 속도를 전혀 언급하지 않는다. 매의 비행 속도가 언제나 일정하지 않고 때로는 더 빠르거나 때론 더 늦는데도 말이다. 내가 매를 관찰하는 기분이 어땠는지도 전혀 언급하지 않는다. 비록 나는 즐겁거나, 언짢거나, 혹은 산만하거나 늘 그중 어느 한 기분이었을 텐데 말이다. 나의 법칙은 이런 사실이나 수없이 많은 다른 "무관한" 요인들을 생략한다. 그 생략이 법칙에 설명력을 주는 핵심이다. 그런 점을 무시하면 내 설명은 아무런 깨우침을 주지 못한다.

그러나 나의 관심은 언제든 이 생략된 요소들로 옮겨 갈 수 있다. 나는 잠정적으로 이미 내가 관찰한 매가 봄에서 여름으로 가면서 더 많은 시간을 공중에서 보낸다고 설명했다. 그러나 그 매가 때에 따라 왜 더 빨리 날아다닐까? 나는 수많은 관찰을 통해 이를 설명하는 하나의 가설을 구축한다. 매는 바람이 약할 때 천천히 날고, 강할 때 빠르게 난다. 왜냐하면 바람 덕분에 힘을 효과적으로 사용할 수 있기 때문이다. 심지어 조사하는 수단은 매우 달라야 하겠지만 내 기분이 연구 대상이 되기도 한다.

　　모든 단계에서 같은 형태가 반복된다. 내가 전에 무시했던 무언가가 이제는 잠정적으로 설명된다. 그러나 그것을 설명하겠다고 제안하는 법칙은 또한 많은 사항을 논외로 놓아둔다. 그 역시 하나의 추상화이고 빼기다. 나는 아마도 왜 바람이 강하게 부는 날 매가 더 빨리 나는지 스스로 만족스럽게 설명했는지 모른다. 그러나 바람이 같은 속도로 불고 풍향만 다를 뿐인데 매가 왜 다른 속도로 날까? 내 법칙은 그에 주목하지 않는다. 그러나 나는 이 질문에도 흥미를 느끼고 추가적인 관찰로 그 답을 추구할 수도 있다. 비록 전에는 내게 필요하지 않았던 높은 수준의 정확도가 필요할 가능성이 크지만 말이다. 그런 식으로 과정은 끝없이 계속 진행된다.

　　나는 이런 질문들을 좇아가면서 추상화나 빼기요 일반화이기 때문에 모든 법칙에 당연히 있을 만한 구멍 뚫린 부분을 서서히 채워나간다. 그러면서 짜임새가 점점 더 정밀해지는 일군의 법칙들을 구성해간다.

　　나는 이 과정을 끝까지 마무리 짓지 못한다는 사실을 안다. 각각의 세부 단계에서 내가 제안하는 모든 법칙은 추가적인 증거의 관점에서 부정되어야 할 때도 있다. 그러나 설사 끝에 다다를 수 없을지 모르지만 점점 더 섬세해지는 연구들의 의욕적인 목표는 아주 촘촘한 설명의 그물망을 구축하면서 세상 전부를 빠짐없이 설명해 내겠다는 것이다. 그 법칙의 체계는 너무나 완벽해서 더 이상 설명되지 않는 게 하나도 없어진다.

이 지점에서(만약 도달 가능하다면), 사실과 법칙 사이의 구분은 사라진다. 법칙이라는 바로 그 개념 안에 설명하고자 하는 사물들 사이에 필연적인 연계가 존재한다는 의미가 내포되어 있기 때문이다. 따라서 여기까지 온다면 과학자들이 관찰하는 사실들에서 발견하려고 애쓰는 필연성의 요소는 실재의 전부를 아우르게끔 성장하게 된다. 설명이 불가능한 "비합리적인(brute)" 사실들은 남아 있지 않다. 세상의 바닥까지 오직 법칙, 오직 필연성이 있을 뿐이다. 그러나 이러한 종류의 설명은 우리의 달성 능력 밖에 놓여있다. 그렇다고 해서 그것이 가진 이상(ideal)으로서의 힘이 약화되지는 않는다.

우리가 과학적 조사를 점점 더 높은 단계로 계속 추구해나간다면 그보다 더 놀라운 일도 발생한다.

모든 법칙에 관해 우리는 이렇게 물을 수 있다. "이 법칙이 특정한 범위나 영역 안에서만 적용되는 이유가 뭔가?" 내가 매의 행위를 설명하려고 만든 법칙이 달팽이나 들다람쥐 같은 다른 동물들에게는 왜 적용되지 않는가?

이 경우 대답은 어떤 조금 더 높은 질서의 법칙일 수밖에 없다. 동물의 행동에서 나타나는 차이를 설명해주는 보다 더 높은 추상의 법칙, 아마도 다윈의 자연 선택의 법칙 같은 그런 것이어야 한다. 물론 그 법칙에 관해 또 물을 수 있다. **"그것은** 또 어떻게 설명되는가?" 그 결과는 끝이 없는 상승나선 형태의 탐구다. 세상의 가장 깊은 곳으로 내려가는 하강의 탐구가 끝이 없듯이 말이다.

그러나 그 둘 사이에는 현저한 차이가 있다. 보다 더 상위의, 그리고 보다 더 일반적인 법칙을 추구하겠다는 우리의 목적은, 설사 우리가 마침내 그에 도달한다 해도, 한 가지 중요한 질문에는 여전히 답하지 못한다. "왜 세상은 어떤 **다른** 법칙들이 아니고 바로 **이러한** 법칙들의 지배를 받는가?" 이는 하찮은 질문이 아니다. 가장 기본적인 물리학의 법칙들을 진화 과정의 결과로 설명하려고 시도한 과학자들이 있었다. 그들은 이러한 정확한 법칙들이 없다면 우주의 그 무엇이라도 한 순간이나마 하나의 실체로 응집할 수 없을지 모른다고 말한다(진화론이 말하는 번식 성공과 유사하게). 일종의 우주적 무질서가 지배하게 된다는 말이다.[16]

그러나 아직 우리의 질문은 끝나지 않았다. 더 추궁해서 왜 세상 자체가 존재하는지 물어볼 수 있다. **"왜 무언가 없지 않고 있는가?"** 이것이 인간의 정신이 생각해낼 만한 가장 기초적인 질문이다. 그 이상으로는 더 물어 볼만한 질문이 없다.

이 질문에 답이 주어지지 않는 한, 우리의 세상 이해는 불완전할 뿐이다. 이론적으로(물론 실천적으로는 아니지만) 우리의 세상 이해는 불안정하다. 우리가 세상 안에서 발견하는 것을 설명하려고 아래위로 얼마나 더 파고든다 해도 세상의 존재 자체가 여전히 불가해한 비합리적 사실로 남아 있다면 우리의 모든 지식은 사상누각인 셈이다.

뉴턴식의 신을 믿는 사람들에겐 준비된 답이 있다. 세상은 신이 창조하기로 선택했기 때문에 존재한다. 그러나 이는 세상이란 존재 자체의 불가해성을 신의 의지로 옮겨 버렸을 뿐이다. 그럴 경우 세상의 만물에 관한 우리의 지식은 전과 마찬가지로 근거가 없는 채로 남아 있다.

이는 현대 과학의 전체적 노력을 그 근본에서 무너뜨린다. 데카르트는 이런 결과를 회피하겠다고 작정했다. 그러나 그는 뉴턴과 마찬가지로 끝내 뒷걸음질 쳐서 전지전능하지만 우리가 알지 못할 창조주라는 개념에 의지했다. 이는 결국 자기 패배로 나아간 전략이다. 과학적 연구의 의미와 목적을 "구원"하려면 세상의 가해성은 세상의 내재적 특징이라고 가정하지 않을 수 없다 (뉴턴과 데카르트는 이를 부정했다). 이런 가정만이 무한한 사실들을 모두 합리화 하겠다는 현대과학의 야망이 왜 결코 헛되지 않은지 설명해 준다. 그러나 우리가 이러한 가정을 한다면 세상이 왜 존재하느냐는 질문에 우리가 할 수 있는 답은 무엇인가? 내 생각에 가능한 답은 오직 하나다. 그것은 아래와 같다.

"세상은 당연히 존재한다. 우리는 세상의 존재를 의심할 이유가 없다. 그러나 만약 세상이 **실제로** 존재한다면 그것은 **반드시** 존재해야 한다. 존재하지 않을 수 없다. 왜냐하면 세상이란 존재의 **필연성**만이 그 당연한 존재를 설명할 수 있기 때문이다.

"만약 세상이 존재하지 **않을 수도** 있다면 왜 그것이 존재하는지 설명할 방법이 없다. 아마도 많은 사람들은 이런 결론을 쉽게 수용할 듯하다. 그러나 과학자들은 누구도 그리 못한다. 과학자들은 법칙으로 사실을 설명하기 때문이다. 모든 법칙은 어떤 종류의 필연적 연계를 주장한다. 만약 이 모든 게 궁극적으로 설명이 불가능한 어떤 우연에 의지한다면 과학의 법칙들은 그저 불완전하거나 과도기적일 뿐이다. 그것들은 법칙이라고 말할 수도 없다. 그들이 주장하는 연계의 필연성은 신기루다. 그럴 때 과학은 게임이며 도깨비불이다. 스스로 주장하는 진지한 진리의 추구가 아니다.

"과학자들이 세상의 공백을 메우려고, 크고 작은 모든 사물을 포함하는 설명의 그물망을 확대하고, 추상과 실재의 구분을 인내심 있게 깎아내서 사실을 필연성으로 전화시키려면, 그들은 불가피하게 세상이 필연적으로 존재한다고 가정해야 한다. 존재하는 게 전혀 없다기보다 무언가 있다는 사실을 현대 과학 그 자체의 풍조와 걸맞게 설명하는 유일한 방법이 바로 그런 가정이기 때문이다.

"만약 모든 사실들의 이 가장 기초적인 토대가 우리의 현재 이해 수준에서 뿐만 아니라 원칙적으로 또 영원히 설명 불가능하다면 다른 모든 사실들도 설명이 불가능해진다. 다른 이들은 이런 결론을 마지못해 인정하거나 심지어는 열정적으로 받아들인다. 그러나 과학을 사랑하는 사람은 그리 할 수 없다. 이해가능성을 무한하게 요구하는 현대 과학의 연구라는 "현상을 구원"하려면 현대과학의 종사자나 소비자, 찬미자들은 세상이 존재하지 않을 수 없다는 숨 막히는 결론을 받아들여야 한다. 사물의 일반적 경험에서 이보다 더 멀리 떨어진 생각은 없다. 그러나 과학의 연구들은 오늘날 그것을 요구한다. 그렇지 않으면 현대과학의 노력들은 헛되고 무의미하다."

마침내 터져 나오는 조롱의 웃음소리가 들리는 듯하다.

아브라함의 종교들 탓에 우리는 세상의 존재가 필연이 아니라 우연이라는 개념에 익숙해졌다. 그래서 신자가 아닌 사람들 사이에서도 세상이 존재하지 않을 수도 있다는 확신은 강하게 남아 있다. 창조 교리의 상식적인 잔유물이다. 그러나 무엇이 더 명백할까? 세상이 존재하지 않을 수 없다는 개념과 창조 교리 둘 중 그 어느 쪽이 더 터무니없을까?

그러나 아주 오래 전에는 세상이 존재하지 않을 수 없다는 개념이 합리적이었을 뿐 아니라 불가피해보였다. 우선 아리스토텔레스는 열정적으로 그 개념을 받아들였다. 그는 대체로 내가 도달했던 방식으로 그 견해에 이르렀다. 인간의 이해라는 현상에서 시작해서 그러한 이해가 가능하려면 세상 그 자체에 관해 무엇이 반드시 참이어야하는지 궁리했다. 이 때문에 물리학을 연구했고 존재하지 않을 수 없는 자족적, 자기실현적 우주라는 개념에 근거한 형이상학에 심취했다.

나는 지금 그와 유사한 이야기를 하고 있다. 세상이 내재적으로 이해가능하다는 전제가 없다면, 또 그에 따라 세상이 존재하지 않는다는 게 불가능하다는 추가적 가정이 없다면 현대 과학의 경험은 생각하기조차 어렵다. 과학적 연구의 무미건조한 작업이 의존하는 놀랍고도 이상한 확신이다.

물론 하나의 결정적인 관점에서 내 말은 아리스토텔레스의 설명과는 근본적으로 다르다. 그는 세상이 **무한하게** 이해가능하다고 믿지 않는다. 그 결과 그는 우리가 알고자 하는 것과 알 수 있는 것 사이의 메워질 수 없는 차이가 있다는 사실을 보지 못했다. 그의 신학은 깊은 절망의 여지를 남겨두지 않는다.

아리스토텔레스는 틀렸다. 우리는 이러한 간극 사이에서 산다. 깊은 절망은 인간의 조건이다. 그 절망은 우리 야망의 무한함과 우리가 그 야망을 추구하는데 사용하는 힘의 한계 그 사이에 있는 깊은 틈새에서 발생한다.

우리의 야망엔 한계가 없다. 왜냐하면 세상 그 자체의 가해성에 한계가 없기 때문이다. 현대 과학은 우리에게 이 가정을 수용하도록 요구한다. 그러나 세상의 존재가 **반드시** 존재해야 한다는 그 경우에만 이해가능하다면, 세상의 이해가능성이 아리스토텔레스가 상정한 방식대로 한정되지 않고 무한하다면 **전체로서의** 세상이 필연적으로 존재해야할 뿐만 아니라 그 안의 모든 것도 필연적으로 존재해야 한다. 눈에 보이는 우주의 가장 멀리 있는 가스질의 성운들에서 내 구두 끝에 붙은 벼룩까지 말이다.

필연성은 영원을 생각하는 한 가지 방법이다. 필연적 상태와 관계는 시간의 구속을 받지 않는다. 크거나 작거나, 오래 지속되거나 잠시 스쳐 지나거나 세상의 그 무엇이 필연적이라면 그 모두엔 시간의 제약이 없거나, 혹은 영원이라는 단어의 한가지 의미로 초시간적이다. 세상의 영원성은 모든 실재와 같은 시간에 존재하며 아리스토텔레스의 생각과 달리 그것의 형상적 차원에 제한되지 않는다.

유한한 존재가 이 모두를 충분히 이해하려면 끝없는 시간이 소요될 수밖에 없다. 영원이라는 단어의 두 번째 개념인 무한성을 말한다. 아리스토텔레스는 노력하는 사람은 죽기 전 짧은 시간 동안에만 세상이란 존재의 필연성을 파악할 수 있다고 흔쾌히 단언했다. 세상의 이해가능성 역시 유한하다고 그가 가정했기 때문이었다.

　　그러나 심지어 그 과업이 아무리 많은 사람들의 인생을 투입해도 완성되지 못할 끝이 없는 일이 될 때조차 그 목적은 그대로 남아 있다. 그 목적이란 세상의 신, 시간을 초월하는 따라서 영원히 존재하는 신을 이해하는 일이다, 그 신은 지금은 인간의 이해를 모두 능가하는 존재다. 왜냐하면 그 신은 세상의 모든 균열과 틈, 모든 사건과 우연의 결과로 보이는 일들에 신의 본질이자 실체인 그 영원한 존재를 부여해주기 때문이다. 이것이 우리의 깊은 절망을 불가피하게 만든다. 그러나 그것은 또한 그 절망을 설명하고 실패의 그림자 아래에서조차 진전이 이뤄진다는 사실도 설명해준다.

릴리 브리스코(Lily Briscoe)는 버지니아 울프의 소설 《등대로(To the Lighthouse)》의 등장인물이다. 그녀는 소설의 무대인 여름 별장에서 보이는 전망을 그림으로 완성하려고 몇 년간 애써왔다. 마침내 그녀는 그 그림을 완성했다. "그래, 그녀는 극도의 피로감이 몰려오는 가운데 붓을 내려놓으며 생각했다. 내 생각이 맞았어.(I have had my vision)." 그 책의 마지막 구절들이다.[17]

　　나도 릴리 브리스코와 꽤 비슷하게 느낀다. 내 생각이 맞았다고 말이다.

　　다른 사람에게 그렇듯이 세상은 내게도 대부분의 경우 일련의 우연하고 놀라운 일들의 행진처럼 보인다. 너무나 많은 것이 우연처럼 보여서 때로는 이유가 있어서 발생하는 일이 과연 있는지 생각해 보게 된다.

세상엔 충분한 질서가 있어서 나는 계획을 세우고(때로 실패한다) 판단을 내리며(자주 실수를 한다) 살아간다. 그러나 세상은 질서라기보다는 오히려 우연처럼 다가온다. 과거엔 종종 그랬고 지금도 내 생각이 틀렸을 때는 그렇다. 성숙이란 우리 인간이 삶의 불합리를 경험해 나아가면서 그것을 받아들이는 일이라는 생각이 아주 드물지만 여전히 가끔은 든다.

그런 생각이 들 때 나는 이러한 염려들을 다른 견지에서 본다. 나는 왜 우연을 경험하는가. 세상을 보는 내 관점의 유한함 때문이다. 그런 한계의 불가피한 결과물이다. 그 경험을 망상이라고 부른 다면 잘못이다. 노력하기에 따라 내가 그 망상을 극복할 수도 있다고 암시하기 때문이다. 나는 아무리 노력해도 극복하지 못한다. 세상이 설명 불가능한 놀라운 일들로 가득 차 보인다는 건 그 현상의 근원이 되는 나의 유한함처럼 실제적이고 교정 불가한 사실이다.

그러나 설사 그 유한함을 극복하지 못한다 해도 나는 그것을 동물과는 달리 의식적으로 인지한다. 이런 의식은 현실에서는 결코 넘어설 수 없는 한계 밖으로 나를 밀쳐내 준다. 나는 내 정신의 눈으로 나의 유한함이 세운 경계 너머 그 다른 곳에 무언가 있는 걸 본다. 나는 그것을 이해하려고 갈망한다. 스피노자가 말하는 "절단된(mutilated)" 의식으로 왜곡되지 않은 세상의 진정한 모습은 무엇인가?[18]

이는 내가 충분히 답할 만한 질문이 아니다. 나같이 유한한 존재들이 몇 대를 잇는다고 해도 그 답은 나오지 않을 것이다. 그러나 내 힘으로 약간의 발전은 이루어 낸다. 남들과 같이 할 때는 조금 더 이루어 낸다. 세상이 진정 어떤 모습인지 우리가 이해해 나가는 데는 정해진 한계가 없다.

이런 식으로 끝없는 전진이 가능하려면 도대체 세상은 어떠해야 할까? 나는 바로 그 질문을 통해 지금과 같은 세계관을 갖게 됐다. 내 대답은 이렇다. 우리는 펼쳐지는 사건들을 제한된 관점에서 관찰하며 깊이 생각해보지도 않고 이 세상에는 비합리적이고 순전히 우연인 일이 얼마든지 있다고 가정한다. 그러나 그런 일은 절대 불가능하다. 세상은 반드시 전체적으로 이해가능 해야 한다. 실재의 가장 작은 분자에서 가장 큰 법칙들까지 다 그래야 한다. 세상은 필연적으로 존재해야한다. 존재하지 **않을 수 없다.**

나의 통찰력은 개인적으로 찾아온 신의 계시, 사랑이 넘치는 신의 선물이 아니다. 도취한 꿈의 잔광도 아니다. 현대 과학처럼 맑은 정신의 결과물이다. 그 현대 과학의 규정적 이상(regulative ideal)은 세상이 내 눈에 보이는 그대로라는 가정 위에서만 납득이 된다. 그 세상은 온전하고 독립적이며 무한하게 이해 가능할 뿐 아니라 그 자체가 아닌 어떤 힘으로도 창조되거나 지탱되지 않는다.

이는 과학과 종교 사이의 관계를 생각하는 우리 사고방식의 조정을 요구한다.

많은 사람은 과학을 다른 무엇보다 더 강한 반종교적 세력으로 본다. 그들은 과학을 신앙과 미신의 적으로, 미몽에서 깨어나도록 해주는 원천으로 본다. 그러나 이는 종교를 협소한 방식으로 이해할 때에만 맞는 관점이다.

가장 광의의 관점에서 종교는 신이 그 핵심이다. 적어도 서양에서는 그것이 종교를 정의하는 방법이다. 믿음과 실천 방식은 신이라는 개념을 중심으로 이런 저런 식으로 조직화됐을 때 종교의 일부를 형성한다.

신이라는 개념은 다시 시간과 영원의 구분을 바탕으로 한다. 신은 영원한 힘이거나 존재이며 시간 밖에 존재하기에 시간의 모든 순간에 있다. 신에 관해 생각하는 이런 방식은 오늘날 신과 종교에 관해 생각하는 대부분 사람들의 관점을 형성하는 종교적 전통들보다 오래됐다. 시간과 영원의 구분은 호메로스 시대(실제론 구석기 시대)이래 지금까지 신을 대상으로 한 모든 서양적 개념들의 뿌리에 놓여 있다. 아브라함의 종교들에 따르면 그 개념은 세상**에서(from)** 분리된 신을 설명하며 아리스토텔레스의 이교도적 신학에서는 세상**의(of)** 신을 규정한다.

현대과학의 결과물도 영원이라는 개념에 의지해 세상을 보아야만 설명된다. 현대과학은 세상이 시간을 초월한 통일체라고 묘사한다. 그 영원한 본질은 시간의 영원성 속에서만 파악되는 존재라는 생각이다. 이는 철학자나 예언자들의 신이 아니라 그 둘의 개념을 뒤섞은 신이다.

선지자들은 신이 세상 너머에 있다고 가르치지만 현대 과학의 신은 세상 그 안에 있다. 더 정확하게 말해 신은 세상 그 자체다. 그보다 더 정확하게 말하자면 신이란 세상의 이해 가능성을 가리킨다.

세상이 무한히 이해가능하다는 말은 곧 우리가 그것을 완벽하게 이해할 가능성이 없다는 이야기다. 아브라함의 종교들은 아리스토텔레스의 이교도적 합리주의를 비판한다. 우리의 인간적인 정신으로도 신을 충분히 이해한다는 아리스토텔레스의 신념에 가한 그 종교들의 공격은 정당했다. 그러나 그들이 아리스토텔레스의 신념 대신 순전히 이성만으로 영원과 신성함을 알고자 하는 우리의 갈망을 끔찍한 유혹이나 죄로 돌려버리는 신을 내세운 것은 잘못이다.

현대 과학의 신은 선지자들이 초자연적 영역에 두었던 신의 영원한 존재를 자연 그 자체의 존재로 복구했다. 그러나 세상 **너머**의 신과 인간 사이의 거리라는 개념은 여전히 보존하면서 이 세상의 신과 우리의 조우를 영원한 불완전성으로 전환시켰다. 오늘날 모든 과학 연구를 지시하는 규정적 이상(regulative ideal)에 내재된 그 불완전성으로 말이다.[19]

그 결과는 아브라함의 종교가 말하는 그 익숙한 신도 아니고 아브라함의 종교들이 단호히 배격한 이교도들의 신성함이란 개념도 아니다. 그럼에도 불구하고 그것은 신이다. 그리고 시간 위에서 발생하는 모든 사안을 설명하는 근거로 작동한다. 그 자체가 시간의 제약을 받지 않기 때문이다.

과학은 그 자체의 이상들을 설명하려면 이러한 신이 필요하다. 신자이거나 비신자이거나 아브라함의 종교적 관점에서 신을 생각하는 사람들은 신을 섬기는 일이 현대 과학의 무한한 합리화 충동과 모순되거나 그 충동을 제한한다고 상상한다. 진실은 그와 정반대다. 내가 생각하는 신은 이 현대 과학의 충동에 정당성과 의미(sense and meaning)를 준다.

시간 위에서 다가가긴 해도 결코 도달하지 못할 목표를 달성하려는 우리의 모든 추구에도 같은 진실이 적용된다.

낭만적 사랑도 이와 같다. 그 목표는 애정이지 불편부당한 이해가 아니다. 낭만적 사랑은 법칙으로 진행되지 않고, 시험이나 검증이라는 실험적 과정을 통해 법칙을 발견하려고 하지도 않는다. 그러나 이 역시 결코 완성되지 않을 작업의 진전이라는 희망과 그 간헐적인 경험으로 규정된다. 또한 어떤 사람에게는 자신이 느끼는 그 사랑이 없다면 세상이나 인생이 존재하지 않는다는 확신을 동반한다. 과학적 지식을 끊임없이 탐구하는 과정에서 보다 더 명시적 역할을 담당하는 필연성이라는 개념과 유사한 운명이라는 의식이 깊어지기 때문이다.

낭만적 사랑은 열림과 불투명함 같은 양면적인 경험으로 특징지어진다는 사실이 가장 중요하다. 결코 완전히 차단되지 않는 경이로움의 빛 속에서 노력하는 과학자의 경험과 마찬가지다. 사랑의 낭만적 이상은 과학적 이상처럼 현대적인 특이성을 지닌다. 사랑의 경험은 언제나 성장할 수 있고 때로는 실제로도 성장한다는 놀라운 사실과 함께 그 사랑이 늘 맞닥뜨리는 동일하게 인상적인 저항으로 정의된다.

비록 우리가 사랑하는 힘은 너무 자명하게도 유한하지만 우리가 간절히 사랑하고자 하는 사람이 무한하게 사랑스럽다는 가정이 없다면 어떻게 우리는 그 낭만적 사랑이란 경험을 이해할 수 있겠는가? 아울러 신의 피조물(이 경우 그 연인의 가치는 그 자신이 아니라 다른 근원에서 비롯된다)로서 사랑스러운 게 아니라 사람 그 자체로 사랑스럽다는 가정이 없다면 낭만적 사랑의 경험은 이해가 불가능하다.

마치 과학적 연구의 대상이 내재적으로 또 무한하게 이해 가능하듯이 낭만적 사랑은 사랑하는 사람을 내재적으로 무한하게 사랑스럽다고 생각하도록 우리에게 권유하거나 요구한다. 우리는 모두 이런 이상의 추구가 얼마나 자주 실패하는지 잘 안다. 그렇다고 사랑의 낭만적 이상을 향한 우리의 갈망이 약해지지는 않는다. 우리가 과학적 이상에 도달하지 못한다고 해서 그 도전을 포기하지 않는 것과 마찬가지다.

이것이 낭만적 사랑의 신학이다. 이 신학은 초시간성과 무한성이라는 개념들에 의지하며, 그 개념들을 토대로 아테네와 예루살렘의 그것과 다른, 오히려 그들의 미몽에서 깨어난 뒤 그 둘을 뒤섞어 새로운 신을 만든다. 현대적 사랑의 경험이 이해 가능해지려면 신의 이러한 개념에 의존해야만 한다. 현대 과학도 마찬가지다. 그런 신의 개념만이 결코 완전히 끝내진 못하더라도 시간을 두고 풍부해지고 강화될 수 있는 목표를 향해가는 인간의 모든 노력이 왜 가능한지 설명해준다. 절망과 환희가 동시에 일어나는 현상이 인간의 조건을 규정하며 이를 설명하려면 이러한 신이 필요하다. 현대는 이런 인간의 조건을 명백히 드러냄으로써 우리를 고민에서 최종적으로 해방시켰다.

만족(contentment)은 수없이 많은 형태로 오며 결코 지속되지 않는다. 아이가 노는 모습을 지켜보는 만족감이 있다. 또 놀고 있는 아이의 만족감도 있다. 의무를 완수한 만족감이, 일을 잘 마친 만족감이, 수익을 거둔 투자의 만족감이 있다. 만족은 고통이나 상실과 함께 우리의 삶 전반에 엉키어 있다. 어떤 만족도 지속되지 않는다는 사실의 유일한 위안은 어떤 고통과 상실도 지속되지 않는다는 점이다.

만족은 달성이다. 어떤 종류의 활동으로 무엇인가를 완성했거나 자신이 완성되어진다는 경험이다. 만족한 인간은 그 순간이 지나고 또 다른 삶이 계속될 때까지 적어도 당분간은 휴식을 취한다.

만족은 완성이 가능할 때에만 존재한다. 만족한 인간이 도달하는 목적은 반드시 달성가능한 곳에 있어야 한다. 물론 도달에 실패할 수도 있다. 그런 경우 누구나 절망하게 된다. 그러나 상황이 전혀 달리 나타나기도 한다. 목적 그 자체의 본질에는 목적에 도달할 가능성이나, 그 도달이 가져오는 만족감의 가능성을 배제하는 요소가 전혀 없다. 만족은 얕은 절망의 반대편이다.

과학과 사랑은 그와 다르다. 양자는 모두 달성 가능성이 없는 목적을 추구한다. 그럼에도 진전은 여전히 가능하다. 우리의 세상에 대한 이해는 시간이 가면서 깊어진다. 우리는 예전의 이론들을 수정하고 폐기하면서 새로운 이론으로 대체해 간다. 때때로 우리의 지식은 오랜 세월 동안 동결된 상태로 머문다. 그러나 전반적으로 그리고 장기적으로 과학의 방향은 앞쪽을 향한다. 사랑의 방향도 소멸해 가거나 억압되지 않고 풍성해질 때는 마찬가지다.

달성하지 못할 목표로 다가서는 그 진전의 경험은 지극히 즐겁다. 그러나 그것은 멈추는 경험이 아니다. 사실 일견 그 반대의 경험 같아 보인다. 멈추기보다는 하나의 조건에서 다른 조건으로 이동하는 상태의 경험으로 보인다. 저열한 이해나, 결함이 있는 사랑의 위치에서 보다 더 각성되고 더 애정이 넘치는 상태로 나아가는 움직임이다.

이것이 가져다주는 즐거움은 그 움직임이 계속되는 한 지속된다. 달성에서 시작되는 만족과 달리, 즐거움은 달성과 함께 멈춘다. 혹은 실험이 성공적으로 끝을 맺을 때 , 혹은 그 분야의 결과들로 이론이 검증될 때나 확인될 때 한 과학자가 느끼는 만족감은 그저 일시적일 뿐만이 아니라, 과학 자체의 정신에도 어긋난다. 과학의 정신은 우리로 하여금 아무리 훌륭한 업적이라도 해도, 그것은 과도기적으로 쉬어가는 곳이며, 거기서 힘을 얻어 앞으로 나아가는 곳이라고, 잠시 머무는 중간 경유지이지 최종적인 목적지가 아니라고 여기도록 요구한다. 낭만적 사랑도 이와 비슷하다. 그 사랑의 성취감은 사랑이 앞으로 더 풍성해진다는 전망에 있다.

이런 점에서 만족은 과학과 사랑의 정신에 부합하지 않는다. 그러나 획득하지 못할 목적을 향해 나아가는 진전의 즐거움은 그렇지 않다. 이런 특별한 종류의 즐거움을 표현하려면 **만족감**과 다른 단어가 필요하다. 스피노자는 이를 **환희(joy)**라 부른다.[20]

환희는 우리가 정도를 달리해 채택한 힘의 사용에 따라 더욱더 그 효과를 발휘해 가는 경험이라고 스피노자는 말했다. 이는 물리적이든, 지적이든, 정서적이든 모든 종류의 힘에 다 적용된다.

우리 모두에겐 이러한 힘들이 있다. 그러나 누구도 우리가 원하는 만큼 그런 힘들을 다 보유하진 못한다. 그래도 그 힘은 많을수록 더 좋다.

각각의 힘은 일종의 잠재력이다. 우리가 그 잠재력을 현실화하는 만큼 우리 자신은 보다 의미 있는 존재가 된다. 그리고 우리는 가능한 한 그렇게 하려고 원하거나, 원해야 한다. 스피노자도 비슷한 관점을 지지했다. 그는 현재 우리의 미덕이 다음 생에서 영원한 축복으로 보상되지 않는다면 그 미덕을 발휘하며 살아야할 이유가 하나도 없다고 말하는 사람들을 보고 유치한 태도를 지녔다고 말했다. 우리가 원하는 모든 영생을 얻지 못한다 해도 우리는 영생의 가능한 한 가장 큰 몫을, 어떤 특정한 시점에 확보한 몫보다 언제나 더 많이 갖길 원해야 한다고 그는 설명했다.[21]

시간에 제약되지 않는 그 무엇이라는 개념이 있기에 세상을 이해하려는 우리의 간절함에도 최종적인 목표가 생긴다. 그 개념이 과학의 목적과 방향을 제시한다. 아울러 우리가 진전을 이루는지 판단하게 해주는 척도를 제공하기도 한다. 그것은 또한 절망도 불가피하게 만든다. 그러나 동시에 달성하지 못할 목적을 추구하면서 힘이 증대된다는 환희에 찬 경험의 여지를 열어준다. 사랑도 마찬가지다. 사랑은 시간이 무한하게 주어질 때만이 획득 가능한 그 무엇을 추구한다. 따라서 한 사람의 시간이 다할 때까지 계속 전진해 나아간다는 희망과 함께 절망도 불가피하게 만든다.

물러서고 가로막히기는 물론이고, 알고자 하거나 사랑하려는 끝없는 노력에서 더 이상 앞으로 나아가지 못하는 건 환희의 반대다. 스피노자는 이를 **슬픔(sadness)**이라 불렀다. 환희는 앞으로 나아가는 순간에만 존재한다. 환희는 바로 그 본질상 덧없다. 그러나 적어도 환희를 느끼는 그 순간엔 그들의 능력 밖에 있는 무엇인가를 향해 적극적으로 노력한다는 확신의 느낌이 충만해져 사람들의 정신을 고양시킨다.

깊은 절망의 가능성을 부인하는 사람들은 환희를 다른 관점에서 생각하기 마련이다. 그들은 환희를 오직 충만함으로, 최종적인 도착에서 느끼는 만족감으로, 아마도 적극적인 상태, 그러나 최종 목적지에 도착해 멈추어섰다는 의미로만 생각한다. 이는 영원히 지속되지는 못하더라도 현인이 이 생에서 도착하는 완벽한 사고의 조건으로 아리스토텔레스가 상상했던 그것이다. 또 단테가 천국에 메아리치는 천사들의 합창에서 느끼는 행복이라고 상상한 그것이다.

이는 과학적 연구나 낭만적 사랑의 환희가 아니다. 우리의 규정적 이상들은 충족을 달성 가능한 범주 밖에 놓는다. 그러나 그 이상들은 그렇게 함으로서 힘을 더 키워간다는 느낌, 다시 말해 더 강해지고, 앞으로 더 발전한다는 희망에 넘쳐나며, 열정적이고 활기차지는 경험에는 한계가 없음을 보장한다. 아울러 인간이 능력 밖의 목표를 향해 계속 노력해 가는 한 지속적으로 성장하게 해준다.

과학과 사랑의 환희는 세상의 신에 더 가까이 다가가는 경험이다. 그 정점은 우리에게 허락되지 않는다. 그러나 우리에겐 목표를 향해 접근해 가는 힘이 있다. 그 힘을 남용하거나 방기하지 않고 현명하게 사용한다면 우리는 목표에 더 가까이 다가갈 수 있다. 이것이 가져오는 환희가 깊은 절망을 치료해주지는 않는다. 환희는 깊은 절망의 상관 현상이거나 동반현상이다. 환희는 제한적이지만 강력한 보상으로서 우리의 추구를 가치 있게 만들어주기에 충분하다. 비록 종교적이고 철학적 환상들에 빠져서 우리가 인간됨(humanity)을 포기하는 대가로 꿈꾸며 상상하는 전부에 미치지는 못할지라도 말이다. 어떤 경우든 스피노자가 현명하게 간파한 대로 그것이 우리에게 주어지는 유일한 보상이다. 그리고 시간에 붙잡혀서도 언제나 시간 너머를 바라보는 우리 인간에게만 환희를 경험할 기회가 있다. 현실에 만족하는 나의 개 메이지는 그런 환희를 절대 맛볼 수 없다.

이런 내 생각은 지난 20년간 나를 사로잡아 왔다. 그러나 이 생각에서 벗어나고 싶다는 바람은 없다.

누군가는 그것을 신랄하게 공격한다. 그 중 몇은 종교인들이다. 그들은 자신들의 신이 나의 신보다 더 낫다고 나를 설득하고자 한다. 다른 한편엔 결심이 단호한 무신론자들이 있다. 그들은 나의 신을 포함해 신이라는 개념 모두를 거부해야 한다고 말한다.

그러나 내 친구들 대다수는 그저 곤혹스러워한다. 그들은 내가 왜 이런 생각에 이토록 사로잡혀있는지 의아해 한다. 흥미롭게 여기는 사람들에겐 내 믿음을 더 분명하게 설명하려고 노력해본다. 그러나 그들에게나 내게 결코 충분할 정도로 명쾌하지는 않다.

나는 더 이상 내 생각이 곰곰이 되씹어보다가 포기해버릴지도 모를 과도기적 가설이라고 생각하지 않는다. 내게는 가설이라기보다는 주거지다. 내가 사는 집이다. (그 비유를 계속하자면) 비록 내가 계속해서 덧붙이고 수리하겠지만, 새로운 집으로 이사 갈 생각은 추호도 없다.

내 시각은 다른 어떤 대안보다 인간적이다. 종교를 가진 사람들이 명백한 사실로 간주하는 영원에의 갈망을 긍정한다. 그러나 종교인들과 달리 그 영원을 향한 갈망이 충족될 수 있다는 생각을 받아들이지는 않는다. 내 시각은 실존주의자 친구들이 영원히 내게 상기시키듯 우리가 행동하거나 꿈꾸는 전부는 삶에서 죽음으로 이어지는 시간의 흐름 위에서 발생한다는 사실을 인정한다. 그러나 우리의 모든 열망이 시간적 관점에서만 정의된다는 견해는 거부한다. 내 시각은 좋거나 나쁘거나 우리의 각별한 조건을 특징짓는 독특한 절망과 둘도 없는 환희를 더 잘 설명한다. 내 시각은 또 충족의 착각이나 허무주의적 허세에 굴복하길 거부하는 인본주의를 지지한다.

또한 내가 50여 년 전에 처음 탐구하기 시작한 서구 철학 사상의 전통에 관해 내 생각을 정리할 관점을 주기도 한다. 더 많이 읽고 더 많이 사색할수록 서구의 사상적 전통은 두 상상력의 가능성, 즉 아테네와 예루살렘의 대립으로 규정된다고 더욱 더 확신하게 된다. 인간의 조건을 보는 내 관점과 그와 병행하는 세계관은 이 대립이 무엇을 의미하는지 이해하게 도와주었다. 현대 사상의 이상들엔 어떤 특징이 있는지, 또 그것들이 고대 세계의 이상과, 중간에 끼어들어 우리를 그 고대 세계와 떼어놓은 오랜 기독교 세계의 이상들이 서로 어떻게 다른지 보도록 내게 도움을 주었다. 내가 속한 문명의 지적인 일관성에 관해 생각할 방법도 제공했다.

그러나 무엇보다 중요한 점은 내 가치관의 토대가 비옥하다는 사실이다. 내가 어느 곳에 눈길을 주더라도 통찰력을 갖게 해준다.

나는 특히 현대 과학의 업적에 중요성을 두어왔다. 왜냐하면 내 가치관의 강점이 그곳에서 특히 선명해 보이기 때문이다. 나는 내 시각이 심지어 과학이라는 비인간적 구역에서 가장 멀리 떨어져 보이는 경험까지도 그 틀을 잡아준다는 점을 강조하려고 사랑에 관해서도 썼다. 그러나 내 관점의 힘은 그곳에서 끝나지 않는다. 그 힘이 미치는 범위에는 한계가 없다. 그런 관점에 사로잡혀 살았던 지난 20여 년 동안 나는 흥분을 감출 수 없었다. 어떤 노력의 새로운 분야나 삶의 또 다른 새로운 양태라도 언제나 내 가치관의 견지에서 가장 분명하게 보인다는 사실을 발견하는 거듭된 경험의 연속이었기 때문이다.

예컨대 나는 인생 내내 소설을 읽어왔다. 내가 처음으로 읽었던 진지한 책들이었다. 《하디 보이즈(The Hardy Boys)》**34**, 《아기사슴 플래그(The Yearling)》**35**, 《또띠야 마을 이야기(Tortilla Flat)》**36**, 《통조림공장 골목(Cannery Row)》**37** 등의 책들은 60여 년 간 내 마음에 깊게 남아 있다. 그러나 문학의 한 형태로서 소설에 관해 궁금해

---

34 1927년에 처음 등장한 청소년 탐정 소설의 시리즈물로 여러 작가들이 집필에 참여해 2013년에도 계속 새로운 판본 등이 등장한다. 지금까지 수백권이 나왔다. 아직도 매년 백만 권 씩 팔린다.

35 1938년 마조리 롤링스가 출판한 소설로 38년에 가장 많이 팔린 소설책으로 1939년 소설부문 퓰리처상을 수상했다.

36 1935년 존 스타인벡의 초기 소설로 첫 번째 상업적 성공을 거두었다는 평가를 받았다.

37 1945년 발간된 존 스타인벡의 소설. 대공황기 캘리포니아를 배경으로 한 소설.

하기 시작한 때는 성인 후반기였다. 언제부터 사람들은 소설을 쓰기 시작했는가? 누가 왜 읽었는가? 소설은 고전 문학의 비극들이나 서사시와는 어떻게 다른가?

마침내 나는 내가 필요했던 실마리를 헨리 제임스의 소설 《여인의 초상(The Portrait of a Lady)》[38] 서문에서 발견했다. 제임스는 소설가가 줄거리를 만들어내는 이유는 등장인물들의 개인적 성정들을 드러내고 싶기 때문이라고 말했다. 줄거리는 그들의 특질을 보여주는 데 필요한 구조물을 제공해준다. 줄거리와 인물 사이의 관계를 보는 고전적 개념은 정 반대다. 고전 비극 속의 등장인물들은 줄거리를 더 생생하고 흥미롭게 만들고자 존재한다. 등장인물들은 줄거리 때문에 등장한다. 아리스토텔레스는 이 개념을 《시학》에서 발전시켰다.[22]

제임스와 아리스토텔레스의 차이는 정도의 차이처럼 보인다. 하지만 사실은 그보다 더 근본적인 차이가 있다. 그 차이는 수많은 소설의 주제인 낭만적 사랑의 정신을 규정하는 인간의 개별적 특성들에 보인 더 깊어진 관심을 반영한다.

그런 다음 나는 20년 전에 프루스트의 《잃어버린 시간을 찾아서(In Search of Lost Time)》를 읽었다. 무엇보다 프루스트의 소설은 소설을 쓴다는 목적에 관한 사색이다. 그 작품의 후반부에서 프루스트 소설의 화자는 결론을 내린다. 소설가는 시간 속에서 영원성을 발견하고 구해내려 한다고 말이다. 가장 덧없는 경험들을 소

---

38 Henry James(1843~1916)가 아틀란틱이라는 월간지에 연재물로 게재했다가 1881년 단행본으로 묶어낸 그의 가장 유명한 소설

멸되지 않는 아름다움의 이미지들로 전환해 시간의 힘, 흔적을 지워버리는 그 힘에서 구해내는 방식을 통해서다. 그 소설가의 작업은 결코 완성되지 않는다. 그 작업은 끝이 없는 시간을 필요로 한다. 그러나 그 작업은 성공 수준을 달리해 수행될 수 있다. 사람들의 지식이나 사랑의 완성도가 저마다 다르듯이 말이다.[23]

제임스와 프루스트를 하나로 묶어 고찰함으로써 나는 소설의 형태와 목적을 보는 하나의 견해에 도달했다. 그 견해는 인생을 보는 나의 발전해가는 관점(vision)에 부합했다. 아니 오히려 그 관점을 강화했다고 말하고 싶다. 왜냐하면 그런 관점에서 내가 마주쳤던 모든 발견이, 인간의 조건을 이해하는 나의 방식과 그것을 설명하는 데 필요한 비정통적 개념의 신을 믿어야 한다는 내 입장을 지지하는 증거의 새로운 조각인 듯했기 때문이다.

르네상스 이래 서양화의 역사를 이해하려는 나의 시도에도 비슷한 일이 일어났다.

내가 대학 생활을 시작하기 전의 봄에 나는 캘리포니아 대학 로스앤젤레스 캠퍼스(UCLA)의 미술사 강의를 수강했다. 나는 중세의 성상(icon) 화가들의 영적인 세계로부터 르네상스의 그림이 어떻게 등장했으며, 그 뒤를 이어 매너리즘, 바로크, 로코코, 아카데미즘, 인상파, 입체파, 추상파가 나타난 과정을 설명하는 강사의 말과 그 그림들에 매료됐다. 나는 궁금했다. 그 오랜 세월에 걸친 발전 과정을 설명해주는 개념이 있었을까? 그 개념을 연결하는 주제가 있었을까?

지난 세기 위대한 미술사 학자들의 글에서 대답을 찾으려 노력했다. 궁극적으로 나는 르네상스의 화가들은 그들의 기독교 선현들이 그리스도와 그 성가족 구성원들의 모습에 부여했던 무한한 가치를 그들 그림의 주제인 개별 인간들로 이전시켰다고 결론을 내렸다. 나는 그 이후에 계속된 미술사 유파들의 모습들을 통해서도 이 생각을 계속 발전시켰다. 각 유파들이 내게는 과거의 유파들에 있었던 어떤 개인적 순간이나 특성의 영원한 의미를 더 성공적으로 묘사하려는 노력으로 보였다. 떠 있는 구름을 공부하는 이유가 단 하나의 사라져가는 순간이라는 아름다움을 잡으려는 뜻이었다고 존 컨스터블(John Constable)[39]이 한 말은 그 목표를 잘 표현한다. 나는 캔버스 위의 이러한 작품들이 곧 글로 남긴 프루스트의 작품과 다르지 않다고 생각하기 시작했다.(프루스트 그 자신이 그렇게 생각했다)[24]

이것이 내가 사랑하는 그림들을 향한 내 느낌들을 정리하고 현대 미술에 느끼는 나의 복합적 감정을 이해하는데 필요한 관점을 주었다. 그런 생각이 내 관점을 확인해주었다고 말한다면 오히려 전후관계가 거꾸로 뒤집힌 말이다. 그 관점은 이때쯤 대단히 강하게 성장해서 내가 계속 즐기는 문학과 감각적(material) 아름다움을 뿜어내는 작품들에 관한 인식과 판단의 조건을 규정하게 되었다. 다른 한편으로 삶과 세상 전체를 납득하게 해주는 이해의 틀 안에서 그런 작품들을 만난다는 즐거움도 더해 주었다.

심지어 내 정치적 이상도 새로운 방향으로 나아갔다.

나는 미국의 법대에서 가르친다. 나 스스로 자유주의적 민주

---

39 1776~1837, 영국의 낭만주의 화가.

당 지지자로 생각한다. 내 동료와 나는 이러한 용어들의 관계와 그 의미를 서로 다르게 이해한다. 그러나 광범위하게 말해서 우리는 모두 자유주의적 민주주의의 이상을 지지한다. 그러나 지난 20여 년 간 이러한 이상들의 궁극적 의미에 관한 내 생각은 심대한 변화를 거쳤다.

그렇다. 모든 시민들의 권리는 보호되어야 한다는 건 핵심적이다. 그렇다. 민주적 책임의 기본적 규칙들을 확보하는 일도 절대 필요하다. 여기서 탐구해야할 문제들은 수없이 많다. 그러나 이 모두를 넘어서는 더 근본적 질문이 있다. 자유주의적 민주주의는 무엇 **때문에** 있는가?

지금으로서 내게 가장 설득력 있는 답은 월트 휘트먼이 그의 수필 〈민주주의의 전망(Democratic Vistas)〉에서 제시한 견해다. 권리 보호와 투표권 확보는 없어서는 안 될 **예비(preliminary) 재**다. 그러나 그것들이 자유 민주주의 **최고의** 선은 아니다. 민주적 삶의 최종적인 목적도 아니다. 그 목적은 휘트먼이 지칭한 "이디오크라시(idiocrasy)"를 만들어내는데 있다. 무한한 다양성이 융단의 날줄 씨줄처럼 짜인 가운데서 모든 개인의 고유한 인격이 충분히 꽃 피우도록 격려하는 삶의 방식을 말한다. 그 융단이 이 세상의 신이 가진 얼굴이다. 우리 모두는 바로 그런 세상에 각자 유일하고 영원히 의미 있는 기여를 한다.

이 마지막 사고가 《풀잎(Leaves of Grass)》[40]이라는 그의 시집을 관통하는 주제다. 그것은 종교적이고 시적인 이상(ideal)이다. 그

---

40 휘트먼의 시집. 1855년에 출간됐다.

러나 그 이상은 정치적 삶의 궁극적 목적에 관해 휘트먼이 가졌던 생각까지 형상화해준다. 그리고 이제는 내 생각에도 영향을 미쳤다. 나 역시 우리의 가장 원대한 민주적 "전망(vistas)"은 종교의 영역에 있다고 생각한다. 그러나 그 전망들은 기성 종교나 철학이 아니라 오직 영원함과 신성함을 보는 내 관점(vision)에서만 의미가 있다.[25]

휘트먼은 그러한 관점에 사로잡혀 도취된 채로 서술했다. 그것이 미국의 민주주의를 포함해 모든 사물을 보는 그의 시각을 결정했다. 내 경험도 마찬가지였다. 일부는 휘트먼의 영향을 받았고 일부는 사물을 보는 나만의 철학적 시각을 발전시켜오는 관점에서 휘트먼의 시를 읽은 결과이기도 하다. 나는 다른 방향으로 가기엔 너무 멀리 왔다.

내 몇몇 친구는 이를 집착의 징후로 본다. 아마도 그럴지 모른다. 그들이 틀렸다고 자신 있게 말할 수는 없다. 어쨌든 수없이 많은 사례들을 제시한다고 해도 내가 맞는다고 그들을 납득시키긴 어렵다. 다만 나 스스로 나의 관점이 아주 비옥하다고 생각한다는 점을 보여줄 뿐이다.

언제나 더 해야 할 일은 남아 있다. 나는 그 전망을 환희로 생각한다. 이는 내가 접근해 가지만 결코 도달하지 못할 목표가 그 일을 추진하는 길에 지침을 주리라는 내 생각을 반영한다. 왜냐하면 나는 시간에 구애를 받지만 그 목적은 시간 밖에 놓여 있기 때문이다. 이런 종류의 목적들은 인간 조건의 고유한 특징이다. 심지어 우리의 세속적인 시대에서조차 그러한 목적들은 전과 마찬가지로 강력한 매력을 발산한다. 나는 살아오면서 많은 실수를 했다. 또한 나는 자주 상황을 오판한다. 그러나 나는 그러한 목표를 갖는 일만큼은 실수가 아님을 안다. 인간됨을 추구하는 게 실수가 아니듯이 말이다.

미주

서문: 벽장 속에 숨겨진 신(God in the Closet)

1. 멩켄(Mencken)의 설명은 유쾌하고 무자비하다. 그의 신랄한 펜촉을 벗어나는 집단은 거의 없다. 멩켄 자신이 만들었다고 보이는 단어인 "바이블 벨트(Bible belt)"에 사는 복음주의자 시골 촌놈들에게 가장 날카로운 말들을 퍼부었다. 멩켄(Henry Louis Mencken)의 《테네시에서 벌어진 종교적 광란: 한 기자의 스콥스 원숭이 재판 보고(A Religious Orgy in Tennessee: A Reporter's Account of the Scopes Monkey Trial(Brooklyn: Melville House, 2006))》를 보라. 1925년 7월 15일자의 "리아(Rhea) 카운티에서 법과 질서가 성경에 항복하는 모습을 멩켄이 발견하다"는 제목의 기사에서 멩켄은 테네시의 데이튼(Dayton) 지역을 "밝고 빛나는 바이블 벨트의 버클(buckle)"이라고 불렀다. Ibid., 67~74. 《시온의 언덕(The Hills of Zion)》은 법정 밖의 장면을 묘사한다. 《선입견들: 다섯 번째 시리즈(Prejudices: Fifth Series(New York : Alfred A. Knopf, 1926)》, 75~86을 보라. 멩켄은 복음주의 기독교를 "뭣 모르고 감정적이며 다소 주제넘고 멍청한 사람들의 산물"이라고 생각했다. 《선입견들: 두 번째 시리즈(Prejudices:

Second Series(New York : Alfred A. Knopf, 1920)》, 38~39에 있는 "The National Letters."

멩켄의 말에 따르면 복음주의 기독교 신도들은 그들이 "교황을 증오하고, 유대인을 증오하고, 과학자를 증오하고, 모든 이방인을 증오하고, 무엇이든 도시가 굴복한 대상을 증오하기만 하면" "천당의 문턱을 가까스로 넘을 수 있다"고 확신한 사람들이다. 《선입견들: 다섯 번째 시리즈(Prejudices: Fifth Series)》 116의 "공화국의 신교도(Protestantism in the Republic)." 멩켄은 "정상적인 미국인에 관해" 쓰면서 "종교적이지만 그의 종교엔 아름다움과 위엄이 없다."고 말했다. 《선입견들: 세 번째 시리즈(Prejudices: Third Series(New York : Alfred A. Knopf, 1922)》의 "미국인다움에 관해(On Being an American)" 26. 비록 신학이 그렇게 설득력 있지 않았지만 멩켄은 "기독교의 시는 들어 본 다른 어느 종교의 시 보다 더 무한하게 아름답다"고 생각했다. 《선입견들: 세 번째 시리즈(Prejudices: Third Series)》 169의 "시인과 그의 예술(The Poet and His Art)."

2. J. D. Salinger, 《아홉 개의 이야기 (Nine Stories) Boston: Little Brown, 1953 》의 129쪽 "그 쪽배 아래에서(Down at the Dinghy)"

3. 개혁 유대교는 David Sorokin이 18세기의 "종교적 계몽"이라 부른데서 시작됐다. 그 계몽은 프로테스탄트나 가톨릭은 물론 유대교에도 심대한 영향을 끼쳤다. David Sorokin의 《종교적 계몽(The Religious Enlightenment(Princeton: Princeton University Press, 2008)》을 보라. 유럽에서의 추종자는 그리 많지 않았으나 미국에서는 빠르게 세를 불려갔다. Michael A. Meyer의 《근대에 답하다: 유대교 개혁운동의 역사(Response to Modernity: A History of the Reform Movement in Judaism(Detroit: Wayne State University Press, 1995)》를 보라. 특히 6장 "미국: 개혁 운동의 약속의 땅(America: The Reform Movement's Land of Promise)." 단일 분파로는 가장 큰 종파다. 2013년 10월 1일

자 <퓨(Pew)>의 10쪽 "유대 미국인의 초상(A Portrait of Jewish American)"

　　시작부터 히브리 유니온 대학은 정통 유대교 신앙에 회의적인 적대감을 보였다고 알려졌다. 대학의 1회 졸업생을 위해 마련된 연회는 그런 태도를 잘 드러낸다. 그것은 Trefa 연회로 불리게 됐다. 코셔 식품이 아닌 음식을 메뉴로 삼았다는 의미의 이름이다. 이 연회에서는 조개를 비롯해 다른 갑각류, 육류에 이어 유제품을 제공했다. John J. Appel은 그 식단을 1966년 2월 시사지 <코멘타리 (Commentary)>의 75~78 쪽에서 "트레파 연회"라는 기사로 공개했다. 그는 식단이 실수가 아니었다고 말했다. 음식을 제공한 업자가 유대인이었기 때문이다. 어쨌든 그 대학의 설립자인 랍비 Isaac M. Wise는 그 식단의 계획들을 아마도 몰랐겠지만 그 연회를 금기음식, kashruth의 문제가 아니라 "자유주의적 확신의 첫 번째 시도 사례로 만들고 단계적으로 '새로운' 유대교를 확신하는 행위"로 만들어버렸다. ibid, 78. 미국 유대인 역사학회 학술지(Publications of the American Jewish Historical Society) 40.1 (1950) : 17~55에 실린 Samuel S. Cohon의 <히브리 유니온 대학의 역사(History of the Hebrew Union College)>는 그 대학이 설립된 1875년부터 1950년까지의 통사를 다루었다. <미국 유대인 자료지 (American Jewish Archives Journal)> 25.1(1973)의 3~114에 실린 <미국 유대인 연합회의 정밀 초상화-백년의 기록물(An Intimate Portrait of the Union of American Hebrew Congregations-A Centennial Documentary)>과 <미국 유대인 자료지 (American Jewish Archives Journal)> 57.1(2005)의 29~47에 실린 Lance J. Sussman의 <트레파 연회의 신비: 미국의 식문화와 미 개혁 유대교 음식 정책의 과격화 (The Myth of the Trefa Banquet: American Culinary Culture and the Radicalization of Food Policy in American Reform Judaism)>를 보라.

4.　Hiram Wesley Evans의 1926년 수필로 <North American Review> 223 (3월-5월 1926) 33~63에 실린 <아메리카니즘을 위한 KKK의 투쟁(The Klan's Fight for Americanism)>은 그 25년 전에 태어난 내 외할머니의 종교적이고 문화적 환경을 아

주 잘 그려냈다. 에반스가 옹호한 기독교화된 아메리카니즘이란 멩켄이 지극히 혐오했던 대상이다. "미국인다움에 관해(On Being an American)" 32("Ku Klux Klan은 그 모든 관심과 목적에서 단지 감리(Methodist) 교회의 세속적 기관에 지나지 않았다")와 《선입견: 네 번째 시리즈(Prejudices: Fourth Series(New York : Alfred A. Knopf, 1924)》에 실린 풍자적인 <천박한 심리학 연구에의 기여(Contributions to the Study of Vulgar Psychology)>를 보라.

1. 인본주의자에게 찾아온 신(The Humanist's God)

1. 내 어머니는 사르트르와 카뮈를 대체로 그들의 문학 작품들을 통해 이해했다. 사르트르의 경우는 《닫힌 방(No Exit)》 (1944) Stuart Gilbert 번역 (New York: Vintage, 1989) 1-46 쪽. 《구토(Nausea)》 (1944) Lloyd Alexander 번역 (New York: New Direction, 2013) 카뮈의 경우 《페스트(The Plague)》(1947) Stuart Gilbert 번역 (New York: Vintage, 1991) 《이방인(The Stranger)》 (1942) Stuart Gilbert 번역 (New York: Vintage, 1959) 어머니는 또 사르트르의 《실존주의의는 인본주의다(Existentialism Is a Humanism)》(1946) Philip Mairet 번역 (London: Methuen, 1973) 과 카뮈의 《시지프스의 신화(The Myth of Sisphus)》 (1942) Justin O'Brien 번역 (New York: Vintage, 1955)를 읽었다. 이 둘은 그들의 실존 철학 핵심을 일반 대중이 읽을 만하게 정리한 내용이다.

　　《존재와 무(Being and Nothingness)》(1943) Hazel E. Barnes 번역(New York: Washington Square Press, 1993)는 그와 대조적으로 일반인들이 읽기에는 거의 불가능에 가까운 글이다. 사르트르는 자신의 주장을 에드문트 후설이 시작하고, 마르틴 하이데거가 《존재와 시간(Being and Time)》(1927) John Macquarrie와 Edward Robinson 번역(New York: Harper & Row, 1962)에서 더 한층 발전시킨 초월적 현상학의 전통에서 찾았다. 사르트르는 자신의 책에서 하이데거의 책 제목을 더 불투명하게 언급한다. 사르트르는 데카르트가 17세기 중반 철학적 관심사의 중심에 놓았던 자기 인식과 자기 동일성의 문제들에 자신의 관심을 집중했다. 이 저자들과 그들의 개념을 일부 아는 게 사르트르 개념의 본질을 이해하는데 필요하지는 않아도 도움은 된다.

2. 그 책은 《다시 태어난 이교도의 고백(Confessions of a Born-Again Pagan)》(New Haven: Yale University Press, 2016)이다. 그 책에서 나는 이 책의 질문들을 아래에서 위로가 아니라 위에서 아래로의 방식으로 다루었다. 이 책에서는 내 자신의 경우를 안내자로 삼아 인간의 경험에서 출발해 이 경험이 조금이라도 납득되려면 이 세계 자체의 무엇이 진실이어야 하느냐는 방식으로 풀어나간다. 그러나 앞서의 책에서는 이와 대조적으로 실재의 본질 전반에 관해 우리들의 사고를 형성해온 위대한 서구의 철학 체계에서 시작했다. 서구 전통의 시작에서 현대까지 모든 철학을 아울렀다. 그런 다음 서서히 아래로 내려와 그 철학 체계 안에 있는 인간의 위치에서 실재 전반을 보는 이 대단히 추상적인 관점들의 의미를 끌어내려 했다.

나는 부분적으로 앞서의 내 책이 서구 철학 역사의 실질적 지식에 너무 지나치게 의존했기 때문에 이 책을 썼다. 나는 보다 직접적이고 전보다 덜 학구적인 방법으로 내가 "생명 철학(philosophy of life)"이라 부르는 종교적 인본주의의 의미를 전달하고 싶었다. 그 과정에서 나는 내가 전에 분명하게 보지 못했던 상당한 문제들을 발견했으며 일찍이 미처 감지하지 못한 문제들을 체계화하기에 이르렀다. 이런 점에서 이 책을 쓰는 일은 마지막 장에서 설명하듯이 내게 즐거운 경험이었다.

3. 그 점은 1957년에 발표된 네빌 슈트(Nevil Shute)의 소설 《해변에서 (On the Beach)》(New York Vintage, 2010)에서 생생하게 묘사됐다. 슈트 소설의 주인공들은 지구 핵전쟁의 생존자들로 방사능 구름의 도착을 기다리는 인물들이었다. 그 구름 때문에 그들은 죽게 되고 지구상의 인류가 멸종된다. 그들은 여전히 우아하고 심지어 용감하게 행동하며 대부분의 일상생활을 그대로 따랐다. 그러나 의미 있는 인생의 핵심적 조건의

하나는 이미 사라져버렸다. 인생이 의미 있어지는 유일한 이유는 우리가 사라진 이후에도 세계가, 아니 적어도 그 일부가 계속 존재한다는 점이라는 사실을 소설은 우리에게 상기시키려 한다.

4. 릴케(Rilke)는 그런 생각을 시적인 아름다움으로 표현한다. 심지어 별에서도 "시간의 변천은 깜빡인다."고 그는 말한다. 라이너 마리아 릴케(Rainer Maria Rilke)의 "아무 생각 없이 시간을 보낸다는 말은 참 이상한 말이야 (Odd the words: 'while away the time'") 마리엘 서덜랜드(Marielle Sutherland)와 수잔 랜섬(Susan Ransom)이 번역한 릴케 《시 선집(Selected Poems)》(Oxford: Oxford University Press, 2011) 129쪽.

한나 아렌트(Hannah Arendt)는 이 시에 특별히 감동했다. 그녀는 <역사의 개념: 고대와 현대(The Concept of History: Ancient and Modern>)라는 장에서 이를 인용했다. 이 장은 《과거와 미래의 사이: 정치사상의 8 가지 연습과제(Between Past and Future: Eight Exercises in Political Thought)》 (New York: Penguin (1968) 2006) 43 쪽에 있다. 《인간의 조건(The Human Condition)》(Chicago: University of Chicago Press, 1958)의 마지막 장에서 아렌트는 현대의 특징을 이렇게 설명한다. 인간 삶의 모든 내구성 있는 옛 구조물들이 새로운 발명과 파괴의 "과정"에서 갈수록 소멸해버리고 마는 시대다. 그 무엇도 시간의 파괴적 힘을 견뎌내지 못한다고 조롱하면서 말이다. 296쪽과 300쪽.

5. 가장 유명한 형식은 니체의 《즐거운 과학(The Gay Science)》의 단락 125("광인(The Madman)"이다. "광인은 그들의 한가운데로 뛰어 들어 뚫어지게 쳐다보았다. '신이 어디 있는가?' 그는 부르짖었다; '당신들에게 말하겠다. 우리는 그를 죽였다. 당신과 나. 우리 모두는 그를 죽인 사람들이다. 그러나 우리가 어떻게 죽였느냐고? 우리가 어떻게 바닷물을 모두 다 마셔버렸느냐고? 수평선을 모두 닦아 없애버릴 만한 스펀지를 누가 주었느냐고? 우리가 무슨 짓을 했기에 지구를 태양의 속박에서 풀어주었는가? 지구는 지

금 어디로 움직여 가는가? 우리는 어디로 움직여 가는가? 모든 태양에서 벗어나 어디로? 우리는 끊임없이 추락하지 않는가? 뒤로 옆으로 앞으로 모든 방향으로? 여전히 위와 아래가 있느냐? 무한한 무를 통해 샛길로 빗나가지 않느냐? 우리는 빈 공간의 호흡을 느끼지 않느냐? 더 차가워지지 않았느냐? 밤은 끊임없이 우리에게 몰려오지 않느냐? 아침에 등불을 켜야 할 필요가 있지 않느냐? 신을 묻겠다고 무덤을 파는 사람들의 소음에도 불구하고 그 무엇도 듣지 못하느냐? 신이 썩어가는 데 아무 냄새도 맡지 못하는가? 신 역시 부패한다. 신은 죽었다. 신은 죽은 채로 남아 있다. 우리는 그를 죽여 버렸다." 프리드리히 니체(Friedrich Nietzsche)의 《즐거운 학문(The Gay Science)》(1882), Walter Kaufmann 번역 (New York: Vintage, 1974) 181쪽

35년 뒤인 1917년 막스 베버(Max Weber)는 유명한 대중 연설을 했다. 그 연설에서 조금 더 신중한 어조로 광인이란 주제를 다루었다. <직업으로서의 학문(Science as a Vocation)> Hans A. Gerth와 C. Wright Mills가 번역한 《막스 베버로부터: 사회학 소론 (From Max Weber: Essays in Sociology)》 (Abingdon, U.K.: Routledge, [1946] 1991) 129–156.1 베버는 강의 막바지에 말했다. "우리 시대의 운명은 세계의 합리화와 지성화, 그리고 무엇보다도 각성이란 특징이 있다. 정확하게 궁극적이고 가장 장엄한 가치들은 공공의 삶에서 물러나 신비스러운 삶의 초월적 영역으로, 혹은 직접적이고 개인적인 인간관계의 형제애로 밀려났다." Ibid., 155 쪽 베버는 오직 니체를 한번 언급한다. 그러나 그 철학자의 정신은 그 강의의 평범한 시작에서 예언적 말미에 이르기 까지 계속 맴돈다.

보다 최근에 찰스 테일러(Charles Taylor)는 《세속적 시대(Secular Age)》 (Cambridge: Belknap Press of Harvard University Press, 2007)에서 엄청나게 자세히 각성이란 현상의 역사적이고 철학적인 의미를 탐구했다. 테일러는 말한다. 아직도 많은 사람들이 신을 믿는다. 그러나 신앙은 지금 하나의 "선택지"일뿐이다. 테일러의 시각에서 각성은 우리가 복잡한 과정에 붙이는 이름이다. 지난 500여 년 간 그 실천적이고 지적인 과정을 통해 신의 영원한 존재는 객관적인 실재가 되기를 멈추었고 대신 영적인 선호가 되어버렸다. 테일러는 독실한 가톨릭 신자다. 각성의 과정을 진단하는 그

의 생각은 이 세속적인 시대에 신학의 회복 가능성들을 엄격하고 사려 깊게, 또 절절하고 통렬하게 검토해 볼 만한 길을 열어 준다. 나는 그의 야망을 존중하지만 그 결론은 거부한다.

6. 종교를 신경 질환이라 말하는 프로이드의 고전적 설명은 오늘 날 많은 사람들에게 널리 받아들여진 진실이라고 한다. 1961년 New York W.W. Norton 출판사가 발행한 James Strachey 편집 번역의 《표준 판 지그문트 프로이드의 심리학 저작 전집(The Standard Edition of the Complete Psychological Works of Sigmund Freud)》의 21권. <어느 환영의 미래(The Future of an Illusion)>. 프로이드는 종종 종교의 적으로 여겨진다. 종교를 유일신적 관점에서, 특히 아브라함의 종교와 연관해 이해한다면 프로이드의 지칠 줄 모르는 합리주의 때문에 종교적 신앙이 자초한 맹목(모든 신경증의 핵심)에 적대적이 되었다는 점은 의문의 여지가 없다.

  프로이드의 합리주의 그 자체가 영적인 차원을 가졌는지는 보다 복잡한 질문이다. 나는 그렇다고 믿는다. 신경분석의 "신학"은 스피노자의 윤리학이다. 프로이드는 스피노자를 존경스럽게 언급했다. 프로이드가 이성에 보인 헌신, 그가 인간의 조건을 깊은 절망의 하나로 수용하고, 그가 스스로의 이해로 나아가는 끊임없는 그러나 결코 완벽하지 않는 과정의 가능성에 확신했다는 사실은 내가 이 페이지에서 제시하는 인생관에 영감을 주었다. 나는 프로이드와 그의 스피노자 철학에 관해 《다시 태어난 이교도의 고백(Confessions of a Born-Again Pagan)》 702~754쪽에서 더 언급했다.

7. 몽테뉴의 철학은 흥미롭게 복잡하다. 기분에 따라 서로 다른 주제를 마구 뒤섞었다. 그는 순차적으로 회의론자, 상대주의자이자, 자신의 내면적 삶을 소심하게 음미하는 전문가이자, 니체의 표현을 빌자면 자신의 영혼을 "생체해부"하는 사람이다. Walter Kaufmann이 번역하고 New York의 Vintage 출판사가 1989년에 재출간한 프리드리히 니체의 《도덕의 계보에 관해(On the Genealogy of Morals)》 101 쪽을 보라. <경험론(On

Experience)>에서 몽테뉴는 인생의 덧없음과 그 짧음을 어찌 생각해야 하느냐는 사이를 잇는 연결을 강조했다. "삶을 즐기려면 관리가 필요하다. 나는 남들보다 내 인생을 두 배로 즐긴다. 왜냐하면 그 즐거움의 정도는 우리가 인생에 얼마나 많고 적은 관심을 기울이냐에 따라서 늘고 줄기 때문이다. 특히 이 순간 나는 빠르게 흐르는 시간을 붙잡으려, 더 빠른 속도로 붙잡으려 노력한다. 그 썰물처럼 스러져가는 인생을 더욱 활력 넘치게 활용하는 보상 작용을 통해서다. 내 인생이 짧을수록 나는 그 인생을 더 깊고 충분히 활용해야 한다." Michel de Montaigne "경험에 관하여(Of Experience)" Donald M. Frame 이 번역하고 London의 St. Martin's Press 출판사가 1963년에 출간한 《몽테뉴 수상록(Montagne's Essays and Selected Writings: A Bilingual Edition)》447쪽을 보라. 이런 관점의 인생관은 부분적으로 고대 금욕주의자와 쾌락주의자들, 특히 철학자 루크레티우스의 글에서 장려됐다. 15세기에 재발견된 그의 글들은 즉각적이며 곧바로 광범위하게 영향을 미쳤다. Steven Greenblatt가 New York의 W. W. Norton출판사를 통해 발간한 《그 어긋남(The Swerve》에서 소설가의 솜씨로 그 이야기를 전한다. 그러나 예수가 태어나기 1백 년 전에 글을 쓴 루크레티우스와 몽테뉴의 상황 사이에는 결정적 차이가 있다. 루크레티우스가 주장한대로 인생은 쏜살같이 지나고 세계의 현 질서는 그저 잠시 머물 뿐일지 모른다. 그러나 몽테뉴는 세계들의 "사이에" 살아가며 그것을 넘어서는 관점에서 세계의 지속을 바라보는 신들의 존재를 여전히 믿었다. 이 완전히 객관적인, 신의 관점이라는 아르키메데스적 관점은 점차 무종교화 되는 시대의 철학자들이 더 이상 채택하기 불가능하다.

흄의 관점들은 임종을 맞아 제임스 보스웰과 나눈 대화로 기록된 내용이 유명하다. 보스웰은 죽어가던 철학자를 방문했다. 그는 죽음에 임박한 흄이 미래의 존재에 관해 생각을 바꾸었는지 궁금했다. 소크라테스의 제자들이 그의 사형 집행 전에 물어본 내용을 생각나게 하는 질문이다. Harold North Fowler 가 번역하고 Cambridge의 Harvard University Press 출판사가 출간한 Loeb Classical Library 36권 63b 《Phaedo》를 보라. 보스웰은 썼다. "나는 심지어 흄이 죽기 직전에도 끝까지 미래의 존재를 믿지 않았는지 너무 강력한 호기심이 있었다. 나는 그가 여전히 믿지않는다는 말에, 그것을 말하는 그의 방식에 설득됐다. 나는 그에게 미래의 상태가 있을 가능성이 없는지 그에게 물었다. 그는 난로 위에 놓인 석탄 한 조각이 타지 않을 가능성은 있다고 답했다. 그러면서 우리가 영원히 존재해야 한다는 건 가장 비합리적 환상이라고 덧붙였다." 보스웰은 물고 늘어졌다. "나는 그에게 절멸이라는 생각이 어떤 불편함도 주지 않는지 물었다. 그는 조금도 그렇지 않다고 말했다. 루크레티우스가 관찰했듯이 자신이 존재하지 않았다는 생각보다 더 불편하지 않다고 말했다. James Boswell이 <데이비드 흄과의 마지막 접견 (An Account of My Last Interview with David Hume, March 3, 1777)> Peter Gay가 편집하고 New York의 Simon & Schuster 출판사가 1973년에 출간한 《계몽·총론집(The Enlightenment: A Comprehensive Anthology)》 2권 265쪽. 흄은 살아있는 동안 그 자신의 사상이 어떻게 받아들여지는지 또 철학자로서의 자신의 명성을 꽤 신경 썼다. 그러나 그에게 인생의 의미는 인간이 반드시 죽는다는 믿음과는 무관했다. 그는 그것을 근거 없는 미신이라 여겼다.

8. 마틴 헤글런드(Martin Hägglund)의 저서로 뉴욕의 Penguin Random House가 2019년에 발행한 《이번 삶: 세속적 신앙과 영적인 자유(This Life: Secular Faith and Spiritual Freedom)》에서 저자는 인간에게 친밀한 관계를 추구하고 개인적인 과업을 추진할 무한한 시간이 주어진다면 그 관계와 과업의 의미를 상실하게 된다는 방식을 독자들에게 상기시켜 가면서 자신의 주장을 발전시킨다. 그가 하는 말에는 일말의 진실이 있다. 그러나 진실의 전모는 아니다. 사랑이나 인간적인 특성을 지닌 어떤 과업이라도 시간이 무한정 주어지는 조건이나 상태에 놓이는 경우를 상상하기 힘들다. 영원한 사랑이라는 꿈이 이루어진다면 그것은 더 이상 인간의 사랑이 결코 아니다. 이는 강력한 주장이다. 다른 사람도 역시 같은 주장을 했다. 버나드 윌리엄스(Bernard Williams)의 <마크로풀로스 사건: 불멸의 지루함에 관한 고찰(The Makropulos Case: Reflections on the Tedium of Immortality)>를 보라. 케임브리지에서, 케임브리지 대학 출판부가 1973년에

출간한 《자아의 문제(Problems of Self)》의 82쪽에서 100쪽까지. 우리가 할 수 있거나 될 수 있는 모두를 이룰 영원한 시간을 얻겠다는 갈망이 충족된다면 더 이상 인간적 조건이 아니라는 의미다. 그러나 설사 그렇다 해도 갈망 그 자체나 그 충족에 더 가까이 다가선다는 전망은 또한 인간 조건의 일부임을 간과해서는 안 된다. 충족이 그 끝을 의미한다면 갈망의 제거 역시 그 끝을 의미한다.(우리가 인간으로 남아 있는 한 그 어느 쪽도 가능하지 않다.)

인간의 조건을 따져보는 감동적이고 또 심오하게 사려 깊은 명상 속에서 헤글런드가 과학에 관해 거의 이야기하지 않았다는 게 놀랍다. 내 자신의 주장에선 과학이 대단히 커다란 무게를 지닌다. 사람들은 내가 사랑의 의미를 과학의 의미라는 차원에서 해석한다고 말할지도 모른다.(헤글런드는 자신의 설명 중심에 사랑의 의미를 두었다.) 내가 이런 전략을 채택한 이유는 인간 조건의 격정과 기쁨을 특별히 명료하게 드러내는 규정적 이상들(regulative ideals)의 역할이 과학 연구의 작업에서 더 현저하기 때문이다. 비록 내가 보여주려 시도한대로 그것은 우리가 오늘날 경험하는 대로 사랑의 의미를 이해하는 데도 똑같이 중요하다.

9. 2차 세계 대전이 끝난 직후 쓰인 <인본주의에 관한 편지(Letter on Humanism)>에서 마틴 하이데거(Martin Heidegger)는 "모든 존재 가운데 아마도 가장 생각하기 어려운 존재는 생명이 있는 피조물들이다. 왜냐하면 한편으로 그들은 어떤 면에서 우리와 가장 가깝고 다른 한편으론 동시에 우리의 탈자적(ek-sistent) 본질에서 심연만큼이나 분리됐기 때문이다."라고 언급했다. 데이비드 크렐(David Farrell Krell)이 편집하고 1977년 샌프란시스코의 HarperSanfrancisco 출판사가 발행한 《기본 작문(Basic Writings)》 230쪽 프랭크 카푸치(Frank A. Capucci)와 글렌 그레이(J. Glenn Gray)가 번역한 <인본주의에 관한 편지(Letter on Humanism 1946-1947)>. 그 보다 17년 전 "형이상학의 근본적 개념들(Fundamental Concepts of Metaphysics, 1929~1930)"이라 이름 붙여진 강의 과정에서 하이데거는 동물을 "세계에서 불쌍한(poor in world)" 존재로 묘사했다. 윌리엄

맥닐(William McNeil) 과 니컬러스 워커(Nicholas Walker)가 번역하고 블루밍톤의 인디아내 대학 출판부가 1995년에 발행한 《"형이상학의 근본적 개념들(The Fundamental Concepts of Metaphysics) 》 186 쪽

하이데거에게 인간과 인간이 아닌 동물과 서로 다른 차이는 인간은 죽을 뿐 아니라 "끝을 향해" 살아간다는 점이다. 죽음은 우리가 살아가는 과정에서 경험하는 다른 사건들처럼 경험하는 사건이 아니다. 죽음은 우리의 모든 경험에서 최종적으로 예상하는 종착지다. 그렇게 우리의 삶 전체의 뒤안길에 그 그림자를 드리운다. 우리가 반드시 죽는다는 자각은 우리가 하는 모든 일의 의미를 변형시킨다. 심지어 우리의 가장 무미건조한 경험들도 마찬가지다. 하이데거는 우리가 죽음을 사전에 안다는 사실이 "황홀(ecstatic)"하다고 했다. 시간의 흐름에서 "벗어난(stands out)" 유일한 존재만이 시간을 사고의 대상으로 이해하게 되며, 시간 속에 왔다가 사라지는 자신의 위치를 본다. 하이데거에게 초월과 시간-의식은 거의 동일한 개념들이다. 그 둘은 그의 초기 저작에서도 밀접하게 연결돼 있다. 알버트 호프슈타더(Albert Hofstadter)가 번역하고 블루밍턴의 인디애나 대학 출판부가 1982년에 출간한 《현상학의 기본 문제(Basic Problems of Phenomenology, 1927)》는 특별히 명징한 방식으로 그 연계를 탐구한다.

죽음이라는 우리의 황홀한 지식은 하이데거에게 인간이 다른 모든 동물과 분리되는 특징으로 남았다. 또한 여러 다른 현상들 중에서 단지 세계에 서식한다는 의미와 달리 세계를 "소유(having)"한다는 경험을 이해하는 열쇠이기도 했다. 《현상학의 기본 문제》는 이런 연결에서 특별히 흥미로운 책이다. 그 책은 하이데거의 더 잘 알려진 거의 동시대 저작인 《존재와 시간(Being and Time, 1927)》의 많은 주제들을 더 명료한 관점으로 제시한다. 이 책은 존 매쿼리(John Macquarrie)와 에드워드 로빈슨(Edward Robinson)이 번역하고 뉴욕의 Harper & Row 출판사가 1962년에 발행했다. 그 책은 또 인간의 시간-의식을 하이데거가 이해하는 과정이 칸트의 《순수 이성 비판(Critique of Pure Reason)》을 읽으며 형성됐음을 보여준다. 폴 가이어(Paul Guyer)와 알란 우드(Allan W. Wood)가 번역하고 케임브리지에서 케임브리지 대학 출판부가 1982년에

출간한 《순수이성 비판(Critique of Pure Reason)》. 그 이해의 열매는 리차드 태프트(Richard Taft)가 번역하고 블루밍턴의 인디아나 대학 출판부가 1990년에 출간한 《칸트와 형이상학의 문제(Kant and the Problem of Metaphysics)》에 더 충실히 담겨 있다. 이 책은 하이데거에게 매우 중요했던 시기인 1927년에서 1928년에 집필했다.

10. 칸트. 순수이성 비판 Bxxxii

11. 그 구절은 삶의 현상에 관해 아리스토텔레스가 쓴 수필에 등장한다. 이 글은 라틴어 제목(De Anima)으로 우리에게 전해진다. 스미스(J. A. Smith)가 번역하고 로스(W. D. Ross)가 편집한 《아리스토텔레스 저작집(The Works of Aristotle) 》3 권. 415b. 옥스퍼드의 클레런던 출판사(Clarenden Press)가 1931년 발행했다. 이 구절이 더 길게 인용되는 3장에서 이를 논한다.

2. 시작과 끝이 없는 시간 (Endless Time)

1. John Ruskin이 저술했고 쿡(E. T. Cook)과 알렉산더 웨더번(Alexander Wedderburn)이 편집하고 런던의 조지 알렌(George Allen)이 1903~1912년에 출간한 《존 러스킨 작품집(The Works of John Ruskin)》39 권. 10:245 《고딕의 본질(The Nature of the Gothic)》. 러스킨이 오늘 날의 독자에게 가장 놀라운 사실은 그가 르네상스에 이은 건축사조보다는 고딕 형식을 선호했다는 점이다. 러스킨은 고딕 양식을 존숭의 태도와 연결 지었다. 르네상스의 자부심 충만한 정신이 그런 태도를 없애버렸다고 그는 생각했다. 과거 신은 최고의 가치라는 지위를 장악했다. 그러나 르네상스의 정신은 그 자리에 인간을 가져다 놓았다. 그리고 예술품을 합리적 통제에 굴복시켰다. 이런 주장은 특히 러스킨의 세권짜리 책 《베니스의 돌(The Stones of Venice)》에 분명히 나타난다. 그 책을 통해 러

스킨은 베니스의 고딕 건축물이 "그 모든 특징에서 순수한 국가적 신앙의 상태와 국내적 미덕을 나타냈고 또 그를 바탕으로 건축됐다는 점을 보여주려 했다. 또한 르네상스의 건축물은 그 모든 특징에서 숨겨진 국가적 무신앙의 상태와 국내적 타락을 나타냈고 또 그를 바탕으로 건축됐다는 점을 보여주려했을 뿐이다."《 존 러스킨 작품집》 "야생 올리브 왕관(The Crown of Wild Olive)" 18:443 러스킨에게 르네상스의 건축 형태들은 도덕적 쇠락과, "과학의 자부심, 국가의 자부심, 그리고 체제의 자부심"을 모두 아우르는 자부심의 결과를, 또한 "가톨릭의 타락"과 "우상숭배 존중"을 포함하는 "비신앙"을 나타낸다.《베니스의 돌》 3권.《존 러스킨 작품집(The Works of John Ruskin)》 11: 46, 121. 대조적으로 "겸손은…고딕 학파의 삶 그 자체다."《베니스의 돌》 2권.《존 러스킨 작품집(The Works of John Ruskin)》 10:244. 러스킨은 수세기에 걸쳐 무명 장인들의 집단적 노력으로 그 장식물들이 전형적으로 축적된 고딕 건축물에서 이런 점이 특히 명백했다고 생각했다.

2. 알렉산더 포프(Alexander Pope),《인간에 관한 수상(An Essay on Man)》 톰 존스(Tome Jones) 편집. 프린스턴 대학 출판부 2016년 발간 III. 72

3. 어떤 철학자들은 시간 안에 존재한다는 지식을 단순히 시간 속에서 살아간다는 사실과는 구분해서 시간 의식으로 언급한다. 그 주제를 두고 수많은 글이 쓰였다. 에드먼드 후설(Edmund Husserl)은 이 문제를《내적인 시간의식의 현상학(The Phenomenology of Internal Time-Consciousness)》에서 길게 다루었다. 이 책은 제임스 처칠(James S. Churchill)이 번역하고 마틴 하이데거가 편집해 1964년 블루밍턴에서 인디애나 대학 출판부가 발행했다. 그것은 또한 하이데거의《존재와 시간》에서도 핵심적인 주제였다. 인간의 경험 일반의 특징적인 성격에서 오는 그 의미와 그 현상에 대한 나만의 이해는《순수이성 비판》에서 칸트가 개진한 심오한 논구에 영향을 받았다. 폴 가이어(Paul Guyer)와 알란 우드(Allan W. Wood)가 번역하고 케임브리지에서 케임브리지 대학 출

판부가 1982년에 출간한《Critique of Pure Reason, 1781》.

이 획기적인 저작에 접근하는 다양한 길이 있다. 가장 익숙한 경우는 인식론의 저작으로, 인간 지식의 토대와 한계를 연구하는 학문으로 보는 방법이다. 그러나 다른 독법도 있다. 인간이란 존재의 의미는 무엇이냐는 질문에 주어진 답으로 보는 방법이다. 인간 존재들은 문화적으로나 역사적으로 수많은 차원에서 서로 다르다. 따라서 이 질문에 답하기는 불가능하고, 심지어 질문한다는 사실 조차 어리석어 보인다. 이 엄청나게 광대한 땅에 사는 모든 인간들의 경험에서 항상 똑같은 공통적인 그 무엇이 있는가? 칸트는 그렇다고 확신했다. 시간 의식이라는 현상은 그 답으로 가는 열쇠다. "이해의 순수한 개념들의 조직체계에 관해(On the Schematism of the Pure Concepts of the Understanding)"라는 제목이 달린 장에서 이를 가장 명료하게 설명했다.《순수이성비판》A137/B176. 칸트의 비판서를 읽는 이런 방식은 오래도록 내게 설득력이 있었다. 내 생각이 이런 식으로 방향을 처음 틀기 시작한 이유는 하이데거의 칸트 비판서에 대한 눈부신 두 개의 평론 때문이었다. 리차드 태프트가 번역하고 인디아나 대학 출판부가 1990년에 발행한《칸트와 형이상학의 문제(Kant and the Problem of Metaphysics)》와 바톤(W. B. Barton)과 베라 도이치(Vera Deutsch)가 번역하고 1967년 시카고의 H Regnery가 출간한《사물이란 무엇인가?(What Is a Thing?)》다.

4. 프리드리히 니체,《비극의 탄생(The Birth of Tragedy)》29쪽 이안 존스톤(Ian Johnston) 번역하고 2009년 알링턴 버지니아의 Richer Resources 출판사가 발행했다. 시간이 영원으로 이어지는 관계는 니체의 글에서 가장 어려운 주제이다. 여러 대목에서 니체는 영원이라는 개념을 특정한 사람들의 피난처로 규정했다. 삶을 두려워하거나 삶의 방식 그대로 기꺼이 살거나 살아낼 능력이 없는 사람들의 피난처로 말이다. 그는 그 개념의 창안을 복수의 전략으로 묘사한다. 예컨대《도덕의 계보에 관해(On the Genealogy of Morals)》의 마지막 장(97~164)에서 미학적 이상을 다룬 그의 유명한 논의를 보라. 월터 카우프만(Walter Kaufmann)이 번역하고 뉴욕 Vintage 출판사가 1989

년 출간. 그리고 《우상의 황혼(Twilight of the Idols)》 11~15에서 그가 소크라테스를 묘사한 글을 보라. 던칸 라지(Duncan Large)가 번역하고, 옥스퍼드, Oxford University Press가 1998년 출간했다.

그러나 니체는 또한 영원과 무관한 시간의 범위 안에 발생하는 일은 무의미하다고 믿었다. 낡았고, 지금은 불신되지만, 니체의 생각으론 여전히 현대 세계의 위를 맴도는 권위적이고 기독교적인 영원이라는 개념을 대신해 세계 밖의 신에 의지하지 않고도, 시간에 의미를 회복해주고 세계를 허무주의에서 구해주려는 새로운 개념을 세우려 했다. 이것이 그가 "동일성의 영원 회귀(The Eternal Recurrence of the Same)라는 개념을 통해 비록 모호하지만 탁월하게 아름다운 가르침으로 담아내려했던 의미의 하나다. 월터 카우프만이 번역하고, 뉴욕 Vintage사가 1974년 출판한 《즐거운 학문(The Gay Science, 1882)》 230, 273,과 로버트 피핀(Robert Pippin) 편집하고. 아드리안 델 카로(Adrian Del Caro)가 번역했으며. 캠브리지 Cambridge University Press가 2006년에 출간한 《차라투스트라는 이렇게 말했다(Thus Spoke Zarathustra)》 178쪽을 보라.

5. 노이로제 현상은 프로이드 정신분석이론의 출발점이다. 오직 인간인 우리만 신경과민일 수 있다. 우리는 누구나 어느 정도 그렇다. 다른 동물들은 아니다. 이 때문에 우리는 그들의 아주 느긋한 성적인 쾌락을 때로는 부러워하기도 한다. 물론 동물들의 처지와 바꿀 생각은 결코 없지만 말이다. 이는 또 우리의 삶을 몹시 괴롭히는 신경증의 특별한 치료법이 필요한 이유이기도 한다. 그 치료법을 필요로 한다는 사실은 우리가 다른 동물과 차원이 다르게 무엇보다 그런 색정적인 종류의 갈망에 매달린다는 현상의 결과이다. 우리는 단지 동물적 오르가즘의 배설만이 아니라 사랑의 충족도 추구하며 우리의 희망과 두려움은 죽음의 지식과 분리되지 않는다. 그 결과 우리 삶의 애욕적 측면은 단지 이성의 정복과 실망의 연속 그 이상이다. 그 삶은 성 하나만이 제공하는 만족을 넘어 우리를 상상의 세계로 데려가는 환상들을 둘러싸고 이뤄진다. 프로이드가 병적 흥분(히스테리아)이란 현상을 이해하려는 초기 시도는 우리 인간성의 이런 측면을 처음

으로 병리적 관점 아래에 놓았다. 제임스 스트래치(James Strachey)가 편집 번역하고, 뉴욕의 W.W. Norton 출판사가 1961년 출간한《지그문트 프로이트 심리학 전집의 표준판(The Standard Edition of the Completed Psychological Works of Sigmund Freud)》7권의 <도라: 히스테리아 사례 분석의 편린들(Dora: Fragments of an Analysis of a Case of Hysteria)>을 보라.

6. 더글러스 밀러(Douglas Miller)가 편집하고 번역했으며 프린스톤 Princeton University Press가 1995년에 출간한《괴테 전집 12권 과학적 연구(Goethe: The Collected Works, vol 12, Scientific Studies)》146쪽, 요한 볼프강 폰 괴테(Johann Wolfgang von Goethe)의 "날씨 이론에 대하여(Towards a Theory of Weather)"를 보라. 데이비드 흄(David Hume)도 비슷한 이야기를 한다. "바람, 비, 구름 등 날씨의 여러 변화들은 꾸준한 원칙들에 지배를 받아야 한다. 그러나 그 원칙들은 인간의 총명함이나 탐구로 쉽게 발견되지 않는다." 셸비-비게(L. A. Selby-Bigge)와 니디치(P.H. Nidditch)가 편집하고 옥스퍼드 Clarendon Press가 1975년 출간한《인간 이해에 관한 하나의 탐구(An Enquiry Concerning Human Understanding)》88쪽을 보라.

7. 리(H. D. P. Lee)가 번역하고 캠브리지의 Harvard University Press가 1952년에 출간한 롭 고전 도서(Loeb Calssical Library) 397 쪽의 Aristotle 저작《기상학(Meteorologica)》을 보라. 아리스토텔레스에게 날씨는 특별한 도전이었다. 비, 구름, 바람 등은 세계에서 제 자리로 돌아가려는 요소들의 순환 운동에 따른 결과였다. 그들은 모든 지상의 현상들처럼, 가장 두드러지게는 끊임없이 순환하는 식물과 동물의 삶처럼 똑같은 변화의 항상성을 보여준다. 천체들도 변화의 항상성을 보여준다. 그들의 경우 변화는 위치의 변화로 제한되지만 말이다. 행성과 별들은 (식물이나 동물과 달리) 개별자로서 영원히 남아 있다. 그러나 어떤 천체의 현상은 태양이나 달이라기보다는 비나 구름처럼 보이게 변화를 보여준다. 유성(meteor)과 혜성은 이런 범주에 속한다. 아리스토텔레스

는 이런 현상들도 기상학의 원칙들로 설명된다고 보았다. 그래서 기상학이란 이름이 Meteorology다. 그러나 이는 아리스토텔레스에게 근본적이었던 지상과 천상의 움직임 사이의 구분을 위반한다는 의미다. 따라서 특별한 과제였다.

8. 마틴 루터 킹 주니어, <나에겐 꿈이 있다(I Have a Dream)> 제임스 멜빈(James Melvin)이 편집하고 샌프란시스코의 Harper and Row 출판사가 1986년에 출간한《희망의 증언: 마틴 루터 킹 주니어의 필독 문집(A Testament of Hope: The Essential Writings of Martin Luther King Jr.)》217~220을 보라,

9. 윌리엄 셰익스피어, <소네트 116(Sonnet 116)>《소네트(The Sonnet)》90쪽. 블레이크모어 에반스 (G. Blakemore Evans)가 편집하고. 캠브리지의 Cambridge University Press가 1996년 출간했다.

10. 칸트는《순수이성 비판》A 508/B536-A567/B595에서 규정적인 원리(regulative principle)라는 개념을 소개하고 충분히 논의한다. 한편으로 칸트는 모든 인간의 경험은 제한적이고 유한하다고 주장한다. 경험의 대상들은 우리에게 주어진다. 우리는 세계 자체를 발명하거나 창조하지 않는다. 나아가 우리의 세계 경험은 반드시 한시적이다. 우리의 모든 경험은 일련의 계속되는 경험들에 속한다. 각 경험들은 앞이나 뒤의 경험과 연결된다. 세계가 우리에게 주어졌으며 우리의 그 세계 경험이 한시적임은 인간 조건의 유한성을 결정적으로 나타낸다. 반면에 비록 우리가 세계를 있는 그대로 그 자체로 이해하지 못하거나 시간의 틀 밖에서 경험할 수 없다 해도 우리는 그 존재가 한시적으로 제한되지 않는 절대 존재나 사물이라는 개념의 형성은 가능하다. 그 가장 익숙한 사례가 신이라는 개념이다. 필연적으로 존재하는 세계라는 개념은 따라서 영원히 같은 범주에 속한다. 시간에 취약하지 않은 영원한 정신을 지닌 존재라는 우리 자신을 보는 개념이 그러하듯 말이다. 그들의 존재를 두고 벌어지는 논의는 순수하게 관념적이

며 따라서 끝이 나지 않는다. 《순수이성 비판》이 말해주는 교훈의 하나는 우리의 유한함은 이러한 영속적 논쟁들의 최종적 해결을 배제해버린다는 점이다.

비록 시간 안에서는 결코 이해되지 않는다고 말하는 그와 같은 개념들이 우리의 가장 기본적인 두 가지의 갈망을 이끌어간다. 시간 위에 있는 우리의 경험이 언제나 불완전하지만 보다 풍부하고 보다 적절하게 충족되어 가도록 말이다. 그 두 가지 갈망은 첫째 도덕적 존재로서 우리의 의무를 다하는 삶이며, 두 번째는 사고하는 존재로서 우리의 호기심을 만족 시키는 삶이다. 각각의 경우에 우리는 결코 달성하지는 못하지만 점점 더 가까이 다가가는 일이 가능하다는 이상의 안내를 받아 진전을 이루어간다.

칸트는 그 첫 번째를 《실천이성 비판》에서 논의 한다. 거기서 칸트가 말한 실천 이성의 "순수한 기초" 들은 시간 밖에서 누군가 세계를 만들었으며 우리의 영혼은 불멸이라는 가정이다. 이런 기초 때문에 모든 인간이 궁극적으로 마땅히 자격이 있는 정도의 행복을 누리게 (칸트가 말한 대로) 세계를 형성해 가도록 우리의 노력에 영감을 주고 명령을 내린다. 이것이 곧 끊임없는 개혁이라는 작업이다. 《실천이성비판》 Mary J. Gregor가 편집하고 번역하고 Cambridge의 Cambridge University Press가 1996년 출간한 《실천 철학(Practical Philosophy)》 246 쪽.

칸트는 《판단력 비판》에서 두 번째를 논의한다. 우리가 오늘 날 연구 과학이라 부르는 분야의 논의에서 칸트는 시간 밖에 창조자가 편재한다는 개념이 있어야 시간 위에서 진행되는 과학적 연구의 발전 가능성을 설명하게 해준다고 주장한다. 우리가 유한한 시간 안에서 파악하려고 추구하는 법칙의 무한한 체계를 이해하는 과정에서 점점 더 앞으로 나아가지만 언제나 도달하지 못하고 마는 처지다. Paul Guyer와 Eric Matthews가 번역하고 Cambridge의 Cambridge University Press가 2000년에 출간한 《판단력 비판》 268~69쪽.

규정적인 원칙이라는 개념은 칸트의 3대 "비판" 사이의 연결을 이해하는 열쇠이고, 그리하여 그의 비판 체계 전반을 하나로 묶는 핵심이다. 비록 칸트의 경우엔 기독교적 가정들이 그것을 떠받치지만 나는 그러한 가정들 없이 그 개념을 여기서 채택한다.

11. 칸트의 순수 이성 비판 초판의 서문을 여는 문단에서 이 생각이 가장 단순하게 잘 표현돼 있다. 칸트는 썼다. "인간의 이성은 얄궂은 운명에 처해진 인식의 한 형태다. 인간 이성엔 떨쳐버리지 못할 문제들이 주어졌기 때문이다. 그 문제들은 이성의 본질 그 자체에서 오지만, 또한 이성이 답할 수 없다. 왜냐하면 그 문제들은 인간 이성의 모든 능력을 초월하기 때문이다."《순수이성 비판》Avii.

12. 플라톤은 특히 수학적 진실을 이해하는 익숙하지만 놀라운 경험의 영향을 깊게 받았다. 그것은 그에게 모든 지식 전반의 전범이었다. 플라톤에게 각각의 참으로 실체적 사물은 수학적 진실이 그러하듯 일종의 영원성을 지녔다. 그것은 필연적으로 존재한다. 반드시 그래야 한다. 이것이 플라톤이 사물의 "형상(Forms)"이라고 부르는 것의 결정적 특징이다. "왔다가 사라져 버리는" 시간의 영역에서 스쳐지나가는 외양과 달리 말이다. 에디스 해밀턴(Edith Hamilton)과 헌팅턴 케언즈(Huntington Cairns)가 편집하고 프린스턴 Princeton University Press가 1980년에 출간한《플라톤의 대화 모음(Collected Dialogues of Plato)》에서 폴 쇼레이(Paul Shorey)가 번역한《공화국(Republics)》485a.를 보라. 플라톤의 글에서 수학의 힘이 가장 생생하게 드러난 곳은《메논(Meno)》이다. 소크라테스는 교육을 전혀 받지 않은 노예 소년이 기하학적 증명을 이해하도록 설명하고 돕는다. 이는 가장 잘 교육받은 사람조차 처음에는 따라가기 힘든 증명이다.《플라톤의 대화 모음》중에서 W. K. C. Guthrie가 번역한《메논》. 82b~85c을 보라.

13. 예를 들어 흄은 "개념의 관계(relations of ideas)"와 "사실의 문제(matters of fact)"를 구분했다. 개념의 관계라면 "기하학 대수학 산술학이라는 과학들이다." 그들의 진실은 필연이다. 그들은 "단순히 생각의 작동만으로, 우주 어딘가에 존재하는 무엇에 의존하지 않은 채 진실이 제시될 수 있다." 이와 대조적으로 사실의 문제들은 우연적이다. "모든 사실의 문제는 그에 반대 되는 상황이 가능하다." 그들의 진실은 결코 이성만으

로 제시될 수 없다. 오직 경험만이 사실의 문제를 밝혀준다. 그들의 진실은 언제나 추가적인 경험을 통해 수정되거나 반박될 여지가 있다. 《인간 이해에 관한 하나의 탐구(An Enquiry Concerning Human Understanding)》25쪽. 흄의 구별은 오늘날에도 폭넓게 받아들여진다. 현대 과학 철학의 대부분은 이를 공리로 여긴다.

14. 플라톤과 대조적으로 아리스토텔레스는 과학의 모든 분야에 근본적인 기여를 했다. 그는 오늘날 물리학, 생물학, 심리학, 천문학, 기상학 등의 학문 분야에 관해 강의했다. 그의 저작은 근대로 넘어가는 분수령에 이르기까지 과학적 사고의 방향을 계속 형성해갔다. 근대의 새로운 과학은 부분적으로 아리스텔레스의 과학에 대응해 태어났다. 서구에서 아리스토텔레스 저술의 과학적 영향력은 기독교 시대인 첫 천년의 기간 동안엔 대체적으로 잠잠했다. 그러나 아랍어로 쓰인 그의 저작이 오랫동안 파묻혀 있다 재등장하면서 그 영향력이 거대해졌다. 아리스토텔레스는 단지 과학자였을 뿐만이 아니었다. 그는 우리가 오늘날 과학철학자로 칭하는 그런 사람이기도 했다. 그는 서로 다른 과학적 탐구 분야의 저변에 흐르는 형이상학적 가정들을 깊게 따지고 들었다. 그리고 그런 가정들을 체계적인 형태로 서술했으며 수 백 년간 금과옥조로 받아들여진 관점들로 형태화시켰다.

15. 휴 트레드닉(Hugh Tredennick)이 번역하고 캠브리지에서 Havard University Press가 1933년 출간한 아리스토텔레스의 《형이상학(Metaphysics)》 980a 22. 캠브리지에서 Cambridge University Press가 1988년에 출간한 조나단 리어(Jonathan Lear)의 《아리스토텔레스: 이해의 욕구(Aristotle: The Desire to Understand)》에서 리어는 아리스토텔레스의 철학 전체에서 이 단순한 개념이 지닌 함의들을 멋지게 설명해주었다. 그것은 내가 아는 한 아리스토텔레스 사상 체계 전반을 두루 이끌어주는 아주 훌륭한 안내자다.

16. 그 주제에 관한 문헌은 풍부하다. 칼 포퍼(Karl Popper)는 일반적으로 과학적 탐구의 법칙으로서 입증 가능성의 원칙을 세운 사람으로 평가된다. 영국 아빙던(Abingdon)의 Routeldge 출판사가 1959, 2002년에 발간한 《과학적 발견의 논리(The Logic of Scientific Discovery)》 17~20, 57~73을 보라. 더 심도 있는 논의를 보고 싶다면 포퍼의 수제자인 임레 라카토스(Imre Lakatos)의 비판적 논문을 보라. 존 워랠(John Worrall)과 그레고리 쿠리(Gregory Currie)가 편집하고 캠브리지, Cambridge University Press가 1978년에 출간한 《과학적 연구 프로그램의 방법론(The Methodology of Scientific Research Programmes)》에 실린 <과학과 유사과학(Science and Pseudoscience)>을 보라. 로렌스 볼란드(Lawrence A. Boland)가 그 원칙을 경제학에 적용해 《경제학 방법론의 기초: 포퍼의 관점(The Foundation of Economic Method: A Popperian Perspective)》을 썼고 그 2차 개정판을 런던 Routledge 출판사가 2003년 출간했다. 토마스 트리즈나(Thomas Trzyna)는 문학에 적용해 《칼 포퍼와 문학 이론(Karl Popper and Literature Theory)》을 썼고 라이든(Leiden)의 Brill Nijhoff가 2017년 출간했다. 토마스 쿤(Thomas Kuhn)은 그의 《과학 혁명의 구조(The Structure of Scientific Revolution)》를 쓰며 포퍼 공식의 이면을 개발했다. 그 4차 개정판을 시카고의 University of Chicago Press가 2012년 출간했다. 144~146쪽을 보라. 캠브리지의 Cambridge University Press가 2000년 출간한 말라치 하임 하코언(Malachi Haim Hacohen)의 《칼 포퍼, 그 형성기, 1902~1945: 양차 세계대전 사이 비엔나의 정치와 철학 (Karl Popper, the Formative Years, 1902~1945:Politics and Philosophy in Interwar Vienna)》은 입증가능성의 원칙과 관련해 포퍼의 사고가 어떻게 발전해갔는지를 추적했다.

17. 흄은 《인간 이해에 관한 탐구(An Enquiry Concerning Human Understanding)》의 4장에서 자신의 견해를 우아하게 서술했다. 그 견해는 또한 셀비-비게(L. A. Selby-Bigge)와 니디치(P.H. Nidditch)가 편집하고 옥스퍼드의 Clarendon Press가 1978년 출간한 《인간의 본성 소고(Treatise of Human Nature)》 82~94에서도 발견된다. 흄의 전반

적인 입장은 복잡하다. 비록 우리가 원인의 지식을 갖지는 못한다고 부정했지만 그는 (1) 사안들 사이의 연결을 이해하는 우리의 능력은 시간이 지날수록 개선된다. (Enquiry 6장); (2) 하나의 원인이라는 개념은 필연이라는 개념을 내포한다. (8장); (3) 우리는 인과 관계의 질서가 분명하게 잡혀있는 전체로서 "우연"이 전적으로 불가능한 자연만 생각할 수 있다(6장)는 시각을 유지했다. 따라서 세계엔 "많은 비밀스런 힘들이 숨어있다"고 가정해야 한다고 흄은 말했다.(8장) 우리는 그런 힘들이 겉으로 드러나기 전에는 모른다. 또한 그런 외양에서 하나가 반드시 다른 사안의 원인이라고 결론지을 수도 없다. 수학적 진실을 고려할 때 이런 결론은 완벽하게 정당하다. 이런 관점에서 흄의 시각은 내가 해석하기론 다른 사람들이 때때로 인정하기보다 칸트나 나의 관점에 가깝다. 그러나 해석은 다르다. 나는 흄에게 칸트가 답을 했다는 사정을 알고 난 다음 흄을 읽었음을 인정한다.

18. 캠브리지의 하버드 대학 출판부 Belkap Press가 [1971] 2005년에 출간한 존 롤스(John Rawls)의 《정의론(A Theory of Justice)》 587을 보라. 롤스가 속한 계약주의적 정치철학의 전통은 그 점에서 일반적으로 더 좋은 예다. 홉스와 로크 그리고 칸트는 그들의 주장을 우선 정치 이전의 조건을 가정하면서 구축한다. 그들을 그것을 "자연상태"라고 부른다.(롤스는 그것을 "시원적 위치(original position)"라 부른다.) 이는 역사적 실재가 아니라 단지 상상의 산물이다. 이는 가설적 조건으로 정치적 시간 이전과 밖에서 개인들이 서로의 관계를 원칙의 견지에서 고려한다는 조건이다. 그 원칙은 언제나 어느 곳에서나 적용되며 그 진실성은 이성만으로 드러나며, 오직 인간의 어떤 기본적인 사실만 가정한다. (그들에겐 결핍이 있으며, 사고할 능력이 있고, 서로를 의지한다는 등의 사실이다) 그 목적은 우리가 수학적 증명에서 기대하는 공리적 필연의 조치들을 정치적 질문의 분석으로 가져오는데 있다. 홉스는 특히 이 문제를 스스로 의식했다. 《리바이어던(Leviathan)》을 보라. Noel Malcolm이 편집하고 옥스퍼드의 Clarendon Press가 1965년에 출간한 《클래런던 판 토마스 홉스 전집(The Clarendon Edition of the Works

of Thomas Hobbes)》4 권 68~70. ("키케로가 분명 그에 관해 어디선가 말했었다. 철학자들의 책에서 발견되지만 그 보다 더 어리석은 경우는 없다. 그 이유는 자명하다. 왜냐하면 어느 것도 정의(definition)에서, 혹은 자신들이 사용하려는 명칭의 해석에서 출발해 자신들의 추론을 시작하지 않았기 때문이다. 그런 방식은 오직 기하학에서만 사용되었다. 따라서 기하학의 결론들은 반박이 불가능했었다.")

19. 로빈 워터필드(Robin Waterfield)가 번역하고 옥스퍼드 대학출판사가 [1994] 2008년 출간한 플라톤의 《향연(Symposium)》172a-223d. 단테의 《신곡(Commedia)》전체는 대체로 《향연》에 토대를 두었다. 신곡은 인간의 사랑으로 촉발되었지만 신의 사랑을 미화하는데서 절정을 이루는 상승의 여행 일정을 묘사한다. 단테의 순례는 《향연》의 디오티마 이야기에 등장하는 영혼들처럼 계단을 오른다. 시가 거의 끝날 무렵 눈멀게 하는 신의 빛 앞에 서있는 베아트리체는 디오티마의 주요한 가르침을 눈부시게 표현한다. 인간의 사랑은 결코 인간적인 그 무엇으로 달성되지 못한다는 사실을 말이다.

《향연》을 두고 피치노(Ficino)가 한 논평은 본질적으로 이런 가르침을 반복한다. 아서 판델(Arthur Farndell)이 번역하고 런던의 쉐퍼드 월윈(Sheperd-Walwyn) 출판사가 2016년에 발간한 마르실리오 피치노(Marsilio Ficino)의 《사랑의 본질에 관하여(On the Nature of Love)》. 15세기 후반 피렌체에 살면서 피치노는 장엄함과 과시를 찬미하는 문화에 흠뻑 젖었다. 그는 예술작품에 둘러 싸였다. 피렌체는 소크라테스의 아테네처럼 아름다움이 그득했다. 피치노는 아름다움을 잘 알아보는 애호가였다. 그러나 그의 눈에 모든 형태의 물리적 아름다움은 시각적 장엄함의 영역을 넘어서 존재하는 무언가 더 높은 곳으로 향하는 징검다리였을 뿐이다. 그가 플라톤의 《향연》을 두고 한 논평은 1468년 그의 생일을 기념해 만찬에 참석한 플라톤의 열정적 애호가들 사이에 주고받은 대화를 기록해두려는 목적이었다.

20. 사랑을 보는 이 두 가지 개념들 사이의 차이가 오래 전 내게 선명해지기 시작한 때

는 그레고리 블라스토스(Gregory Vlastos)가 그 주제에 관해 쓴 그 유명한 수필을 읽고 나서였다. 블라스토스의 <플라톤에게 사랑의 대상으로서 개인(The Individual as an Object of Love in Plato)>을 보라. 그가 저술해 프린스톤의 프린스톤 대학 출판부가 1981년에 출간한 《플라톤 연구(Platonic Studies)》 개정판 3-34 쪽에 있다. 블라스토스의 수필은 대단히 의미심장하다. 그 함의는 내게 거의 무궁무진했다.

21. 동방과 서방 두 지역 교회의 정통 교리는 그리스도 사후 첫 5세기를 통해 궁극적으로 이단이라 반박된 여러 경쟁적 강령들 사이에 벌어진 일련의 갈등이 정리되고 나서야 부상했다. 이런 갈등의 대부분은 그리스도 그 자신의 본질을 둘러싸고 벌어졌다. 이른바 그리스도론 토론이었다. 기독교인들이 유태인이나 무슬림들처럼 하나이자 나눌 수 없다(삼위일체 논란)고 확언하는 신의 삼위일체적 본질을 두고 벌어진 논쟁과 밀접하게 연결됐다. 상당수 이단적 사상가들은 그리스도가 모습만 인간일 뿐 현실에서는 완전한 신이라고 주장했다. 다른 사람들은 그리스도가 전적으로 인간이며 십자가에 정말로 못 박혀 죽었다고 말했다. 양측의 시각은 그리스도를 신과 인간의 통합으로 보호하려면 극복되어야 했다. 앞서의 이단적 대안보다는 이해하기 힘든 신비이지만 그것이 없이는 기독교를 타 종교의 전통과 다르게 만들어주는 믿음과 실천의 모든 체계가 허물어져 버리고 만다. 더 자세한 내용은 시카고의 시카고 대학 출판부가 1971년 발행한 야로슬라브 펠리칸(Jaroslav Pelikan)의 《기독교 전통: 교리 발전의 역사(The Christian Tradition: A History of the Development of Doctrine)》 1권, 《가톨릭 전통의 부상(The Emergence of the Catholic Tradition(100-600))》을 보라.

22. 폴 사이몬(Paul Simon)의 7번째 앨범 그레이스랜드(Graceland)에서 "그녀는 내게 돌아와 말하네, 가버렸다고. 내가 그걸 몰랐다는 듯이. 마치 내가 내 침대를 몰랐다는 듯이. 내가 전혀 눈치 못챘다는 듯이. 그녀가 앞머리의 머리칼을 쓸어 올리는 방식을."

23. 이런 관점이 주는 상상력이나 지적인 차원의 어려움이 무지막지하게 거대해서 극복하기 어려울지 모른다. 그러한 어려움들은 육신적 부활의 강령을 기독교 신학자들이 수세기 동안 일관되게 해석해서 제공해온 노력에서 현저하게 명백히 나타난다. 신앙이 깊으면 육체적 형태의 죽음에서 일으켜 세워지리라는 믿음의 교리였다. 천국에서 우리의 육체는 어떤 점에서 지구상의 육신과 비슷하리라는 점은 분명해 보인다. 천국의 육체가 지상의 육체와 똑같지 않으리라는 점도 역시 분명하다. 이렇게 서로 다른 개념들을 조화시키려는 투쟁은 그 주제에 관해 매우 복잡하게 서술한 아우구스티누스의 글에서도 선명하게 드러난다. 아우구스티누스의《신국론(The City of God against the Pagans)》을 보라. 다이슨(R. W. Dyson)이 번역하고 캠브리지의 캠브리지 대학 출판부가 1998년에 출판했다. 특히 1111-1114 쪽과 1136-1152쪽을 참조하라. 그곳에서 아우구스티누스는 키케로와 플라톤에서 도출한, 속세의 육체는 천국에서 부활하지 못한다는 주장을 다룬다. 아우구스티누스는 처음 육체가 부활할 때 그 완전한 성숙의 단계에서 획득하게 되거나 획득한 차원을 갖게 된다고 주장했다. 이는 육체가 아름다움과 그 비율을 갖추려면 어떤 모습들이 덧붙여져야 한다는 의미이기도 한다. 또한 육체는 세속적인 삶에서 떠난 형태 그대로 부활할 지도 모른다고 인정했다. 이는 다시 그가 앞서 고려했지만 해소하지 못했다고 보이는 문제를 다시 떠올리게 한다. 죽으면서 엉망이 된 육체의 부활이라는 문제 말이다.

24. 지난 수 백 년 간 아이리시 머도크(Irish Murdoch)보다 낭만적 사랑의 의미를 더 깊게 탐구하고 서술한 철학자는 없었다. 때때로 나는 머도크가 사랑의 낭만적인 이상형과 플라토닉한 이상형들을 본인이 원했던 만큼 분명하게 구별하지는 못했다고 생각한다. 그러나 그녀의 글은 내게 격려와 영감의 근원으로 남아 있다. 뉴욕의 Routledge 출판사가 2001년에 펴낸 아이리시 머도크의《선의 지고함(The Sovereignty of Good)》을 보라.

25. 이사야 벌린(Isaiah Berlin)은 헨리 하디(Henry Hardy)가 편집하고 프린스턴의 프린스턴 대학 출판부가 2013년에 2판으로 출간한 《계몽의 비평가 3인(Three Critics of Enlightenment: Vico, Hamann, Herder)》에서 낭만적 민족주의의 지적인 근원을 각별히 통찰력 있게 설명했다. 특히 프랑스에서 나타난 계몽은 인간 경험의 보편성을 강조했다. 프랑스의 계몽은 만국 공통의 가치들을 강조했다. 이런 생각에 맞서 벌린이 책에서 다룬 반계몽주의 사상가들은 특정한 역사적, 문화적, 언어학적 경험들에 더 큰 가치를 부여했다. 이러한 경험들이 한 민족, 따라서 한 민족 국가와 다른 민족 국가를 구분해준다. 18, 19세기에 민족주의의 철학적 주창자들은 같은 시기 소설가들이 개인적 애착의 영역에서 그리했듯이, 개별성을 정치적 충성의 토대로 삼았다. 이것이 정신적인 차원에서 양자가 "낭만적"이라는 느낌이다.

26. 사람들은 《황폐한 집(Bleak House)》에서 디킨스가 젤리비 부인을 무자비하게 묘사한 모습을 생각한다. 이 책은 1858년의 초판을 스티븐 길(Stephen Gill)의 편집으로 옥스퍼드의 옥스퍼드대학 출판부에서 1998년에 출간했다. 불결함과 부모의 방치 속에 살아가는 자식들을 곁에 두고도 젤리비 부인은 지구 저 멀리 떨어져 사는 익명의 가엾은 사람들을 돕겠다는 자선 사업에 헌신한다.

27. 영화 제리 맥과이어(Jerry Maguire)는 카메룬 크로우(Cameron Crowe)감독의 작품으로 Culver City의 소니 영화사가 1996년에 개봉했다.

28. 프란츠 카프카(Franz Kafka)의 《변신(The Metamorphosis)》. 윌라 무이어(Willa Muir)와 에드윈 무이어(Edwin Muir)의 번역으로 뉴욕의 Vintage 출판사가 (1948)1992년에 출판했다. 시카고의 시카고대학 출판부에서 1958년에 발행한 《인간의 조건(The Human Condition)》 184~187에서 한나 아렌트(Hannah Arendt)는 평생 누구도 따라 하기 힘든 독특한 개인이거나, 그런 사람이 되려했던 자신의 노력이 어떻게 변화해왔는

지를 묘사했다. 특히 행동에 관해 언급한 5장을 보라. 그녀는 세 가지를 강조한다. 우선 모든 사람들의 삶이 가진 잠재적 특이성이다. 우리는 결과적으로 남에 순응해 가는 사람이 되어버릴지 모른다. 그러나 인간은 누구나 아렌트가 말하듯이 무언가 독창적인 걸 세상에 기여하리라고 약속하는 "새로운 시작"이다. 둘째로는 모든 인간적 삶의 이야기적 통일성이다. 어떤 혼란과 뒤죽박죽이 있었더라도 우리들의 삶은 모두 일관된 주제로 엮여진 이야기다. 세 번째는 이 이야기 자체의 의미를 다른 사람들에게 의존한다는 점이다. 그 사람이 의미하는 바를 그 개인이 (전적으로) 이야기하지 않는다는 말이다. 그것을 해석하는 일은, 어떤 종류의 하나의 이야기로 형성하는 일은 전적으로 다른 사람들의 몫이다. 이런 점에서 우리 각자는 우리 인생 이야기의 영웅(주인공)이지만 우리가 그 이야기의 저자는 아니다. 우리는 인생을 우리가 선택하는 대로 쓰지 못한다.

29. 괴테(Goethe)의 《파우스트(Faust)》 1막. 피터 샴(Peter Salm)이 번역하고 개정 편집판으로 1967년 뉴욕의 밴텀 북스(Bantam Books) 출판사가 발간한 1권 1700.

30. 토마스 만(Thomas Mann)의 《부덴부로크가의 사람들(Buddenbrooks: The Decline of a Family)》. 존 우즈(John Woods)가 번역하고 뉴욕의 빈티지(Vintage) 출판사가 1994년에 펴낸 책 730~731.

31. 영화 <마음의 고향(Places in the Heart)>. 로버트 벤튼(Robert Benton)이 감독하고 Culver City의 소니 영화사가 1984년에 출시했다. 이스라엘 텔레비전 연속극 <슈티셀(Shtisel)>의 세 번째 시즌 마지막 회도 비슷한 이미지로 결말을 맺는다. 한 가정의 아버지, 슐럼 슈티셀(Shulem Shtisel)은 동생, 아들과 함께 탁자에 앉아 있다. 아버지는 그들과 긴장 관계였다. 그는 아이삭 바쉐비스 싱거(Isaac Bashevis Singer)의 말을 인용했다. "죽은 사람은 어디에도 안 간다. 그들은 여기 있다. 모든 사람은 묘지다. 실제로 묘지다. 그곳에 우리의 모든 할아버지와 할머니들이, 아버지와 어머니가, 아내와 아이

가 묻혀 있다. 모든 사람은 여기에 언제나 있다." 그러고 나서 마술처럼 그들은 다시 등장한다. 살아 있거나 죽은 모든 가족이 부엌에 모여서 먹고 수다를 떤다. 가족 재회라는 천국이다. 이 연속극 <슈티셀>은 알론 징크만(Alon Zingman)이 감독했다. 넷플릭스 (2013~2021)

3. 아테네와 예루살렘의 미몽(Illusions of Fulfillment)

1. 지그문트 프로이트(Sigmund Freud)의 《지그문트 프로이트 심리학 전집의 표준판 (The Standard Edition of the Completed Psychological Works of Sigmund Freud)》 제임스 스트래치(James Strachey)가 편집하고 번역했다. 21권. 뉴욕의 W.W. Norton 출판사 1961년 출간. 72쪽.

2. 아우구스티누스는 이 관점의 고전적인 형태를 제시한다. "너는 어떤 시간으로도 시간을 앞서지 못한다. 왜냐하면 넌 모든 시간을 앞서지 못하기 때문이다. 그러나 언제나 현재라는 영원의 탁월함 안에서 너는 과거의 모든 시간을 앞선다. 미래의 모든 시간보다 오래 산다. 왜냐하면 그 시간들은 미래이기 때문이다. 그리고 그 미래가 왔을 때 미래는 과거가 된다. 그러나 '너는 같다. 너의 시대는 끝나지 않는다.' 너의 시대는 가지도 오지도 않는다. 그러나 남들의 시대는 가고 온다. 모든 시대는 온다....너는 모든 시간을 만든다. 너는 모든 시간에 앞서 있다. 아직 오지 않은 시간은 시간이 아니다." 《고백록 (The Confessions)》은 필킹톤(J. G. Pilkington)이 번역하고 에딘버러의 클라크 출판사가(T. and T, Clark) 출판사가 1876년에 출간했다. 31쪽.

3. 아브라함의 세 종교 모두의 신학자들은 신이 세계를 창조했다는 교리와 세계의 시간은 시작이 없지만 신의 영원한 존재와 병행한다는 믿음이 양립되느냐는 주제를 두

고 격렬하게 토론을 벌인다. 예를 들어 마이클 마무라(MichaelE. Marmura)가 번역하고 프로보의 브리검 영 대학 출판부가 2005년에 발간한 이븐 시나(Avicienna)의 《치유의 형이상학(The Metaphysics of the Healing)》과, 프리드랜더(M. Friedlander)가 번역하고 영국 아빙돈의 Routledge and Keagan Paul 출판사가 1956년에 출간한 마이모니데스(Maimonides)의 《혼란을 겪는 이에게 주는 지침(A Guide to the Perplexed)》과, 밀러(Robert T. Miller)가 번역하고 뉴욕 포댐 대학의 중세연구소가 1997년 중세 서적 자료의 인터넷에 올린 아퀴나스(Aquinas)의 《존재와 본질에 관해(On Being and Essence)》를 비교해 보라. 세계의 동시 영원성이란 믿음과 창조의 강령이 양립가능하다고 여기는 사람들은 그들의 관점에서는 비록 세계가 영원하다 할지라도 그 존재는 신에 의지하기 때문에, 다시 말해 신의 존재는 필요하고 우연하지 않기 때문에, 또 영원하든 안하든 세계는 본질적으로 창조된 존재이기 때문에 그렇다고 생각한다. 이런 시각은 2장에서 언급한 영원을 보는 두 가지 의식 사이의 구분을 활용한다.

4. 내세관은 기독교와 이슬람에서 특히 강하다. 기독교는 구세주가 있었다는 시작에 이어 이 세계를 인정하고 편안하게 받아들인다. 재림의 희망이 찾아들면서 교회와 사제들은 세속적인 일에서 권위를 획득했다. 그러나 저 세상을 갈망하는 의식은 여전히 강하다. 교황청의 세속적 방만함과 교회 일반의 느슨한 종교적 실천에 혐오감을 느끼며 탄생한 종교개혁과 수도원 운동(이 역시 궁극적으론 찾아들었다)은 그런 갈망에서 영감을 얻었다. .

이슬람은 세속을 더 빨리 인정했다. 예언자 무함마드가 죽은 지 1세기 만에 이슬람은 거대한 제국을 형성하는 세력이 되었다. 이슬람 문명의 위대한 표현들인 이슬람 율법의 전체는 가장 보편적인 관점에서 세속적 현실에의 순응을 드러낸다. 그러나 수세기에 걸쳐 수많은 신학자들, 신비주의자들, 개혁가들은 믿음이 깊은 이들에게 그들의 진정한 집은 이 세계에 있지 않다고 상기시켰다. 그들은 신심이 깊은 신도들을 순수한 사색과 숭배의 세계로 불러들였다. 그들의 열정을 앞으로 다가올 세상에 집중하도록 말이다. 마우두디(Maududi)와 쿠툽(Qutub)의 글들과 그들의 순수한 야망을 앞세워 이슬람 세계를 휩쓸어버린 급진운동들은 그 현대적 사례를 제공한다. 마우디디의 가장 광범위한 저작은 6권짜리의 《Tafhim-ul-Quran》, 혹은 《쿠란의 이해를 위하여(Towards Understanding the Quran)》다. 이 책은 자파르 이샤크 안사리(Zafar Ishaq Ansari)가 번역하고 일리노이 빌라 파크의 이슬람 재단이 1995년에 발행했다. 현대적 문제들을 염두에 두고 쿠란을 주석한 책이다. 안사리는 책과 팜플릿을 수없이 썼다. 그 중에 《이슬람에서 성전이라는 개념(The Concept of Jihad in Islam)》은 자이드 라탈라 샤(Syed Rahtallah Sha)가 번역하고 자이드 피라삿 샤(Syed Firasat Shah)가 편집했으며 라호르(Lahore)의 Idara Tarjuman ul Quran 출판사가 2017년 출간했다. 《이슬람 이해를 위하여(Towards Understanding Islam)》는 쿠르시드 아흐마드(Kurshid Ahmad)가 번역하고 일리노이 빌라 파크의 이슬람 재단이 1974년에 발행했다. 쿠툽(Qutub)은 마우두디(Maududi)를 존경했으며 자신의 책 중에 가장 유명한 《기념비(Milestone)》에서 마우두디를 언급했다. 이 책은 아흐마드 자키 하마드(Ahmad Zaki Hammad)가 번역하고 인디애나폴리스의 American Trust가 1990년 출간했다. 또한 여러 권으로 이뤄진 쿠란에 대한 논평, 《쿠란의 그림자에서(In the Shade of Quran)》란 책에서도 마우두디를 언급했다. 이 책은 아딜 살라히(Adil Salahi)가 번역하고 편집했으며 일리노이 빌라 파크의 이슬람재단이 2003년에 발간했다. 또한 얀-피터 하르퉁(Jan-Peter Hartung)의 《삶의 체계: 마우두디와 이슬람의 이데올로기화(A System of Life:Maududi and the Ideologisation of Islam)》를 보라. 이 책은 옥스퍼드의 옥스퍼드 대학 출판부가 2014년 발간했다. 뉴욕의 컬럼비아 대학 출판부가 2010년 발간한 존 칼버트(John Calvert)의 《자이드 쿠툽과 급진 이슬람주의의 기원(Sayid Qutub and the Origins of Radical Islamsim)》, 2009년에 발간된 왕립 인류학 연구소의 학술지(Journal of the Royal Anthropogical Institute) 15권 1의 145~162에 실린 이르판 아흐마드(Irfan Ahmad)의 <이슬람 국가의 계보:마우두디의 정치 사상과 이슬람주의를 숙고함(Genalogy of the Islamic State: Reflections on Maududi's Political Thought and Islamism)>을 참조하라.

유대교는 국외자다. 처음부터 세속적인 종교 율법이었다. 그러나 역설적으로 세 아브라함 종교 중에 현세를 가장 편안하게 받아들인 종교였지만 지구상에는 집이 없다는 정신이 가장 깊게 침투된 종교였다. 2천 년간 방랑해온 바빌로니아 유수 이후의 유대인들에게, 집으로 돌아온다는 개념은 한때 구체적인 의미를 지녔지만 기독교인과 무슬림의 천당처럼 지구상에서는 이루어질 수 없는 목표로 변해 있었다. 이스라엘이라는 국가의 수립을 반대한 종교적인 유대인들은 부분적으로 종교적이고 세속적인 가치들의 융합을 두려워했기 때문이다. 그렇다고 이스라엘이라는 국가의 창건을 원하는 세속적인 주장들이 설득력이 없었다는 말은 아니다. 나 역시 그런 주장들에 강하게 동의한다.

5. 아우구스티누스는 말년에 접어들수록 예정설에 관한 자신의 견해를 더 엄격하게 피력했다. 그는 영국의 사제 펠라기우스(Pelagius)와의 논란에서 타협하지 않는 통렬함으로 자신의 견해를 드러냈다. 펠라기우스는 인간에겐 비록 많지 않을지라도 진정한 자유가 있다는 주장을 견지했다. 아우구스티누스는 펠라기우스와 그 추종자들의 그런 생각을 412년에 집필한 《죄의 용서와 장점에 관해 그리고 유아 세례에 관해(On the Merits and Remission of Sins and on the Baptism of Infants)》에서, 또 자신이 죽기 전해인 429년에 집필한 《성자들의 예정설(The predestination of Saints)》과 《인내의 선물(The Gift of Perseverance)》에서도 폭넓게 다루었다. 피터 홈즈(Peter Holmes)가 번역하고 마커스 도즈(Marcus Dods)가 편집해서 에딘버러의 T. and T. Calrk 출판사가 1872년에 출간한 책 1권에 실린 <성 아우구스티누스의 펠라기우스 반박문(The Anti-Pelagian Works of St. Augustine)>을 보라. 그리고 롤랑드 테스케(Roland J. Teske)가 번역하고 존 로텔레(John E. Rotelle)가 편집했으며 뉴욕의 뉴 시티 출판사가 1999년에 발간한 《성 아구스티누스의 작품집(The Works of St. Augustine)》의 1부 26권에 실린 <펠라기우스를 추종하는 사람들에 주는 답: 하드르메툼과 프로방스의 수도승들에게(Answer to the Pelagians IV: To the Monks of Hadrumetum and Provence)>, 특히 179~181과 96~98쪽을 보라. 루터(Luther)는 에라스무스(Erasmus)와 나눈 그 유명한 대

화에서 아우구스티누스의 견해를 옹호했다. 루터는 에라스무스가 뒤늦게 등장한 펠라기우스 추종자라 규정했다. 패커(J. I. Packer)와 존스톤(O. R. Johnston)이 번역하고 런던의 J. Calrke 출판사가 1957년에 발행한 루터의 《의지의 굴레에 관해(On the Bondage of the Will)》를 보라.

6. 다이슨(R. W. Dyson)이 번역하고 캠브리지의 캠브리지 대학 출판부가 1998년에 발행한 아우구스티누스의 《신국론(The City of God against the Pagans)》 861~863쪽을 보라.

7. 에디스 해밀톤(Edith Hamilton)과 헌팅턴 케언즈(Huntington Cairns)가 편집해서 프린스턴의 프린스턴 대학교 출판부가 1980년에 발행한 《플라톤의 대화록 모음(Collected Dialogues of Plato)》에 실린 폴 쇼레이(Paul Shorey) 번역의 《공화국 (Republic)》 514a-517a

8. 제이콥 클레인(Jacob Klein)은 《플라톤의 메논에 대한 논평(A Commentary on Plato's Meno)》에서 권력과 그것이 인간의 삶에서 담당하는 역할을 폭넓고 풍성하게 설명했다. 이 책은 시카고의 시카고대학 출판부에서 1998년 출간했다. 이 책에서 클레인은 《공화국》의 핵심적 주장에 관해 생각하는 하나의 방법을 제시했다. 그 방법은 《공화국》을 보는 내 관점을 영원히 바꾸어버렸다.

9. 리차드 윌버(Richard Wilbur)가 번역한 보들레르(Bauelaire)의 <The Albatross>. 뉴욕의 Harvest 출판사가 2004년 발간한 윌버의 《시선집 1943-2004(Collected Poems, 1943-2004)》 55 쪽.

10. 《향연(Symposium)》에 따르면 소크라테스는 때때로 말을 잃는 황홀경에 빠져 버린

다. 그리고 그 상태에 꽤 오래 남아 있었다. 로빈 워터필드(Robin Waterfield)가 번역하고 옥스퍼드의 옥스퍼드 대학 출판부가 2008(1994)년에 출간한 《향연》 174d-175d. 보통 사람에게는 특이한 일이다. 더구나 다른 사람들과 어울리는 일을 기뻐하고 다른 사람들과의 대화에 대부분의 시간을 소비하는 소크라테스에게는 더 그렇다. 말을 잃어버렸던 순간들에 소크라테스는 어디 있었는가? 플라톤을 읽는 독자들은 소크라테스가 때때로 무아지경으로 넘어갔다고 생각하게 된다. 소크라테스 그 자신이 《공화국》에서 묘사한대로 철학자가 선의 이데아(Form of the Good)라는 지식을 향해 오래 동안 오르다 마침내 정점에 도달했다는 그런 경지 말이다.

11. 이 점은 존 허만 랜달(John Herman Randall)의 《아리스토텔레스(Aristotle)》에서 설득력 있게 자세히 다루어졌다. 이 책은 뉴욕의 컬럼비아 대학 출판부가 1960년에 발행한 지속적 가치를 지닌 고전의 하나다.

12. 스미스(J. A. Smith) 가 번역하고 로스(W. D. Ross)가 편집한 《아리스토텔레스 전집(The Works of Aristotle)》 권 3의 415a-b 《영혼론(De Anima)》. 옥스퍼드의 Clarendon Press가 1931년 출판했다.

13. 로빈 워터필드(Robin Waterfield) 가 번역하고 옥스포드의 옥스포드 대학 출판부가 1996년에 출간한 아리스토텔레스의 《자연학(Physics)》 219b.

14. 아리스토텔레스의 《천체론(On the Heavens)》을 보라. 캠브리지의 하버드 대학 출판부가 1937년에 출간한 거스리(W. K. C. Guthrie) 번역의 롭 고전 도서(Loeb Classical Library) 338의 641a. 옥스퍼드의 옥스퍼드 대학 출판부가 2009년 출간한 아리스토텔레스의 《정치학》 1253a, 스톨리(R. F. Stallley)가 편집하고 어네스트 베이커(Ernest Baker)가 번역했다.

15. 휴 트레덴닉(Hugh Tredennick)이 번역하고 캠브리지의 하버드 대학출판부가 1933
년 발행한 아리스토텔레스의《형이상학(Metaphysics)》1072a-1073b

16. 마틴 오스트왈드(Martin Ostwald)가 번역한 아리스토텔레스의《니코마코스 윤리학
(Nicomachean Ethics)》1098a. 인디애나폴리스의 봅스-메릴(Bobbs-Merrill) 출판사가
1962년 출간했다.

17. 칼 마르크스의 자본론(Capital), 프레데릭 엥겔스(Fredrick Engels) 편집한 1권 198쪽.
뉴욕의 모던 라이브러리가 1906년에 출간.

18. 아리스토텔레스의《정치학》1253a

19. 동일한 책 1302a-1304a

20. 아리스토텔레스의《영혼론》425b, 427a-b.

21.《니코마코스 윤리학》1177b-1178a

22. 동일한 책 1140a-1141b 2.

23. 이런 저런 동방 종교 추종자들의 생각이 내 견해와 유사하다는 지적을 때때로 받는
다. 변호사들이 때로 말하듯이 수긍하기도 어렵고 부인하지도 못하겠다. 그런 비교를
할 만큼 동방 종교들을 충분히 알지 못한다.
　　내가 도달한 결론이 두 가지 점에서 유럽 중심적이라는 점은 인정한다. 내 생각은
서구 전통에 속한 저작물을 연구한 데서 자라났다. 특히 서구의 경험들을, 가장 중요하

게는 16세기 유럽에서 시작된 새로운 자연 과학을 심사숙고하면서 형성됐다. 이 과학
은 우리의 세계 이해를 변화시켰고 지금은 지구 어디에서나 보편적으로 나타나는 과학
적 연구 체계를 낳았다. 나는 내 생각들이 보편적으로 적용가능하다고 주장한다. 내가
인간 조건의 모습을 제시하기 때문에 그렇게 말한다. 내가 받은 교육, 또 내가 심사숙고
하도록 만든 경험들과 교재들의 편협함이 내 생각의 보편적 적용을 저해한다고 말하고
싶지 않다.

24. 스피노자(Baruch Spinoza)의《윤리학(Ethics)》. 에드윈 컬리(Edwin Curely)가 번
역하고 프린스턴의 프린스턴 대학 출판부가 1985년에 출간한《스피노자 선집(The
Collected Works of Spinoza)》의 5P42s.

25. 플로티노스(Plotinus)의《엔네아데스(The Enneades)》I. 3.2-2. 스티븐 맥케나
(Stephen Mackenna)가 번역하고 뉴욕주 버뎃(Burdestt) 라슨(Larson) 출판사가 1992년
출간했다.

4. 삶의 환희 (Prospects of Joy)

1. 레오 하말리안(Leo Hamalian)과 에드몬드 볼프(Edmond Volpe)가 편집한 현대 단편
소설 10선(Ten Modern Short Novels). 뉴욕의 G. P. Putnam's Sons가 1958년 출판했다.
643쪽.

2. 앤소니 트웨이트(Anthony Thwaite)가 편집하고 런던의 Marvell이 1988년에 출간한
《시선집(Collected Poems)》 97-98 쪽. 필립 라킨(Philip Larkin)의 <교회 가기(Church
Going)>.

3. 내가 밟아온 사고의 길은 다음처럼 묘사될 수 있을지 모른다. 우선 나는 묻는다. "어느 한 순간과 장소에서가 아니라 언제 어디서나 인간이라는 존재는 무슨 의미인가? 우리는 일반적으로 인간의 조건에 관해 어떻게 생각해야 하나?" 이 첫 번째 질문에 대한 나의 답은 많은 사상가들의 영향을 받았지만 그중 가장 많이 받은 철학자는 칸트였다.

칸트는 우리의 조건을 "유한한 합리적 존재"로 그렸다. 매리 그리거(Mary J. Gregor)가 편집하고 번역한 《실천 철학(Practical Philosophy)》 166쪽에 담긴 실천이성비판(Critique of Practical Reason). 이 책은 캠브리지의 캠브리지대학 출판부가 1996년에 출간했다. 합리성은 추상의 힘이다. 그 때문에 우리는 시간의 흐름 속에 사건이 발생하는 대로 국외자의 관점에서 그것들을 본다. 더 정확하게 이성은 이런 관점 그 자체다. 시간의 흐름 속에 우리는 유한함으로 제약된다. 우리가 국외자의 관점에서 사건들을 "바라보는" 동안에도 그 제약은 여전히 우리를 떠나지 않는다. 그 두 가지가 함께 우리라는 존재를 만들어낸다. 시간에 속박되고 또 시간을 벗어나 존재하는 인간은 죽음을 면치 못하며 그런 사실을 우리는 잘 안다. 칸트는 내게 여기까지 알려주었다.

그러나 두 번째 질문이 생겨난다. "인간으로서 살아가려는 경험이 조금이라도 가능하려면 세계 전반은 어떠해야만 하는가?" 우리가 실제로 이 경험을 한다는 사실은 명백하다. 우리가 하고 있는 경험의 가능성이 우리에게 납득되려면 세계의 무엇인가가 반드시 진실이어야 하는가? 다시 말해 우리가 이해하거나 설명하지 못하지만 반드시 받아들여야 하는 냉혹한 사실 말고 무엇이 있어야 하는가? 칸트는 이런 종류의 질문들을 "초월적(transcendental)"이라고 부른다. 이 두 번째의 인간 조건이란 초월적 질문에의 대답은 인간 이해의 가장 외연이라는 그 한계까지 끌고 간다. 물론 그 대답이 우리의 조건 밖으로 걸어 나가도록 허락하지 않는다. 그러나 그 조건이 무엇인지 우리가 이해하도록 해준다.

칸트는 이 두 번째 질문을 파고들기 주저했다. 그는 그 질문이 형이상학적이고 신학적 문제라 생각했으며 자신의 "비판" 철학이 그런 종류의 연구들에는 영원한 장벽이 된다고 보았다. 그가 그런 문제를 추구한 만큼 칸트의 숙고는 실재의 본질을 보는 하나의 관점, 전체로서의 세계를 보는 그 관점에 이르렀다. 이 관점은 세계의 초자연적 원인 혹은 근거라는 기독교적 가정으로 이루어졌다. 나는 이런 관점이라면 어떻게 인간적 경험이 가능하느냐는 초월적 질문에 답을 주지 못한다고 확신한다. 그 관점은 여전히 모든 아브라함의 종교들이 공유하는 믿음에 엮여 있다. 편재하는 신이 우리 조건의 고통에서 우리를 구해낼 수 있고 구해내야 한다는 믿음이다.

유일하게 만족스러운 대답은 스피노자가 《윤리학》에서 제시하는 답이라고 나는 믿는다. 에드윈 컬리(Edwin Curely)가 번역하고 프린스턴의 프린스턴 대학 출판부가 1985년에 출간한 《스피노자 선집(Collected Works of Spinoza)》, 408-620쪽. 스피노자의 신은 세계를 떠나 존재하지 않는다. 그것은 세계 그 자체다. 더 정확하게는 세계의 무한한 힘과 지성이다. 이 신은 칸트의 신과 달리 인간적 조건의 깊은 절망감으로부터 우리를 구원해준다는 약속을 전혀 하지 않는다. 그러나 그 신은 어떻게 그런 절망이 조금이라도 가능한지 그리고 왜 그 절망에 끝없는 환희의 가능성이 따르는지, 진실로 왜 그 둘은 다시 말해 그 절망과 환희는 반드시 엮여 있는지 설명하게 해준다. 한 마디로 스피노자의 신학은 내 생각에서는 칸트의 철학적 인류학에 대응하는 최상이자 유일한 기초를 제공한다. 그것은 칸트의 인간적 조건 설명에 든든한 우주적 기초를 제공한다. 그 이상을 우리는 바랄 수 없다.

4. 스피노자는 신을 "절대적으로 무한한 존재, 즉 무한이라는 특성들, 즉 모두 영원하고 무한한 본질을 드러내는 그런 특성들로 구성된 실체"라고 규정한다. 《윤리학》 1d6. 스피노자의 신은 "전 우주의 얼굴로서 비록 무한히 다양하게 바뀌지만 언제나 같은 존재로 남아 있다." 《스피노자: 그 편지들(Spinoza: The Letters)》 Ep64를 보라. 이 책은 사무엘 셜리(Samuel Shirely)가 번역하고 인디애나폴리스의 Hackett이 1995년 출간했다. 이 신은 내재성(inherence)과 무한성의 조합으로 아테네나 예루살렘의 신들과 구별된다. 아브라함의 신과 달리 《윤리학》의 신은 이 세계에 있다. 더 정확하게 그 신은 곧 세계다. 조금 더 정확하게 말하자면 그 신은 "특정한 빛에서 보이는(seen in a certain light)"

세계다. 스피노자가 "영원성의 측면"이라 부른 그 무엇 아래 있는 세계다. 스피노자 신의 내재성은 아리스토텔레스의 신과 달리 실재의 특별한 차원이나 부분으로 제한되어 있지 않다. 확실히 우리에게 주어진 신의 이해는 제한되어 있다. 그러나 우리가 탐구하면 할수록 우리는 그만큼 더 신성을 발견한다. 그 신성의 끝은 없다. 실재, 존재, 스피노자가 말하는 신의 힘은 무한하다. 마치 세계와 시간을 넘어 존재하는 아브라함 신의 힘과 마찬가지다.

5. 휴 트레덴닉(Hugh Tredennick)이 번역하고 캠브리지의 하버드 대학 출판부가 1933년 출간한 아리스토텔레스의 《형이상학(Metaphysics)》 982b.

6. 결코 완전하지는 않지만 언제나 현재의 시점보다는 더 많은 이해가 가능한 세계를 발견하는 경험은 미국의 철학자이자 과학자인 찰스 샌더스 퍼스(Charles Sanders Peirce)가 발전시킨 과학 철학을 위한 영감의 하나였다. 퍼스의 글은 산만하고 어렵다. 그 어려움은 퍼스가 수없이 만들어낸 특유한 용어들 때문이다. (abduction, pragmaticism methodeutic tychism 등이다.)

연구하는 과학자로서 퍼스의 작업은 과학적 발견이 끊임없이 전진해간다는 특성과 모든 과학자가 갈망하는 목표 달성의 불가능성 두 측면을 대단히 민감하게 여기도록 만들었다. 퍼스는 현대 연구 과학의 위대한 철학자 중 하나다. 그의 연구 과학은 일류의 과학자였던 아리스토텔레스가 자신의 과학철학을 구성할 때 품었던 과학적 탐구의 형태와는 전혀 달랐다. 퍼스의 관점을 조금 더 이해해보려면 <우리의 개념을 어떻게 명료하게 만드나(How to Make Our Ideas Clear)> 나 <인간의 흐릿한 본질(Man's Glassy Essence)>을 보라. 이 글들은 모리스 코헨(Morris R. Cohen)이 편집하고, 링컨의 네브래스카 대학 출판부가 1998(1923)에 출간한 《우연, 사랑, 그리고 논리: 철학적 수상(Chance, Love, and Logic: Philosophical Essays)》 32-60쪽과 238-266쪽에 실렸다. 퍼스는 스피노자 추종자가 아니었다. 그는 스피노자가 옹호했던 종류의 엄격한 결정론을 부인했다. 그러나 그는 칸트와 헤겔의 글에서 영향을 받고 그에 끌려들어갔다. 특히 칸트의 개념인 "규정적 원리(regulative principle)"는 퍼스의 사상에 많은 영향을 끼쳤다.

7. 데카르트의 《제1철학에 관한 성찰(Meditations on First Philosophy)》. 엘리자베스 할단(Elizabeth Haldane)과 로스(G. R. T. Ross)가 번역한 《데카르트 철학 논문집 (Philosophical Works of Descartes)》 1권 183쪽. 캠브리지의 캠브리지 대학 출판부가 1967년 발간했다. 회의주의는 많은 형태로 찾아온다. 데카르트의 경우는 그중 하나다. 예를 들어 섹스투스 엠피리쿠스(Sextus Empiricus)의 고대 회의주의가 있고 흄의 "보다 완화된 회의주의"가 있다. 섹스투스 엠피리쿠스의 《회의주의 개론(Outlines of Scepticism)》은 줄리아 안나스(Julia Annas)와 조나단 반스(Jonathan Barnes)가 편집하고 번역해 캠브리지의 캠브리지 대학 출판부가 2000년에 출간했다. 흄의 《인간의 이해에 관한 탐구(An Enquiry Concerning Human Understanding)》 161쪽. 이 책은 셀비-비게(L. A. Selby-Bigge)와 니디치(P. H. Nidditch)가 편집해서 옥스퍼드의 클레런든 (Clarendon)출판사가 1975년에 출간했다. 이 철학자들이 제기한 어떤 회의적 의문들도 과학적 진보라는 경험의 실재를 반박하지 않았다. 그들은 우리가 아주 흔하게 이 경험을 설명하는 방식, 즉 우리의 개념들이 이 세계를 있는 그대로 정확하게 나타낸다는 주장에 도전했다.

칸트는 이런 모든 주장을 간편하게 우회했다. 그는 우리의 표현방식과 무관하게 있는 그대로 세계를 결코 알 수는 없다고 인정한다. 일련의 현상들이 법칙들에 따라 연결됐다는 가정 아래가 아니라면 우리의 경험은 이해가능하지 않다. 이 가정을 제거하면 경험 그 자체는 사라지고 만다고 그는 주장한다. 이것이 철학적 회의주의에 준 칸트의 초월적 답변이다. 이는 동시에 모든 형태의 독단주의의 형태를, 즉 우리가 세계를 있는 그 자체로 파악할 수 있다는 가정에 토대를 두었다는 모든 철학을 공격한다. 이런 방식으로 칸트는 그의 새로운 "비판" 철학이 고대의 새 두 마리를 하나의 돌로 죽였다고 생각했다.

8. 언스트 카시러(Ernst Cassirer)의《현대 물리학의 결정론과 비결정론(Determinism and Indeterminism in Modern Physics)》을 보라. 벤페이(O. T. Benfey)가 번역하고 뉴 헤이븐의 예일대 출판부가 1956년에 출간했다. 또 베르너 하이젠버그(Wener Heisenberg)의《양자 물리학의 철학적 문제들(Philosophical Problems of Quantum Physics)》을 보라. 헤이즈(F. C, Hayes)가 번역하고 코네티컷의 우드브리지의 옥스 보우(Ox Bow) 출판사가 1979년 출간했다. 크리스티안 카밀러리(Kristian Camilleri)의 <고전적 개념들의 한계와 불확정성: 하이젠버그 사상의 변형(Indeterminacy and the Limits of Classical Concepts: The Transformation of Heisenberg Thought)>을 보라. 학술지 <과학의 관점들(Perspectives on Sciences)> 2007년 15권 2호 178-210쪽에 실렸다. 이 글은 하이젠버그와 카시러가 벌인 불확정성의 토론을 자세히 다루었다. 팀 모들린(Tim Maudlin)의《물리학의 철학: 양자 이론(Philosophy of Physics: Quantum Theory)》은 특이할지는 몰라도 도움이 되는 입문서다. 프린스턴의 프린스턴 대학 출판부가 2019년 출간했다.

9. "누군가 그 정의의 일부로 필연적인 연결(necessary connexion)을 깨닫지 않고 원인과 그 결과를 정의하고, 또 그 정의로 표현된, 그 개념의 근원을 뚜렷하게 보여준다면, 나는 기꺼이 그 모든 논란을 포기하겠다." 흄의《인간이해에 관한 탐구》95-96. 칸트는《형이상학서설(Prolegomena to Any Future Metaphysics)》62-65에서 이와 비슷한 말을 했다. 이 책은 개리 하트필드(Gary Hatfield)가 번역하고 편집해 캠브리지의 캠브리지 대학 출판부가 2004년 발간했다.

10. 불확정성의 원리에 관해 베르너 하이젠버그의《양자 이론의 물리학적 원리(Physical Principles of the Quantum Theory)》20쪽을 보라. 이 책은 칼 에카르트(Carl Eckart)와 프랭크 호이트(Frank C. Hoyt)가 번역하고 시카고의 시카고대학 출판부가 1930년 출간했다. 토마스 영(Thomas Young)의 유명한 이중슬릿 실험은 처음 양자이론이 개진

되기 백 년 전에 수행됐다. 그 실험은 중첩현상을 시연했다고 말해진다. 영의 실험에서 하나의 판 위의 두 평행하는 슬릿(세극)을 통과한 빛은 그 판 뒤의 스크린에 네 개의 서로 다른 줄(band)을 동시에 만들어낸다. 간섭의 결과로 나타난 문양은 빛이 서로 다른 양자 상태에서 동시에 존재한다는 사실의 증거로 제공됐다. 마크 실버만(Mark P. Silverman)이 《양자 중첩: 결맞음, 얽힘, 간섭의 반직관적 결과(Quantum Superposition: Counterintuitive Consequences of Coherence, Entanglement, and Interference)》에서 이 실험과 다른 실험들을 설명한다. 베를린의 슈프링거(Springer) 출판사가 2008년 출간했다.

그 점에서 "양자 결어긋남(decoherence)은 중첩을 파괴한다." 보첵 쥬렉(Wojciech Zurek)의 <오늘의 물리학(Physics Today)> 44권 10호(1991) 44쪽에 실린, "결어긋남과 양자에서 고전으로의 전이(Decoherence and the Transition from Quantum to Classical)"를 보라. "결어긋남"은 "거시적 양자 체제가 그 환경으로부터 결코 고립되지 않는다는 사실"의 결과다. 결맞는 양자 관계들은 언제나 "밖으로 새어나오고(leak out)" 두서없이 될 수 있다. 같은 책 37쪽. 왜냐하면 폐쇄된 양자 체제는 측정될 수 없으며 결어긋남은 그러한 체제를 우리가 관찰한 결과의 한 모습이라고 상정되기 때문이다. 디터 제(H. Dieter Zeh)는 1970년대에 결어긋남의 이론을 선도했다. 쥬렉은 1980년대에 그 이론을 현저히 발전시켰다.

11. 양자 중력 이론을 통해 일반 상대성과 양자이론을 화해시키려는 방안에 관해선 클라우스 키퍼(Claus Kiefer)의 《양자 중력(Quantum Gravity)》을 보라. 옥스퍼드의 옥스퍼드대학 출판부가 2007년에 발간한 재판본이다. 필립 슬로안(Philip R. Sloan)과 브랜든 포겔(Brandon Fogel)이 편집한 《물리 생물학 창조: 세 사람의 논문과 초기 분자 생물학(Creating a Physical Biology: The Three-Man Paper and Early Molecular Biology)》은 물리학의 새로운 이론을 생물학에 도입해서 그 혁명적 결과를 표시해보려는 분자 유전학의 초기 야망을 묘사한다. 이 책은 시카고의 시카고대학 출판부가 2011년 발간했다.

또한 마우리지오 멜로니(Maurizio Meloni)와 주세페 테스타(Giuseppe Testa)의 《후성유전학 혁명의 분석(Scrutinizing the Epigenetics Revolution)》를 보라. 이 글은 2014년 <BioSocieties> 9호 431-456에 실렸다.

12. 아이작 뉴턴의 《자연철학의 수학적 원리(The Principia)》 940-943. 코헨(I. Bernard Cohen)과 휘트만(Anne Whitman)이 부덴츠(Julia Budenz)와 함께 번역하고 버클리의 캘리포니아대학 출판부가 1990년에 발간했다.

13. 아인슈타인은 "종교 없는 과학은 절름발이고 과학 없는 종교는 맹인"이라고 생각했다. 소냐 바그만(Soja Bargmann)이 개정 편집하고 뉴욕의 Three Rivers 출판사가 1982년 출간한 《개념과 의견(Ideas and Opinions)》 46쪽의 <과학과 종교(Science and Religion)>. 하지만 아인슈타인의 종교는 "인격적 신"이라는 믿음에 토대를 두지 않았다. 그는 "나는 스피노자의 신을 믿는다. 그 신은 존재하는 세계의 질서 있는 조화로 스스로를 드러낸다. 그 신은 인간의 운명과 행위에 관심을 두지 않는다."고 말했다. 1929년 4월 25일 뉴욕 타임스의 <아인슈타인은 스피노자의 신을 믿는다(Einstein Believes in Spinoza's God).> 미셸 패티(Michel Paty)와 로버트 코헨(Robert S. Cohen)이 번역한 <스피노자와 과학(Spinoza and the Science)>을 보라. 마조리 그렌(Majorie Grene)과 데보라 네일(Debra Nails)이 편집하고 네덜란드 도르드레흐트 리델(Reidel)출판사가 1986년 출간한 《아인슈타인과 스피노자(Einstein and Spinoza)》의 267-302.

14. 아리스텔레스의 《자연학(Physics)》. 로빈 워터필드(Robin Waterfield)가 번역하고 옥스퍼드의 옥스퍼드 대학 출판부가 1996년에 출간. 202b 31-208a.

15. 아리스토텔레스의 《니코마코스 윤리학》. 마틴 오스트왈드(Martin Ostwald)가 번역하고 인디애나폴리스의 Bobbs-Merrill 출판사가 1962년 출간했다. 1094b 13.

16. 스티븐 호킹(Stephen Hawking)과 레오나르도 믈로디노프(Leonard Mlodinow)의 《위대한 설계(The Grand Design)》 9쪽. 뉴욕의 랜덤하우스가 2009년 출간했다. ("각 우주엔 수많은 가능성의 역사, 나중엔 가능한 수없이 많은 상태들이 있다. … 오직 극소수의 우주만 우리와 같은 창조 생물이 존재하도록 허락한다. 이렇게 우리의 현존은 우리의 존재와 병립 가능한 수많은 우주들의 방대한 배열에서 추출된다. 비록 우주적 차원에서 우리는 미약하고 하찮지만 이것이 우리를 어떤 의미에서 창조의 지배자들이 되게 한다.") 스튜어트 카우프만(Stuart Kauffman)의 《우주의 고향에서: 복잡성과 자기조직화의 법칙 찾기(At Home in the Universe: The Search for the Laws of Self-Organization and Complexity)》 8쪽. 옥스퍼드, 옥스퍼드 대학 출판부가 1995년 발간했다. ("복잡성의 법칙들은 자동적으로 자연 세계의 질서 대부분을 만들어낸다. …심오한 질서는 대규모로, 복잡하게, 명백히 무계획한 체제에서 발견된다. 나는 이 부상하는 질서가 생명의 근원 그 자체뿐 아니라 오늘 날 유기체에서 보이는 질서 대부분을 강조한다고 믿는다.")

17. 버지니아 울프(Virginia Woolf) 《등대로 (To the Lighthouse)》(1927) 170. 데이비드 브래드쇼(David Bradshaw)가 편집하고 옥스퍼드의 옥스퍼드 대학 출판부가 2006년 출간했다.

18. 스피노자 《윤리학》 2p29c.

19. 한스 블루멘버그(Hans Blumenberg)는 13세기에서 시작해 현대의 분기점과 그 너머까지 기독교라는 종교의 초자연적인 창조자인 신의 특질들이 세계 그 자체로 이전되는 변증법적 과정을 대단히 날카롭게 관찰한 사람이다. 그는 중세 말 유명론이 후학들에게 남긴 도전에 부응하려 했던 세속적 철학, 과학적 방법론, 신학적 배경들을 그 누구보다 잘 이해했다. 블루멘버그의 《현대 시대의 정당성(The Legitimacy of the Modern

Age)》은 로버트 월라스(Robert M. Wallace)가 번역하고 캠브리지의 MIT 출판부가 1983년 출간했다. 특히 IV부를 보라.

20. 스피노자의《윤리학》3p11s

21. 같은 책 5p41s. 역시《스피노자의 전집(Collected Works)》2.XXVI.4의 <신과 인간 그리고 인간의 행복에 관한 짧은 논문(Short Treatise on God, Man, and His Well-Being)>을 보라. ("(물 밖에서 살지 못하는) 물고기가 이렇게 말하는 것 만큼 어리석다. 물에서 사는 이 삶 이후에 영생이 내게 오지 않는다면 나는 물을 떠나 육지로 가고 싶다.")

22. 헨리 제임스(Henry James)의《여인의 초상(The Portrait of a Lady)》(1881)에 붙은 서문. 뉴욕의 모던 라이브러리 출판사가 2002년 출간. xxi;아리스토텔레스의《시학》스티븐 할리웰(Stephen Halliwell)이 번역하고 편집한 《롭 고전 도서(Loeb Classical Library)》199는 캠브리지의 하버드 대학 출판부가 1995년에 출간했다. 1450a 39.

23. 내 저서인《다시 태어난 이교도의 고백(Confessions of a Born-Again pagan)》900-905를 보라. 뉴 헤이븐의 예일 대학 출판부가 2016년 출간했다.

24. 에릭 카펠레스(Eric Karpeles)는 프루스트의 화가 특유의 감수성, 그리고 화가인 페르메이르(Vermeer)와 티치아노(Titian)에 관한 특별한 관심을《프루스트의 그림들: <잃어버린 시간을 찾아서>의 시각적 동반자(Paintings in Proust: A Visual Companion to In Search of Lost Time)》에서 탐구한다. 이 책은 런던의 테임즈와 허드슨 출판사가 2008년에 발간했다.《프루스트와 예술(Proust and the Arts)》에 수록된 수필들을 보라. 이 책은 크리스티 맥도날드(Christie McDonald)와 프랑스와 프룰스(François Proulx)가 편집하고

캠브리지의 캠브리지 대학 출판부가 2015년 출간했다. 특히 수잔 리치 스테빈스(Susan Ricci Stebbins)의 <그 축복받은 날들: 러스킨과 프루스트, 카프리치오의 베니스 시절 (Those blessed days: Ruskin, Proust, Carpaccio in Venice)>을 참조하라. 그 자신의 소설에 관해 프루스트는 말했다. "내 책은 그림이다." 카펠레스의 《프루스트의 그림들》 10.

25. 《풀잎(Leaves of Grass)》은 모든 개인 존재의 독특함을 찬양한다. "어떤 둘도 같지 않고 모든 하나는 훌륭하다(no two alike, and every one good)" 월트 휘트먼(Walt Whitman)은 《풀잎(1891-1892)》판에서 말한다. 《월트 휘트먼: 시와 산문(Walt Whitman: Poetry and Prose)》 32쪽. 저스틴 카플란(Justin Kaplan)의 편집으로 뉴욕의 Library of America가 1982년 출간했다. 이디오크라시(idiocrasy)에 관해선 휘트먼의 《민주적 전망 (Democratic Vistas)》 38. 57쪽을 보라. 이 책은 에드 폴섬(Ed Folsom)이 편집하고 아이오와 시의 아이오와 대학 출판부가 2010(1871)년에 출간했다.

감사의 말

나는 살아오면서 내내 이런 문제들을 생각해왔다. 그 과정에서 수없이 많은 사람들에게 빚을 져왔다.

우선 집사람 낸시가 있다. 수많은 주제를 두고 해온 내 생각을 정리하는데 그녀가 많은 도움을 주었다. 이런 종류의 미궁에 빠져 허우적대는 경향이 있는 나를 그녀는 유쾌하고 긍정적으로 놀려댔다. 내가 낭만적 사랑을 조금이라도 안다면 모두 다 낸시 덕분이다.

소중한 친구들에게도 감사함을 느낀다. 우리가 함께 살아온 삶의 기쁨 때문이다. 물론 사고의 즐거움이 큰 몫을 차지하지만 그 밖에도 많은 즐거움이 있다. David Bromwich, Steven Smith, Bryan Garsten, Royal Hakakian, Michael Della Rocca, Moshe Halbertal, Paul Kahn, Bruce Ackerman, Daniel Markovits, Rick Levin 과 Jane Levin, Adam Glick 과 Denise Scruton, Jed Rubenfeld와 Amy Chua. 이들이 없는 내 삶을 생각하기 힘들다.

내 친구와 동료 낚시꾼 José de Lasa와 Jack Lynch에 감사한다. 함께 물고기를 찾으며 신에 관해 이야기하던 시간들이 소중하기 때문이다. 그들은 나 같은 불신자를 배에 기꺼이 태워주는 너그러움을 보여주었다.

예일 대 법대를 2022년에 졸업한 Hannah Carrese에게 특히 신세를 많이 졌다. 이 책의 출판에 필요한 원고를 준비하는 과정에서 싹싹하고 재치 있게 도움을 주었기 때문이다.

예일대 출판부의 편집자 Jennifer Banks는 처음부터 훌륭한 지원군이었다.

마지막으로 나의 영웅이자 친구인 Owen Fiss에게 아주 특별한 고마움을 느낀다. 이 책의 형식과 실질적 내용을 두고 격려와 조심스런 조언을 해주었기 때문이다. 그의 도움은 너무 많아서 책이 끝날 때쯤 나는 그가 공저자가 되어야 한다고 느꼈다. 물론 여기에서 개진된 생각들은 말해진 그대로 전적으로 필자의 책임이며, Owen이 많은 대목에서 동의하지 않으리라고 믿을 만한 충분한 이유가 있다. 변변치 않지만 진심을 다해 준비한 이 책을 그에게 바친다.

2021년 5월 Block Island에서.

색인